地方議会改革

自治を進化させる新たな動き

江藤俊昭[著]

学陽書房

はしがき

　地方議会（自治体議会）改革は、今日大いに関心を持たれている。いままでもたしかにあった。古くは、三新法（郡区町村編制法、府県会規則、地方税規則）制定と市制町村制・府県制郡制をめぐる時期（1880年前後）、戦後の地方自治制度改革の時期（1950年前後）、これに革新自治体台頭の時期（1970年前後）を加えてもよいだろう。

　そして、今日である。今日の議会への関心は、住民自治の進化・深化を踏まえて抜本的で広範なものである（「新たな皮袋」の必要性）。地方分権改革によって、地方政治の自由度は高まっている。改革派首長による首長主導型民主主義が広がっている一方、議会自体が従来の議会とは異なる運営を実践しはじめている。閉鎖的で議員同士が討議もしない、そして執行機関の追認機関に成り下がっている議会から、住民参加を促進し、議会にも住民参加を積極的に導入し、議員同士の討議を重視しながら、議会の権限を行使し、質問だけではなく執行機関とも議論する、新たな議会（筆者は協働型議会と呼んでいる）が登場してきた。まさに、議会運営の「コペルニクス的転換」である。同時に、こうした議会の新たな運営を、住民との「約束」として自治・議会基本条例に規定する自治体も広がっている。まさに、自治体改革・議会改革のバクハツ的状況にもある。

　今日の地方分権の推進を踏まえて、地方自治をめぐってさまざまな課題が提起されている。議会をめぐっても、議会と首長の関係、そして議会改革の課題が提起されている。本書では、相互に重なっている２つの課題を追求している。

　１つは、住民自治が進展する中で議会の位置・役割を確定することである。住民自治は、議会が中心という、また住民から切り離されて決断できるという意味での「議会制民主主義」ではない。議会だけではなく首長も直接選挙され重要な役割を担っていること、および直接民主制の制度を多様に導入していることを念頭におけば、日常的に住民とともに歩む議会や首長でなければならない。議会と首長は住民が直接選挙することでは同様ではある。その意味では両者は住民代表機関である。しかし、議会はもう１つの住民代

表機関としての特徴を有している。多様な住民代表が討議のために集うという特徴である。人数の多少はあるが、公選による住民代表が集い、さまざまな角度から地域経営を提言・監視することができる（「二十四の瞳」効果）。また、討議することによって、少数意見が多数派になることもあるという民主主義の実践が可能となる（「12人の怒れる男たち」効果）。この討議は公開で行われるために、これを見聞きする住民は、自分たちの意見がどこに位置づけられるのか、全体の中でどう考えたらいいのかを学習することもできる（白黒だけのオセロ的発想を脱却する効果）。このような優れた特徴を議会が有するがゆえに「住民自治の根幹」といわれ、自治体の重要な権限を議会は与えられているのである。こうした視点から住民自治における議会の位置・役割を照射している。序章と終章が主題的にこのテーマを探求している。

　そして、もう1つは、議会改革の進展が提起する新たな課題を抽出するとともに解明することである。議会権限の範囲やその活用手法、議会運営にあたっての会派の役割、新たな議会運営の条件整備としての議会事務局、議員報酬・議員定数、そして住民代表機関としての議会の理念やルールを定めた自治・議会基本条例の意義や形骸化防止策、といった課題である。住民自治が進展する中で議会の位置・役割を確定する課題とをつなぐ第1章以降、第2章から第8章までで主題的に検討している。

　本書が住民自治を進める議論に少しでも役立つよう祈念している。

筆　者　記

地方議会改革―自治を進化させる新たな動き―　目次

序章　議会改革がもたらす住民自治のバージョンアップ
―― 地域民主主義の弁証法

1　地域民主主義の進展が提起した新課題……………………… 1
2　地方政府形態の制度・実際・理念…………………………… 3
3　地方自治の現状と新しい動向………………………………… 7
4　地方政府形態の「問題」と「解決」の方向………………… 12
5　地方政府形態選択制の政治的文脈…………………………… 21
6　地方政府改革のもう1つの課題……………………………… 28

第1章　地方自治制度における二元代表制
―― 地方行政から地方政治へ

1　地方政府形態としての二元代表制…………………………… 31
2　機関対立主義の問題設定……………………………………… 32
3　首長主導か、議会主導か、機関競争の限界か……………… 39
4　機関競争主義の可能性………………………………………… 45
5　機関競争主義のバリエーション……………………………… 55
6　地方議会改革による機関競争の作動………………………… 64

第2章　議会の議決権限と地域経営
―― 総合計画をめぐる議会の役割

1　重要な権限を有する議会……………………………………… 67
2　総合計画の意義とその現状…………………………………… 68
3　総合計画に責任を持つ議会…………………………………… 75

	4	総合計画への新たな関与	81
	5	基本構想の法定化の廃止と議会の役割	86
	6	住民の声を反映させるべく総合計画条例制定とその策定	91

第3章　議決事件に責任を持つ議会の手法
―― 総合計画と市町村合併を素材として

	1	議会改革による住民福祉の向上	93
	2	総合計画をめぐる地方議会の役割	94
	3	市町村合併問題に責任を持つ議会	102
	4	議会基本条例の理念を実現する議決責任	109

第4章　議員間討議における会派の役割
―― ローカル・マニフェストと討議

	1	「与野党関係」を超える視点	111
	2	討議と会派をめぐる問題状況	112
	3	会派を考える基本的視点	114
	4	地方議会における既存の会派の問題	116
	5	地方議会における会派間の討議の意義	119
	6	会派と討議	120
	7	会派と首長との距離	122
	8	全国政党と地方議会の会派	124
	9	自治推進のための緊急な研究課題の1つとしての会派	127

第5章　議会事務局の充実手法
―― 「議会事務局職員調査」を素材として

	1	車の両輪としての議会と事務局	129

	2	議会事務局の現状と課題	131
	3	職員からみた議会事務局改革の課題	135
	4	議会事務局の充実手法	140
	5	全体性が必要な職員の視点	142

第6章　新しい議会を担う議員 —— その資質・能力を問う

	1	明確にすべき新たな議員像	145
	2	曖昧にされてきた議員像	146
	3	新しい議会を担う議員を考える視点	150
	4	忘れ去られた議員像の検討	156
	5	市民とは異なる議員の資質	159

第7章　機関競争主義を作動させる議員報酬と定数 —— 行政改革の論理と議会改革の論理

	1	行政改革と異なる議会改革の論理	169
	2	議員活動の狭い解釈が招く議会のパワー・ダウン	170
	3	自治を担う議員の活動と報酬	173
	4	通年議会と議員活動	182
	5	ボランティア議員の可能性	187
	6	議員報酬・政務調査費・費用弁償を考える総合的視点	192
	7	議員定数の根拠	194
	8	住民と考える定数と報酬	200
	9	議員活動を充実させるための制度改革	203

第8章　自治・議会基本条例を推進する議会
―― その役割と課題

1　自治・議会基本条例制定の状況 …………………………… 205
2　自治基本条例と議会をめぐる課題 ………………………… 206
3　住民議会の充実に向けた議会基本条例の課題 …………… 222
4　自治を推進する自治・議会基本条例 ……………………… 233

終章　新しい住民自治論に基づく議会
―― 住民自治を促進する法と条例の活用術

1　住民自治の新たな次元 ……………………………………… 235
2　住民自治の新しい原則 ……………………………………… 236
3　住民自治を実現する法と条例 ……………………………… 249
4　住民自治を促進する条件整備 ……………………………… 263
5　創造性と現実性を有する自治制度 ………………………… 269

　資　料 ………………………………………………………… 270
　あとがき ……………………………………………………… 275
　参考文献 ……………………………………………………… 277
　索　引 ………………………………………………………… 283

凡例
- 憲法や法律等の明記では、一般的な略記を用いている。
　たとえば、日本国憲法第92条→憲法第92条、あるいは（憲法92）
　　　　　　地方自治法第96条第1項→自治法第96条1項、あるいは（自治法96①）

▶ 序　章

議会改革がもたらす住民自治の
バージョンアップ
── 地域民主主義の弁証法

1　地域民主主義の進展が提起した新課題

　地方分権が進行し、議会の役割が急激に高まっている。ようやく議会が名実ともに住民自治の根幹として作動する方向が見えはじめてきた。今日、緊急の課題としてその研究が求められるようになっている。

　その意味の1つは、地方政府形態自体が議論の焦点になってきたことである。地方政府形態（form of local government, local government form）という用語は、世界的には一般的にもかかわらず、日本の場合画一的であるために、研究者の間ではともかく一般的には認知されていない。本書で確認する日本の「二元代表制」も、1つの地方政府形態である。二元代表制は、問題があるから別の形態へという議論が学界でというより、中央政府の地方分権改革の議論の中で、したがって「政治主導」で議論されはじめている。

　民主党政権は、第1回地域主権戦略会議を開催した（2009年12月14日、設置の閣議決定11月17日）[*1]。そこで、規制が厳しい地方自治法を抜本的に改正し地方政府基本法（仮称）を制定する提案が議論されている。地方政府の多様性の「名目」で、現在とは別の地方政府形態を選択性にするにせよ導入するための議論が開始されている。なお、この政治主導の地方政府形態は、「地

[*1]　自民党政権下では、地方分権改革の方向を議論し提案する場は、学識経験者を主な構成メンバーとする審議会であった（地方分権推進委員会、地方分権改革推進委員会）。また、地方制度調査会も、国会議員や地方六団体代表がメンバーになっているものの、主な議論は学識経験者で構成される専門小委員会で行われていた。地域主権戦略会議は、学識経験者や首長（埼玉県知事、北九州市長とともに、議会内閣制を提案した橋下大阪府知事）のほか、首相を議長、総務大臣を副議長にして、官房長官、4人の大臣もメンバーになっている機動的な会議である。

方公共団体の基本構造」(自治体の形態)と呼ばれている。

　憲法上、議会の議員も住民が直接選挙をし、首長も直接選挙をする。この憲法の変更は想定されておらず、現行憲法を前提にして法律レベルで変更するというものである。地域主権戦略を具体的に検討する地方行財政検討会議(総務省所管)の第1回会合(2010年1月20日)において、選択制にせよ、首長が議会議員の中から議員の身分のまま、副知事や副市町村長、部局長や課長に任命する制度、つまり議員が執行機関の中に入り、責任を持って活動するという制度の導入を検討対象とした。

　これは、公選の首長内閣制(日本の文脈では議会内閣制)といわれているものである。いまようやく議会が住民と歩む議会として登場しつつあるときに、もう1つ別の地方政府形態を選択する意味を考える必要がある。

　地方行財政検討会議の議論の出発点は、次のようなものである。地方自治法は厳格な二元代表制を採用しているが、「長と議会が対立的な関係になって、住民の意見が適切に反映されず、また、効率的な事務の処理を阻害していることもあるのではないか」という現状認識に基づいたものである。断定しているわけではなく、「ないか」という曖昧な言葉を用いている。議会内閣制という新たな地方政府形態は、この認識の延長線上で提案されている。

　もちろん、怨念とか選挙のしこりを首長にぶつけてきた議会がなかったわけではない。しかし、今日の自治型社会の時代に[*2]、住民の目線から住民の声に根ざして執行機関と競争し合って地域経営を行う議会が各地で登場している。まさにこの時に、「議会と首長の対立が生じて住民の意見が反映されない」という議会に対する評価が公式の文書で出されている。結論からいうと、住民自治の根幹である議会の強化からではなく、首長を強化する方向での制度設計が行われる。ようやく議会が自治型社会の担い手として登場する中で地方政府形態が問われている。

　もう1つの意味は、議会の新しい運営がさまざまな課題を提起していることである。住民参加を促進し、それを踏まえて議員同士が討議し、そして執行機関と切磋琢磨するという新しい議会の登場が新たな課題を提起している。住民参加を促進し住民と歩む議会運営では、その議会報告会の運営の仕方や、それ以外のさまざまな住民参加の組織と議会との調整の手法、といった新たな課題について体系的な答えが編み出されていない。

また、執行機関との関係では、議決権限の範囲をどこまでとするのか統一的な議論があるわけではない。さらに、議員同士の討議の必要が強調されているが、会派と議員同士の討議との関係についての解明は遅れている。
　自治型社会の時代に、議会が住民と歩みながらしっかりと住民に根ざして議会活動を行っていく中で、従来は想定されていない議会運営のさまざまな論点が浮上している。
　このように、一方では新しい住民自治、議会改革の動向が新たな課題を提起し、地方政府形態論まで議論されるようになってきている。他方では現行の二元代表制が内包しているさまざまな論点が顕在化している。地域民主主義の進展が新たな課題を提起するという、まさに地域民主主義の弁証法ともいわれる事態が生じている。序章では、前者の新たに提起された地方政府形態の論理とその政治的文脈を主題的に概括することにしたい。

2　地方政府形態の制度・実際・理念

(1)　二元代表制の制度と実際

　日本では、全国画一的に地方政府形態が規定されている。二元代表制（機関対立（競争）主義）である。「地方公共団体の長、その議会の議員及び法律の定めるその他の吏員は、その地方公共団体の住民が、直接これを選挙する」（憲法93②）という規定があるために、憲法改正をしなければ、この地方政府形態を変更することはできない。換言すれば、地方政府形態について憲法では、この規定とともに、「議事機関」として議会を設置する（憲法93①）ことだけが規定されている。地方自治体の「組織及び運営」は「地方自治の本旨」に即して法律で定められる（憲法92）という構成になっている。地方自治法などの法律である。
　実際の地方政府を分析するにあたって、今までの政治学、行政学は、議会

＊2　住民自治を基軸とした社会を自治型社会と呼んでいる。地方分権は、団体自治の拡充強化を基軸に展開されていたことから、その目的を住民自治の推進と考える立場からは、地方分権改革という用語は不十分である。本書では、自治型社会を目指す提案をしている。とはいえ、いまだ一般的ではないという理由のために、主題的に議論しなければならない時に活用するだけで、一般的には、従来の地方分権という用語を活用している。住民自治を含み込むというよりそれが目的であることは、本書全体から理解できるであろう。なお、自治型社会の意味については、辻山・飛田編（2010）、参照。

より首長のほうが優位だという首長優位論に立脚していた。議会が持っている権限は限定的だというものである。それに対して、首長の権限は強力で非常に広範囲というのが根拠になっている。議会の権限は地方自治法第96条第1項に列挙され、首長は同法第149条に規定されている。首長は「概ね次の事項を」と書かれているために、首長は「概括例示」、議会は「制限列挙」という解釈（ここに列挙されている権限だけという解釈）がまかり通っていた。「制限列挙」といっても地方自治の根幹にかかわる事項であるにもかかわらずそのような解釈だった。

議会の議決権限は、条例制定、予算議決、決算認定から、財産の取得・処分、契約にまでおよんでいる。自治法第96条第1項第15号には、その他、法律で規定されているものも議会の議決であることを再確認している。たとえば、市町村の基本構想（自治法2④）という地域経営の基本も、議会の議決となっている。「制限列挙」といっても重要な権限をもともと持っている。これらを活用すれば議会が弱いという評価はそもそも出てこない。多くの職員が首長の下にいることも首長優位論の根拠になっていた。

今日、「住民自治の根幹」である議会の役割が高まり、その権限も拡大している。制限列挙主義は、総務省見解でも採用しなくなっている。列挙されている事項は、「必要的議決事件」として、また第96条第2項を活用して議会の議決事件を追加すること（任意的議決事件）が当然可能であるという解釈に転換している（第29次地方制度調査会第11回専門小委員会、2008年6月17日）。従来も住民自治の根幹にかかわる事項は議会の議決であった。さらに地域経営にかかわることを議会の議決にすることは当然のものであるという解釈となっている。議会は住民代表機関だからである。もちろん、議会事務局の人数の少なさや職員採用制度の不備（議長に人事権はあるものの執行機関の職員の出向）など資源上問題もある。それにもかかわらず、議会は住民自治の根幹として地域経営に立ち向かうことになる。そこで、忘れ去られていた機関対立（競争）主義の理念が現実的に作動するようになってきた。

(2) 忘れ去られていた機関競争主義の理念
——日本の地方政府形態の3つの原理

首長優位論が妥当せず、後述するように、新しい自治の動向が顕著になる

なかで、今後の地方政府形態をどのようにイメージするかという課題が提起される。二元代表制は、議員や首長が選挙で選ばれることである（形式としての二元代表制）。今後は、それだけではなくて、その関係を考える必要がある（内容としての二元代表制）。両者をあわせ持つのが機関対立（競争）主義である。30数年前、東京都都民生活局『都民参加の都政システム』（1977年、西尾勝による執筆）という報告書が発行されている。これは、二元代表制、機関対立（競争）主義を考える際に必ず参照されるべきものである。

　当時、美濃部亮吉知事が市民参加を積極的に採用しようとする際に、「議会を迂回している」「議会を軽視している」という政治学者による批判・懐疑論があった。それに対して、日本の地方自治は、住民が、議会も首長も統制するもので、住民参加が当然であることを強調するために、日本の二元代表制を「機関対立主義」として規定した。つまり、議事機関（議会）と執行機関といった機関と機関の対立緊張関係を強調し、その関係を機関対立主義として規定したのである。それは3つの原理から構成されている。

　その第一原理は、議会と首長にはそれぞれ特性があることである。議事機関としての議会は合議制、首長は独任制である。議会は合議制という特性から、問題を多様な視角から検討し、メリット・デメリットをあぶりだす。そして調整統合を行う。それとともに多様な住民の代表であるがゆえに、少数派の意見も視野に入れた議論ができる。それに対して、独任制の首長はリーダーシップに長けているが、多様な意見を吸収するのは得意としない。議会と首長は、正統性からすれば対等であり、それぞれの特性をいかして、地域経営をすることが第一原理である。

　そして第二原理は、提案は首長、決定は議会、執行は執行機関という単純な分け方ではなく、政策過程全体にわたってそれぞれの機関に権限が分有されていることである。したがって、両者が政策過程全体にわたって責任を持たなければならず、切磋琢磨していかなければならない。政策形成では、予算の編成権や提案権は首長だけが有しているが、それ以外の主要なものの提案権は両者が持っている。決定段階で、討議や決定は議会の役割ではあるが、規則制定権は首長が持っている。そして、執行段階では、議会はかかわりにくいが、すでに指摘した財産の取得・処分、契約の議決は議会の役割である。評価段階では、執行機関では内部・外部評価が行われているが、もっ

とも重要な決算認定は議会の権限である。このように考えると、単純に「決定は議会、執行は執行機関」という役割分担ではなく、全体にわたってそれぞれが権限を分有している。それぞれが競争し合いながら、よりよい地域経営を行っていくのが第二原理である。

第三原理は、市民参加である。この報告書には、第三原理としては提案されていない。しかし、そのトーンは市民参加の強調であり、当然のものとして位置づけることができる。住民がいたるところで議会や執行機関に参加するイメージである。それぞれの機関が市民参加を経ながら競争し合う。

第一原理から第三原理までを踏まえたこうした地方政府形態の運営は、実現してはいなかった。30年ほど前に、一部の研究者はともかく、これが発行されていたことは忘れ去られ、それが実現する方向には動かなかった。しかし、自治型社会の時代に地方政府の役割が高まり、議会改革が動き出し、議会と執行機関との関係、そしてそれぞれと住民との関係といった従来とは異なる三者関係を創出する際に、開花するはずの3つの原理である。

なお、本書では機関対立主義という用語ではなく、機関競争主義という用語を用いている。それは、機関対立主義の「対立」が首長の不信任議決などの対立をイメージしやすいこと、今後は議会と執行機関が競争しながらよりよい地域経営を行うことを強調したいからである。北川正恭前三重県知事（現早稲田大学教授）が強調する「善政競争」とも通じる用語である。

この機関競争主義はアメリカ連邦政府のような議会＝立法機能、大統領府＝行政機能といった純然たる分立に基づいているわけではない。議会は、すでに指摘したように、重要な議決権限や、議案の提出権（予算の編成権・提出権はない）とともに、執行権にかかわる契約や財産の取得・処分の権限を有している。逆に、首長は条例とほぼ同等な権限を持つ規則制定権や、予算を含めた議案提出権を持っている。

また、議院内閣制的な要素を含み込んでいる二元代表制である。つまり、議会が首長に対して不信任を議決することができる。これが議決されれば、首長は辞任するか、あるいは議会を解散させるかの選択に迫られる。ちなみに、議会を解散した場合、次の議員選挙で当選した議員によって構成される議会で再び不信任議決が採決されると、首長は辞任しなければならない。

議院内閣制を含み込んだ二元代表制は、緊張関係があるのは当然である。

その緊張関係が激化し対立に至る場合の解決策が制度として挿入されている。その解決は住民に依拠している。まず、その対立の解決は選挙という住民の意思に委ねられている。また、議会の解散、議員・首長の解職の直接請求権（リコール権）を住民は持っている。その請求が成立すれば、住民投票を行い、その解散・解職が可能となる。「対立」の解消は、最終的には住民に依拠する制度設計になっている。

日本の機関競争主義は、議院内閣制を含み込んだ二元代表制であり、議会＝立法機能、首長＝行政機能、といった厳格な分立論を採用してはいない。ここに、今日の日本において地方政府をとり巻く相互に絡み合った大きな２つの課題が浮上している。１つは、従来の議会とは異なった機関競争主義の台頭に際して、住民自治の根幹として新たな役割を担う議会の課題である。もう１つは、地域経営に大きな役割を果たす議会と従来は強力な権限を有し実践していた執行機関との調整システムの設計の課題であり、その延長線上に提起される、地方政府形態の変更を含む新たな制度改革の課題である（序章の主題）。これらの課題の検討に入る前に、今日進展している住民自治や議会の動向について概観しておこう。

3　地方自治の現状と新しい動向

(1)　地方議会をめぐる新しい状況

自治型社会が到来しつつある時期に、議会の役割が重要となっている。しかも、従来とは異なる議会運営が作動しはじめた。

第一は、閉鎖的な議会から、住民に開かれ、住民参加を取り入れる住民と歩む議会に変わることである。第二は、執行機関の追認機関からそれと切磋琢磨していく議会に変わることである。たとえば、議決権を行使したり、質問の仕方（一問一答方式の採用、執行機関に逆質問権の付与）を変えていくことなどである。第三は、議会が議員・会派による執行機関への質問だけの場から議員同士の討議を中心とした議会運営に変わることである。こうした３つの要素を実践し地域経営を担っていく議会がここ数年で登場し、それが広がってきた（廣瀬克哉・自治体議会改革フォーラム編　2009）。

① 住民と歩む議会

　住民と歩む議会の実践には、議会報告会、意見交換会、井戸端会議など、さまざまな形態がある。北海道栗山町議会では議会基本条例の中に、「少なくとも年1回」議会報告会を開催すると規定し実践している。会津若松市議会では住民との意見交換会を開催している。山梨県昭和町議会では、「もう少し気楽に」開催することを強調するために「井戸端会議」という名称を用いている。

　こうした住民との意見交換会は「少なくとも年1回」という条例上の規定が必要である。「今年はやらなくてよい」という議員の言動を封じる意味でも、したがって議会力を後退させないためにも必要である。広報広聴機能とともに議会改革の水準を引き下げない大きな意味がある。

② 議決権限の広がりと活用

　栗山町議会、会津若松市議会、三重県議会などのように議会自らの権限をいかし、執行機関と渡り合って競争している議会が増大している。

　栗山町議会の場合では、地域経営の軸となる総合計画の議会案を特別委員会で作成し、その議会案を住民に説明した（一般会議）。その説明は議場で行われ、議員席に議員が座り、執行機関の席に住民（総合計画審議会委員）が24名座っていた（2007年10月16日開催）。議会の側から総合計画の修正案を説明し、意見交換をする中で、自分たちの総合計画への立場を確認しながら議決事件にかかわっている。参加した審議会委員は、議会案に賛同し、〈住民―議会〉連合が形成されている。

　議案が提出されてはじめて審議を開始するために、たとえば、設定した会期の2週間だけで賛否を問うといった、多くの自治体で行われている運営を、新たな議会は採用していない。議決事件（事項）は、議員が調査・研究をして、その結果を住民に説明し住民と意見交換をして議会審議にいかしている。

　また、事務事業評価にも議会はかかわっている。飯田市議会は事務事業評価を独自に行うとともに、それを決算認定にいかし、さらに予算の議論へとつなげている。都道府県議会レベルでは、長野県議会が決算審査を踏まえて、知事に予算編成の方向を提案し、決算と予算とを連動させている。事務事業評価を踏まえた決算審査など、従来の形式的な決算審査から実質的な決

算審査にまで深化している。

　さらに、会津若松市議会では、政策の提案からはじまり議論・決定をして、そして執行も監視するという議会版の政策サイクルによる議会運営を行っている。政策過程全体にわたって、議会は責任を持つ、必要な場合には住民との意見交換を行うというサイクルである。三重県議会は、議案の首長からの提案の後に議論するのではなくて、議会が指導的に政策を形成するという「新しい政策サイクル」を提案し（2005年）、実践している。会津若松市議会は、それを進化させ政策の形成、決定、執行、評価・監視の政策過程全体にかかわる政策サイクルを実践している。

　③　議員同士の自由討議

　討議する議会は、日本の実際の議会ではイメージしにくいかもしれない。本会議ではもちろん、委員会のほとんどでも議員による執行機関への質問の場に化しているからである。しかし、議会本来の役割が討議することにあることとともに、現行の地方自治法でも討議を前提とすることを規定していることを再確認することが必要である。首長等は「議会の審議に必要な説明のため議長から出席を求められたときは、議場に出席しなければならない」（自治法121）のであって、毎回議場に出席する必要はないはずである。議会が一丸となって執行機関に向かい合うことを最もおそれているのは、執行機関である。質問の場と化した議会は、執行機関に有利に動く。それに対抗できなかったのが、従来の議会である。

　ようやく、討議を重視する議会が登場している。会津若松市議会は、議決責任を強調する。これを達成するためには、議会による調査・研究とともに、議員同士の議論が不可欠だと認識し、実践している。議会の存在意義である討議を議会運営の中心に据えようとしている議会は増大している。

(2)　**自治のルールを創りだす——自治・議会基本条例制定の動向**

　自治のルールを創りだし明確にする自治・議会基本条例制定が広がっている。この広がりは、自治型社会に即したことであり、住民自治にとって非常に重要である。議会基本条例の制定に2年間かけているところもある。しかし、一般的には、制定のための議論の期間が短い。本来は、住民との意見交換を充分に行う中で、自治のルールを考えることが必要である。しかし、不

満が蔓延している中で、従来とは異なる議会を創っていくという住民へのアピール、より進んでマニフェストの意味で短期の策定も議会改革の第一段階の意義はある。その場合には、議会はそれを充分に活用し、住民自治の進展に役立てなければ、住民からの批判はさらに激しくなる。

議会基本条例制定の意義は、会議規則のような内輪の論理ではない自治のルールを創りだし明確にすることである。それは「地方政府」を住民のものにすることである。議会は「会議規則を設けなければならない」(自治法120)がゆえに、すべての議会で会議規則を持っている。それは、動議の提出の仕方、討論(議会の「業界用語」では、賛成・反対の表明)の順番を規定している非常に重要なものである。会議規則に対して、議会基本条例は、議会の役割、住民と議会との関係、執行機関と議会との関係など、議会運営の根本原則といった自治のルールを定めるものである。

そのルールを条例として定めるやいなや、住民の直接請求の対象になる。したがって、議会は議員だけのものではない。議会基本条例、あるいは議会についての条項も含んだ自治基本条例の制定は、議会は住民のものだということを再確認させる。条例に規定することによって、住民の側で「もっとこういう議会にしろ」という新たな議会像があれば、その転換は直接請求の対象になるからである。なお、自治・議会基本条例を制定するにあたって、少なくとも2つの留意すべき事項がある。

留意点の1つは、自治基本条例と議会基本条例との関係である。議会費の要望書を提出して首長からその回答を得ている流山市議会や、議会・議員白書など積極的に情報提供を行っている北海道福島町議会は、自治基本条例と議会基本条例を同時に成立させている。こうした自治のルールを制定することは重要である。しかし、「住民はどう考えるか」という視点も重要である。自治基本条例は自治体の憲法といわれ、議会基本条例は議会運営の最高規範であり自治のルールである。その関係が問われなければならない。

新たな議会運営を明確にした議会基本条例の制定は、議会側から自治のルールを明確にするという意味では非常に重要なものである。しかし、今後は議会運営の基本であればあるほど、その内容を自治基本条例の中に組み込む必要がある。

たとえば、アメリカのシティ・チャーター(市憲章)は、それこそ「自治

体の憲法」である。最初に市の名前、次いで政府形態、その後に議会の権限や役割、そして行政の条文に移っている。日本の憲法ないし地方自治法でも、議会が中心である。そうした自治基本条例の構成も、すぐにというわけにはいかないが、最高規範性・体系性・透明性を有した名実共に自治体の憲法が必要である。住民から見えるように、自治のルールを明確にしていかなければならない。

　留意点の２つ目は、専権事項の再考である。河村たかし名古屋市長が議会改革を提案している。単なる定数削減や議会報酬の削減が議会改革というこの思考は、議会改革が地域民主主義を基本とすることから考えて大きな問題がある。とはいえ、議会改革についての提案は一体誰ができるかという問題の提起としては重要である。逆に、首長の執行機関に関する提案は一体誰がするのかということも付随して提出される問題である。従来の自治法の解釈や慣例では、原則として議会に関することは議員提案、執行機関に関することは首長提案で、というそれぞれの専権事項というものであった。

　議会や執行機関の運営の基本原則、それぞれと住民との関係を明記した議会基本条例や自治基本条例を制定すれば、議会・議員、首長だけではなく、住民の提案も容易となる。条例の制定改廃の直接請求は住民もできる。自分たちの地方政府形態の組織や運営を条例で規定できるとすれば、そこに住民もかかわってくる。自治体の構成員すべてが提案し討議すればよい。

　住民自治の根幹は議会であるがゆえに、条例制定の議決権は「討議のヒロバ」である議会にある。議員報酬や定数も条例で定める。また、執行機関の職員定数や職員給与、さらには首長の直下の局・部ないし課といった組織編成は条例で定める。これらのことは、地方政府の組織や運営を、住民、議会・議員、首長・職員相互で討議する必要を宣言しているといえる。

(3)　議会・議員の評価が加速させる議会改革の進展

　議会改革が行われ、議会基本条例や自治基本条例が制定されている中で、その改革を住民に知らせ、そして住民による評価を通して、議会改革のさらなる進展を目指している議会が登場している。議会改革の現状に自己満足せず、住民に根ざして新しい改革をしていこうというものである。

　たとえば、議会・議員白書による議会・議員の積極的な情報提供である。

北海道福島町議会は、インターネットも含めて広く自分たちの活動を詳細に公開している。議員については、それぞれが1年間の目標を掲げて活動し、1年が経過すると自己評価をしている。議会・議員の自己評価では正確な評価はできないという議論もあるが、その提供によって住民は監視しやすくなる。

　また、議会改革の先駆者である三重県議会は、議会改革をもう一度冷静に振り返り、さらに機関競争主義を充実させる手法を検討するために、附属機関である議会改革諮問会議を設置した。議会の附属機関について、総務省は相変わらず合議制の機関に合議制の機関を設置するのは屋上屋であると考えているようであるが、三重県議会は議会改革の充実のために設置した。

　その諮問会議は、議員へのアンケートやヒヤリング、県の行政職員へのアンケート、市町村議会議員へのヒヤリングやアンケート、NPO・研究機関へのヒヤリング等を行っている。これらを通して、今後の三重県議会の改革のあり方を調査提言している（三重県議会議会改革諮問会議2010、2011）。

　このような議会は、さらなる機関競争主義を充実させるために、議会改革の評価を踏まえて自己改革を進めている。もちろん、議会改革は自己目的ではない。それを通じて、住民福祉の向上につなげていかなければならない。権力のないところに住民は関心を持たない。議会が本来の権限を活用することが重要である。地方自治法第96条第1項（議会の議決権限）をまず行使することである。第2項（1項以外についての議決事件の追加）が重視されているが、第1項の事項を真面目に討議し議決し監視すれば、権力は議会のほうに大幅に移動する。

4　地方政府形態の「問題」と「解決」の方向

(1)　地方政府形態の選択制の衝撃
　　　　──2つではなく3つの新たな形態をめぐって

　地方政府形態の多様性からの選択は、地域主権戦略の理念に即して、それぞれの自治体の決定に委ねられる。「地域主権改革の理念に照らし、法律で定める基本的な枠組みの中で選択肢を用意し、地域住民が自らの判断と責任によって地方公共団体の基本構造を選択する仕組みについて検討を進める」

というものである（地域主権戦略大綱、2010年6月22日閣議決定）。

この大綱では、具体的な中身は明確には理解できないが、その検討機関である地方行財政検討会議の議論や「考え方」（地方自治法抜本改正に向けての基本的な考え方、2010年6月22日）から理解することはできる。以下、簡単に地方政府形態の多様性（「考え方」では「地方公共団体の基本構造の選択の仕組み」）の議論を列挙しておこう。

現状の二元代表制を、アメリカ連邦政府、州政府、そして強市長形態を採用する際の基礎自治体と比べれば、「我が国の制度は独自性が強い」という認識から出発する。その上で、一方では、60年以上を経過しており、「長と議会の間に相互に均衡と抑制のとれた関係を保つ仕組みとして機能し、また定着している」という評価をしている。他方では、このような議会と首長の関係は、首長による執行権限の行使に対する監視が事前の段階を含めて確保されるメリットとともに、緊張関係が確保されない問題点、逆に議会と首長が対立した場合の問題点が指摘される。

① **緊張関係が確保されない問題点**
・首長が執行権限を行使するためには議会の理解と協力をえる必要がある。このため、一方では議会の中に与党的な勢力を形成せざるをえなくなる。この結果、議会の執行機関に対する監視は野党的な勢力のみが担うことになりがちである。他方では議会に与党的な勢力が十分形成されない状況では、議会の執行機関に対する監視が機能するが、首長の責任において執行権限を行使することが困難になる。
・議会の活動が執行機関の監視に重点がおかれ、団体意思を決定する機関としての議会の前提となる条例立案などの政策形成では執行機関に大きく依存しがちになる。
・議決権の行使は、本来、最も重要な議会の権限であるにもかかわらず、現実には首長の提案を追認する傾向が見られる。

② **議会と首長が対立した場合の問題点**
・議会の不信任議決と長による議会の解散がある。不信任された首長が再び選挙で選ばれた場合や、議会が解散権行使をおそれて首長との対立が深刻化しても不信任議決を行わない場合など、対立構造が解消されない。

・議会が議決すべき事件を議決しないとき等における首長の専決処分、条例または予算に関する議決等に対する首長の再議の制度があるが、首長が議会との対立を表面化させることをおそれるため、解決手段として適切に行使されていない。

　こうした問題を起点にして、見直しの考え方として具体的には融合モデルと分離モデルの2つの形態が提起される（表序－1）[*3]。この「基本的な考え方」の方向を踏襲しているが、その後現行の二元代表制以外の5つの基本構造が検討の素材にあがった（地方行財政検討会議第1分科会（第4回）、2010年7月30日）。とはいえ、基本的な発想に変化はない[*4]。そこで、主題的に融合モデルと分離モデルを検討しよう。

　1つは、融合型である。議会が執行権限の行使に事前の段階からより責任を持つ形態である。執行権限の行使の責任は、首長とともに議会にあると認識されることによって、議会による執行機関の監視機能、団体意思の決定機関としての機能も高まるという考え方である。特区申請等、自治体側からの要請であることを強調している。

　この方向では、議員が執行機関の構成員として参画するという制度の導入が構想される。たとえば、現行の地方自治法は議会の議員が首長、副知事・副市町村長、地方公共団体の常勤の職員と兼職することを禁止している。これに対して、議員が住民の直接選挙で選出する長の下に構成される執行機関の構成員を兼職するというイギリスの地方政府形態の1つを参照している。

　この提案について、議会と首長の役割・権限を考えれば、議員が執行機関に参画し、首長の指揮監督下に入ることには問題があり、首長のみの権限強化や相互牽制機能の低下につながるおそれがあるという批判も視野に入れている。

　もう1つは、分離型である。議会と執行機関それぞれの責任を明確化することによる、純粋な二元代表制の形態である。議会と首長が議事機関、執行機関としてのそれぞれの役割を明確にし、より緊張感を持った関係に再構築するものである。議会は、条例、予算等の団体の基本的事項の意思決定機関としての役割が基本であるとの観点から、執行権限の行使に事前に関与するのではなく、その行使について事後に関与することとし、必要に応じて、執行機関に対する検査権・調査権を行使するというものである。

この場合、執行機関に対する事後の関与としての検査権・調査権の拡充、事後の関与の結果を踏まえて必要な措置を講じるための条例制定範囲の従来以上の拡大、首長の権限として規則等で定められていた事項の条例化も検討される。この形態では、議会の招集権、議事堂の管理権、議会の予算執行権は、議会に付与される。

　これら2つの地方政府形態の導入にあたっては、「地域主権改革の理念」に即するために、画一的ではなく選択制となるのは当然である。地方自治法においてそれぞれを選択肢として提示し、その中で選択できることとすることや、基本となる類型を法定した上で、自治体の判断により、これと異なる選択を可能にすることが検討の論点となっている。また、選択肢の活用はすべての自治体で可能とするか、あるいは類型化するか（都道府県か市町村か、また、規模の大きな自治体か小さな自治体か）といった論点もある。

　こうした地域主権戦略会議および地方行財政検討会議による地方政府形態の内容の評価やその政治的意図について確認したい。その前に、それらの「構え」の基本的問題点を指摘しておこう。

　1つは、機関競争主義の開花という第三のモデルを無視していることである。機関競争主義に通じるさまざまな改革が多くの自治体で進んでいる。地方行財政検討会議で議論されている問題点は共有しつつも、すでに指摘した

---

*3　三重県議会主催「第6回全国自治体議会改革推進シンポジウム」(2010年8月2日)において、議会内閣制を提案している橋下徹大阪府知事は、議会が選出した議員の一定数で構成する（予算編成）協議会に、予算執行統括責任者としての首長が参画する議会リーダー型（（予算編成）協議会が予算編成権限・責任を負う）を提起した。橋下知事からすれば、選択肢を1つ増やしただけになる。これが第三のモデルともいわれているが、本文で検討するように会派制やそれを作動させるための選挙制度が整備されない限り、第一モデルの欠陥を継承することになる。

*4　特別職の兼職許容モデル、議員内閣モデル、自治体経営会議モデル、多人数議会と副議決機関モデル、現行の二元代表制モデル、分離型モデル、が登場する。特別職の兼職許容モデルは、議員が身分を残したまま執行機関の特別職に就任する形態である。議員内閣モデルは、議員数人が議員の身分を残したまま内閣として執行機関に入る形態である。これら2つの形態は、議会内閣制を再分類したもの、つまり精緻化したものである。自治体経営会議モデルは、参事会制といってもよいものである。これも議員ボスと首長との癒着を招き、結果は議会内閣制と通じるものがある。なぜ、自治体経営会議モデルを、シティ・マネージャ制へと連接しないのか不思議である。それは、議会の強化、首長の弱体化につながるものであることが理由だと勘ぐりたくもなる。それに対して、多人数議会と副議決機関モデルは、議会―理事会制ともつらなり、議会への住民参加の促進（さらにいえば住民総会と連動した議会の誕生）ともいえる。本文で明確にするように、憲法の枠内と、首長主導型民主主義とは異なる討議型の住民自治を進める立場からこれらのモデルをみれば、純粋分離型とともに評価できるのは最後の多人数議会と副議決機関モデルだけである。

　政治的機能を考えた場合、融合型は、その名の通り、従来の日本の地方政治の現実であり、特別職の兼職許容モデル、議員内閣モデル、自治体経営会議モデルは、結果的に新たな提案ではあるが、追認機関と成り下がっている議会を有する従来型の地方政治のバージョンアップにすぎない。本書では、制度としては、二元代表制ではあるが、従来とは異なる新たな形態（機関競争主義）を提案している。

表序－1　新たに提起された2つの地方政府形態と忘れ去られていたもう1つの地方政府形態（機関競争主義）

現状認識	・地方自治体の自由度を拡大すべきではないか ・地方自治法は、厳格な二元代表制を採用しているが、首長と議会が対立的な関係になって、住民の意見が適切に反映されず、また、効率的な事務の処理を阻害していることもあるのではないか。地方自治体の基本構造のあり方をどう考えるか。 （「検討の視点（イメージ）」）
問題点	＜緊張関係が確保されない問題点＞ ・「総与党化」では、議会は的確な監視ができない。「総野党化」では、議会の執行機関に対する監視が機能するが、首長の責任において執行権限を行使することが困難。 ・政策形成では議会は執行機関に大きく依存しがち。 ・議会は追認機関化。 ＜議会と首長が対立した場合の問題点＞ ・不信任された首長が再び選挙で選ばれた場合や、議会が解散権行使をおそれて首長との対立が深刻化しても不信任議決を行わない場合など、対立構造が解消されない。 ・議会が議決すべき事件を議決しないとき等における首長の専決処分、条例または予算に関する議決等に対する首長の再議の制度があるが、首長が議会との対立を表面化させることをおそれるため、解決手段として適切に行使されていない。 （「考え方」）

新たに構想される2つの形態	＜融合型＞　例：議会内閣制 　議会が執行権限の行使に事前の段階からより責任を持つ形態。議会が執行権限の行使に事前の段階からより一層の責任を持ち、執行権限の行使の責任は、首長とともに議会にあると認識されることによって、議会による執行機関の監視機能、また、団体意思の決定機関としての機能も高まるという考え方。 （「考え方」）	＜分離型＞　例：アメリカ連邦政府 　議会と執行機関それぞれの責任を明確化することによって、純粋な二元代表制の形態。議会と首長が執行機関、議事機関としてのそれぞれの役割を明確にし、より緊張感を持った関係に再構築するもの。議会は、条例、予算等の団体の基本的事項の意思決定機関としての役割が基本であるとの観点から、執行権限の行使に事前に関与するのではなく、その行使について事後に関与することとし、必要に応じて、執行機関に対する検査権・調査権を行使するというもの。 （「考え方」）

もう一つの形態	＜機関競争主義＞ ・従来の3つの原理による運営 　第一原理は、議会と首長は、正統性からすれば対等であり、それぞれの特性をいかして、地域経営をする。議会は合議制をいかす。 　第二原理は、政策形成全体において、提案は首長、決定は議会、執行は執行機関という単純な分け方ではなく、政策過程全体にわたってそれぞれの機関に権限が分有されていることである。単純に「決定は議会、執行は執行機関」という役割分担ではなく、全体にわたってそれぞれが権限を分有している。 　第三原理は、住民がいたるところで議会や執行機関に参加する。それぞれの機関が市民参加を経ながら、競争し合う。議会報告会、意見交換会などの活用。 ・制度改革 　この阻害要因を検討し解決策を提示することが先決（議長への招集権付与等）。 　住民を起点とした解決をより充実させる手法の開発（直接請求権の行使の緩和等）。

ように、いくつかの議会では住民福祉の向上のために動き出している。従来の中央集権時代に育まれた自治体に対置する新たな形態は2つではない。機関競争主義の作動というもう1つの形態を含めた3つである。むしろ、この阻害要因を検討し解決策を提示することが先決である。

すでに指摘している地方行財政検討会議（第1回）提出資料の「検討の視点（イメージ）」では、「地方自治体の自由度を拡大すべきではないか」という問題意識を持ちつつも、他方では、「地方自治法は、厳格な二元代表制を採用しているが、長と議会が対立的な関係になって、住民の意見が適切に反映されず、また、効率的な事務の処理を阻害していることもあるのではないか。地方自治体の基本構造のあり方をどう考えるか」といった問題意識の下で、地方政府形態の多様性が議論され提案される。「対立」を悪として捉え、例外的な「対立」を恒常的なものとして捉えることによって、その克服として地方政府の多様性が提案される。

今日、議会と首長との緊張関係に基づく運営が行われるようになった。住民を起点とした解決をより充実させる手法を開発せず、例外状況の強調から制度改革論に進む思考は、後述するように強い政治的意図を感じる。

もう1つは、政治の領域の軽視についてである。地方行財政検討会議（第1回）で提出された「検討項目の例」では、「2. 住民参加のあり方」という大項目があり、そこに議会のあり方、一般的な住民投票制度のあり方、長の多選制限その他の選挙制度の見直し、規模の拡大にともなう自治体経営への住民参画の手法が対象として入っている。議会を住民参加に含める視点は重要である。しかし、議会を含めてさまざまな住民参加が「地方行財政」という文脈で扱われる。議会を含めて住民参加は政治の文脈である。地方行政の論理と地方議会の論理は異なる。地方議会の論理は地域民主主義の実現である。それにもかかわらず、議会を行財政の中に含み込んだ発想で地方自治法が改正され地方政府基本法が制定されるとすれば、政治を軽視したという意味で大きな問題である。

注：表序−1（左頁）の「検討の視点（イメージ）」は、地方行財政検討会議（第1回）提出資料の「検討の視点（イメージ）」、「考え方」は、地方行財政検討会議「地方自治法抜本改正に向けての基本的な考え方」（2010年6月22日）から抜粋・要約したものである。機関競争主義は、西尾勝の機関対立主義を、今日の動向を踏まえて、橋場利勝北海道栗山町議会議長の示唆を受けて、提起したものである。

このように、地域主権戦略会議および地方行財政検討会議の「構え」には、住民自治から考えて大きな問題がある。以下、そこで提起される地方政府形態の議論、とりわけ独特な議会内閣制の提起に限定して検討することにしたい。分離型の地方政府形態は、住民自治から考えて選択できる制度である。その場合、現行制度では大幅な改革が必要となり、そこまでの議論が進むかどうか判断できないためである。また典型的な分離型ではなく、不信任議決、その後の議会解散といった一連の手続の廃止程度のものとして設定すれば、制度として考えれば現行の二元代表制の延長、より正確にいえば徹底とも理解できる。それに対して、議会内閣制（特別職の兼職許容モデルと議員内閣モデル）は、後述するように、住民自治、地域民主主義から考えて大きな問題があるとともに、導入が容易（兼職禁止規定を削除・緩和すればよい）であるからである。この議会内閣制への論評が、緊急の課題であるとともに、地域民主主義を再考するに際してのよい素材となる。

(2)　議会内閣制の発想

　地方行財政検討会議では、地方政府形態の多様性が俎上にのり、議会内閣制（変則の議院内閣制）が提案されている。地方政府形態としては世界的にもあまり見かけない形態であるが、イギリスの特殊な文脈で制度化されている（竹下監修　2008：第Ⅰ章）。それは、議会の多数派を取り込むという一定の成果はあった。日本的独創性を出すことは必要だとしても、多様性からの選択はあくまで住民自治の促進のためでなければならない。

　筆者は、住民自治を進める上では地方政府形態を住民が選択できること、いわば地方政府形態の多様性をより進めるべきだと考えている。

　しかし、現行の二元代表制の課題を十分探求しないまま、新たな地方政府形態を提案することは、2つの意味で問題がある。1つは、かりに地方政府形態の選択性が採用されるにしても、多くの自治体では現行の二元代表制が引き続き主流となり、その課題の探求の軽視は住民自治を求める住民に応えていないという問題がある。もう1つは、新しい地方政府形態はどのようなものを採用しようとも、二元代表制を含めて問題がある。地方政府形態はどちらにせよ一長一短がある。新しい地方政府形態を採用するにしてもその問題点を探るという視点は希薄になっている。

地方政府形態の多様性を提起するのであれば、議員と首長を直接住民が選出するという現行法体系の下では、議会内閣制だけではなく、別の設計も可能である。分離型はもとより、シティ・マネージャ制度や、フランスやドイツの国政のように、首相も大統領もいるという設計もできる。こうした広範な議論を無視した制度設計は、行政優位、したがって住民自治機関としての議会の位置を軽視した発想での提起となっている。議会には問題は多々ある。とはいえ、ようやく自治型社会が作動しはじめている今日、第三の形態として提起した機関競争主義の充実のために、その阻害要因を除去することが先決である。全国都道府県議会議長会、全国市議会議長会、全国町村議会議長会による制度改革の提案は、その宝庫である。

　そもそも、議会内閣制を作動させるには、しっかりとした会派制が必要である。市町村議会では、強固な会派制は浸透していないし、会派があっても「仲良しグループ」というところも多い。こうした会派による議会運営を是とすることは理論上理解できる。また、都道府県議会では事実上会派制の運営が行われている。しかし、実際は国政とは異なる自治の運営を模索する状況にあって、むしろ国政とは異なる会派運営が期待されている。会派制の強調は、二大政党制を促進する可能性は高いとはいえ、それがよいとは期待されていない。

　しかも、会派制を前提とした選挙制度にはなっていない。抜本的な選挙制度改革が視野に入らない今回の議会内閣制では、議会が主導する「議院内閣制」的要素は作動しえない。

　実際の効果は、「相乗り」として批判された運営が表面化することになりかねない（「総与党化」の進行）。また、首長が議会の意向に沿って任命する場合でも、議会内の多数派と少数派を固定化し分断する。これでは、議会は「人格を持った議会」として作動できない。どちらにせよ、結局、首長主導の制度化につながる。議会内閣制は、従来の「追認機関」のバージョンアップといえよう。

　住民自治を進め、地域民主主義を深化させようという地方政府基本法の制定の議論にあたっての唐突な提案は、機関競争主義を作動させようとする議会の改革のスピードを緩めさせる政治的意図さえ感じる。

⑶ 議会内閣制の地域民主主義上の問題点
　　——地域政治の文化が問われている

　地方政府形態をめぐる議論は、地域民主主義の根本的テーマである。議会内閣制は、役割を発揮していない議会批判とともに、住民と歩む改革を目指した新しい議会への対応の意味を持っている。

　自治型社会の時代に地域民主主義を作動させる手法が模索される。1つは首長主導型であり、もう1つは機関競争主義・討議重視型である。それらは従来の議会は問題だという認識では一致しつつも、それにとって代わる地域民主主義のイメージは大きく異なっている。

　首長主導型は、議会内閣制の発想と結びついている。二元代表制（議員・首長の直接選挙）は残しつつも、それに内包している機関競争（議会と首長との善政競争）の側面を無視・軽視する。議会と首長が一体となり地域経営を行うものである。聞こえはいいが、従来批判されてきた「総与党化」の制度化である。政治任用される議員を、議会が推薦すれば、議会主導の政治の可能性がないとはいえない。しかし、実際には住民から強い支持をえた首長では困難である。議会内閣制の制度化以前でも、運用で首長主導型を目指す運動も見受けられる。「大阪維新の会」（大阪府）や「減税日本」（名古屋市）といった地域政党の設立である。

　首長主導型は効率性（スリム化と速さ）を重視する。首長マニフェストを掲げて当選した首長は、それを推進することが民主主義であり責務と感じる。その成否は、次の選挙での審判である。反対する者は議会・議員であれ住民であれ「敵」と映る。

　首長主導型は、従来の国主導に代えて首長が起点である。機関競争主義が作動しはじめ、議会の巨大な権限が「障害」とも映っていると勘ぐりたくもなる。住民の支持を必要とすることは当然である。とはいえ、首長が提起するマニフェストに対する支持である。

　それに対して機関競争主義・討議重視型は、新しい議会の役割を強調している。二元代表制に含まれている機関競争主義の側面を重視し、議会が本来発揮してこなかった機能を充実させる。ここ数年、従来の議会運営とはまったく異なる議会が現れている。住民に開かれ、住民参加を議会にも導入し、議員同士の討議を十分やりながら、執行機関と切磋琢磨する議会の登場であ

る。議会は、もともと条例・予算の議決、決算の認定、契約や財産の処分など、巨大な権限を持っている。その議会が動きだしている。この議会は、常に住民の前に出て説明責任を追及している。首長と緊張感はあってもお互いよりよい地域経営のためであって、「住民の不利益になる」ことはない。

　機関競争主義・討議重視型は、議会と首長それぞれの役割を重視している。首長は独任制でリーダーシップに、議会は合議制で多様な民意を調整し統合することに長けている。首長が改革志向を持ち、全体を見通せる力を持たなければ、総花的でしかも財政危機の状況では職員給与の一律５％カットなどの哲学なき施策が提案され実施される場合もある。本来、議会は多様な角度から総体的相対的な政治判断ができる機関である。議会での討議や住民との意見交換という、討議の空間の第一級の場である。もちろん、時間がかかるという意見もある。しかし、実効性があり議会の議決を経た団体意思としての総合計画を軸に地域経営を行えば、住民、議会、首長もその役割を認識するとともに、修正も容易である。従来の議会・議員は責任を自覚し大きく変わらなければならない。

　このように考えると地域民主主義の岐路に立っているのがわかる。閉塞状況をパッパと解決する新しいヒーローが期待されているのか、あるいは水戸黄門の印籠を期待するという伝統の強みからか、首長主導型が浸透してきている。今日、地域では地域文化を創造する多様なアクターが育っている。これらの活動を調整し統合する手法も開発されている。自治型社会の自治には、多様なアクターの緊張と協働が適している。いままさに、地域政治の文化が問われている。「選択性だから目くじらを立てる必要もない」とはとても思えない。第三の形態である機関競争主義を作動させている先駆議会が提起する制度改革を進めるほうが、新たな自治を創りだすという意味で抜本的改革である。

5　地方政府形態選択制の政治的文脈
── 住民自治制度の住民投票と議会はどう向き合うか

(1) 議会内閣制の提起と住民投票法制定の文脈

　地域主権戦略会議は、地方政府形態の多様性だけを議論しているわけでは

ない。住民自治にとって重要な住民投票も議論の俎上にのせている。そこで、地方政府形態の多様性を、地域主権戦略の1つであり、住民自治とも直結する住民投票との関連から確定しておこう。住民が地域経営に積極的に参加できる手法の1つが住民投票である。それは、今日普及している（江藤2004、2008a）。民主党が住民投票法の制定を「民主党政策集INDEX2009」には盛り込んでいる（衆院選マニフェストには入っていない）。また、住民投票の法定化は地方行財政検討会議の検討事項の1つとなっている。これをめぐって議論が巻き起こるであろうし、そうしていかなければならない。

　住民投票は一般的には住民自治から考えて否定されるべきものではない。とはいえ、住民自治にとっての住民投票という文脈を想定しないと、住民自治原則からの逸脱も考えられる。住民投票の活性化によって、議会が蚊帳の外におかれていることを念頭においているわけではない。たしかに、今日の住民投票の活性化にともなって議会は委縮しているようにも思える。しかし、後述するように、議会の役割を果たすことにより住民投票を通じて住民自治を充実させることになる。「委縮」している議会は自業自得である。

　むしろ大きな危惧は、住民投票が脚光を浴び、法制化までされようとしているにもかかわらず、住民自治を充実させる他の制度改正が軽視・無視されていることである。この状況は、最近の制度改革論の動向を視野に入れれば、「住民自治の根幹」としての議会がむしろ住民自治の「障害」というイメージの登場と重なってくる。住民自治にとっての住民投票、およびそれと議会との関係を考えることは急務である。

　法制化にともなう注意すべき個々の論点は別稿に委ねたい（新藤編　1999、上田　2003）。ここではまず、住民投票と密接に関係しつつも軽視・無視されている重要な制度改革について注意を喚起する。次いで、最近の制度改革論において議会を障害物とみなした首長主導型民主主義が底流にあり、政策形成において多様な意見を踏まえた、いわば討議の場が軽視されていることを確認する。そして最後に、議会が自らの役割を発揮することで、住民投票を含めた住民自治制度をより充実させる手法を開発したい。こうした論点を踏まえて、議会内閣制の政治的文脈を解読する。

(2) 住民投票とも関連するにもかかわらず忘れられた論点

　住民投票が脚光を浴び、法制化までされようとしているにもかかわらず、住民自治を充実させる他の制度改正がともなっていないこと、住民投票の法制化だけでは住民自治の充実とは断言できないことを確認しておこう。

① 　住民投票は直接民主制の系譜ではあるが、その系譜の根幹となる事項の法改正もされていない。住民投票の導入とともに、条例制定改廃の直接請求の括弧書き（地方税の賦課徴収並びに分担金、使用料及び手数料の徴収に関するものを除く（自治法74①））といった住民自治の根幹が是正されなければならない。また、大都市において死文化されているリコール制度、つまり署名数の多さ（有権者の3分の1（40万人以上を超えた場合は6分の1）以上（自治法76・86））の是正が必要である。少なくとも、同時に議論されるべき論点である。

② 　直接民主制の充実の前に間接民主制を作動させる選挙制度の規制緩和が進まない。これでは、住民投票法が制定されても、「べからず集」といわれる公職選挙法の厳しい拘束がかかり、自由な運動がしにくくなる可能性がある。公選法の議論とも連動させて自由な選挙・投票運動を形成する契機にしなければならない。

　住民投票法制定を目指すのであれば、少なくともこの2点には答えておかなければならない。これらについては、議会として積極的に討議し立法過程での意見表明が期待される。こうした住民自治を進める制度改正が意図的に軽視・無視されているのではないかと危惧されるのは、最近の制度改革論に見られる首長主導型民主主義論の蔓延があるからである。

　片山善博前鳥取県知事が総務大臣に就任したこともあって、住民投票の導入や直接請求の条件の緩和をともなう地方自治法の改正は急速に進展すると考えてよい。総務省「地方自治法抜本改正についての考え方（平成22年）」（2011年1月26日）では、住民投票について、「大規模な公の施設の設置の方針を対象として、速やかに制度化を図る」とともに、議会の解散、議員・首長の解職の直接請求について、「必要な署名数の緩和や署名収集期間の延長等の見直し」、条例制定の直接請求について、地方自治法第74条第1項の括弧書き（地方税等の対象除外）の削除（「条例の制定・改廃請求の対象する」）、が提案されている。同時に総務省自治行政局から提案された「地方自

治法の一部を改正する法律案（概要）について」（2011年2月）では、これらが明記されている。この改正自体は評価できるとしても、単なる個別改革という「自治の切り売り」の発想ではなく、総体的な改革、いわば抜本改正が求められている。

(3) 住民投票の政治的文脈
――議会は住民自治にとって障害か

　住民投票は、地方自治法改正案として、まず議論されることになる。地方行財政検討会議の協議事項に「自治体の基本構造のあり方」が入っていることから、地方政府の基本構造という視点から、この会議で検討されている。その後、住民投票は地方政府基本法（仮称）の議論に際して再検討される可能性はある。住民投票の制度設計の議論は重要であるが、それ以前に住民自治のイメージへの危惧がある。住民代表機関としての議会が蚊帳の外どころか、住民自治の障害として位置づけられ、障害物である議会の迂回を目指した政策過程を創りだす可能性があるからである。極論とも感じられるかもしれないが、この間の議論を統合して読むとその可能性は大きい。たしかに、首長はリーダーシップには長けている。しかし、多様な意見を調整し統合し決定するのは合議体である議会が得意とする分野である。合議への消極姿勢は住民自治にとって大きな問題である。住民自治を強化する視点から議会を障害物とする発想を問題にしたい。

　1つは、市町村合併特例法改正（2010年4月施行）に、合併協議会の設置にあたって、議会が否決した際の住民投票を残していることである。自主的合併は維持しつつ、合併にあたっての障害物の除去を取り去ることを目的としている改正には、条例の制定改廃の直接請求にはまったく手を入れないで、したがって住民自治から議論することなく、存続させている。議会は住民自治にとっての根幹のテーマである市町村合併にあたっての「障害物」としてみられている。市町村合併にあたっては法律で住民投票を位置づけている。市町村合併特例法では、合併協議会の設置の直接請求を有権者の50分の1以上（市町村合併特例法4①）と条例制定の直接請求と同様の条件にしている。しかし、議会が否決した場合、住民による条例制定・改廃請求ではそこで終わるが、この場合、住民が再度6分の1以上の連署で請求すれば、今度は住

民投票に付され、その結果は議会が議決したものとみなされる（同4⑪）。

　特例法の目的が「『障害の除去』」というのであれば、議会は合併の障害になると考えている」、「まさしく、議会を軽視している行為」であるという野村弘全国町村議会議長会会長の指摘（第2回地方行財政検討会議）は説得的である。

　もう1つは、地方自治法改正にあたって市町村に義務づけられていた基本構想の法定の廃止が俎上にのぼっていることである。義務付け・枠付けの見直しは、自治体の自由度を高める意味はある。廃止であっても、基本構想を含めた総合計画を策定しないことを、また団体意思の表出として議会の議決を必要としないことを肯定するわけではない。それにもかかわらず、総合計画を策定せず、あるいは首長のマニフェストに即した行政計画を総合計画とみなす方向も想定できる。議会は地域経営の軸に責任を持たなくなる可能性もある。

　野呂昭彦三重県知事は、「地方自治法の考え方に照らすと、戦略計画が、知事と県民との約束であるマニフェストの実現に向けて策定する計画であることから、知事自ら決定した計画こそが団体意思となる」という見解を発表している（戦略計画を議決事件に追加すること等に対する知事見解、2009年11月9日）。10年間を対象とした総合計画では議会の議決は可能という見解を示しているが、マニフェストに即した首長の行政計画は団体意思の表明だといっている。議会の議決は首長の地域経営には邪魔だという見解につながる。

　そしてもう1つは、すでに指摘している地方行財政検討会議で俎上にのせた議会内閣制（首長公選内閣制）である。議会と首長の「対立」の解消の一手法として議会内閣制が提起される。この視点から住民投票が導入されるのであれば、想定されている「対立」を住民投票によって乗り越える制度設計となる。ほとんどの提案が首長からなされ、それに慎重な議会によって「対立」が生まれていることから、首長の発議による住民投票によって「対立」を乗り越える構図が描かれる。

　このように3つの動向を統合すれば、議会が住民代表機関としてより「障害物」として位置づけられ、議会を迂回した制度設計として住民投票が位置づけられる可能性がある。議会と首長の「対立」を首長主導によって住民投票で乗り切る発想をまず問題にしたい。この「対立」が利己的なものである

ならば、こうした発想もわからなくはない。しかし、今日議会改革を真摯に行っている自治体では、議会と首長は「競争」している。住民に責任を持つ両者は、住民に説明責任を有するとともに、住民の支持をめぐって競争する。むしろ、この競争によって新しい自治体を創りだしていかなければならない。こうした自治体改革を省みることなく、議会を乗り切るための首長主導の制度改革は、従来の行政主導を再生産しかねない。

首長主導の地域経営は、地方政治の1つのイメージであるとしても、住民投票を想定すれば、後述する住民投票の負の部分を増幅させかねない。地域経営にとっての議会の役割を発揮することが、住民投票をより充実させることになることを確認したい。

(4) 住民と歩む議会が促進する住民投票

議会改革は進んでいる。従来の議会は、閉鎖的で「与野党関係」による議会運営が行われ、監視と政策立案の役割を発揮していなかった。議会運営といえば、議員同士の討議はせず質問の言いっぱなしに終始していた。しかし、議会として住民に開かれ住民参加を促進し、首長とも切磋琢磨し、議会の存在意義である議員同士の討議と議決を重視する議会を目指した改革が進行している。こうした新しい議会像を議会基本条例の中に制度化して日々実践する議会は増えてきた。

新しい議会は住民参加を積極的に取り入れている。たとえば、京丹後市議会では、定例会後の議会報告会(年4回)、必要に応じた関係団体等と各委員会での懇談会、参考人制度の積極的活用、陳情提案者による説明の機会の提供(市民による政策提案としての位置づけ)、これらには住民と歩む議会を目指す決意が見てとれる。こうした住民の声を聞く機会のさまざまな制度化と実践を通して、住民の意向が議員間でも共通認識となり、それを踏まえて執行機関との論戦に挑んでいる。

議会改革のトップランナーである北海道栗山町議会は、議会への住民参加を重視する議会として有名である。すでに指摘したように、「少なくとも年1回」議会報告会を開催することを議会基本条例に挿入し実践している。住民の声をいかした議会運営を行いたいためである。また、総合計画の策定にあたって、行政案が財政危機を直視していないと判断した議会は、調査研究

をして議会案を練り上げるとともに、それを住民に説明し討議を重ねている。住民と歩む議会の実践である。

　栗山町議会は、さらに市町村合併の議論の中で、議会基本条例に住民投票条項を入れ込んだ。「たった13人の議員で決めていいものなのか。しっかりと住民の声を聞いて決めたい」という。住民と歩む議会の方向は、けっして住民投票と矛盾するものではない。住民投票における議会の役割を明確にすることが必要である。

(5) 住民自治の2つのチャンネル

　住民投票は重要である。議会の制度的欠陥を乗り越える意義がある。「全住民の代表」である議会という理念は、そもそも擬制（フィクション）であることは常に指摘されていることである。また、選挙においてある住民が候補者・政党に投票しても、すべての政策に賛同していない場合が多い。そもそも選挙時の争点になかったものが、その後重要な争点として浮上する場合もある。この欠陥を是正する手法の1つが住民投票である。

　しかし、住民投票に政策過程全般を委ねるわけにもいかない。住民投票の連発ができないこと以上に、住民投票自体にも制度的欠陥があるからである。住民と歩む議会は、議会の特性をいかしながら、住民投票の問題点を是正して住民自治の充実を行うことができる。住民投票の制度的欠陥といわれるのは、住民が直感に頼ることである。そのために、住民からの矛盾した提案とその量の拡大、扇動などによる特殊利害の支配が指摘されている。

　その是正の制度化の1つが討議の場の構築である。感情に流されやすい、あるいは視野に限界があるといわれる住民の政治参加をどのように促進させるかが課題となる。情報提供はいうまでもなく、住民自身が討議し、新しい発見や合意を創りだせる制度が必要である。議会は、情報提供とともに討議の場を設定する。全国初の条例に基づいた住民投票である新潟県巻町の原子力発電所をめぐる住民投票は、さまざまな討議の場を提供していた（講演会、新聞紙上での論戦）[5]。情報提供や討議の場が十分提供されているかを

---

*5　日本ではいまだ住民投票とは連結してはいないが、住民間の討議を重視する住民参加制度も試みられている。プラーヌンクス・ツェレ（三鷹市など）やデリバレイティブ・ポール（藤沢市など）である。住民間の討議を踏まえた住民投票という制度設計は必要である。議会がこれらを制度化してもよい。

監視し、行政がやっていなければ議会が提供することも想定してよい。

そして、そもそも議会は公開で討議する空間である。この役割をあらためて強調したい。住民は討議を観ることによって、また討議に参加することによって、意見を発見する。もちろん、さまざまな場での討議も重要ではあるが、正統に選挙された代表者によって構成される議会が討議する意味は大きい。「人々がいわば『呼びかけられ』、代表される側として形成される」、「議員たちは、まるで演劇を演じる俳優のように、何が対立軸なのかを示すことによって、民意の形成に寄与している」側面の強調である（杉田　2006：11）[*6]。

民主主義の重要性は討議にある。さまざまな討議を行うことによって討議参加者は意見を変更する場合もある。この変更は、他者の意見に納得するという場合もあれば、当初は考えもしなかった発想が討議の中で芽生えることも含んでいる。このように考えれば、住民投票は無視できないものであるとしても、討議をさまざまな水準で導入することが必要となる。その討議を正統性を付与した場で行っているのが議会である。

議会にも制度上欠陥があるのと同時に、住民投票も万能ではありえない。住民自治の充実にとっての相互補完制度（相補性）として考えたい。いわば住民自治の2つのチャンネルである。

本節では、住民投票を住民自治の視点から、とりわけ住民代表機関である議会との関係を探ってきた[*7]。住民とともに歩む議会と住民投票とは矛盾するものではなく、むしろ住民自治の2つのチャンネルであり、それらの相互補完によって自治は進むことを強調してきた。これによって、住民投票の問題点の1つ、住民参加の多用による議会の責任回避もクリアーできる。

首長主導による住民投票の実践は、地域民主主義にとって重要な討議を軽視することになる。住民投票は、市民社会の討議と議会の討議とが相まって住民自治の手段として作動する。

6　地方政府改革のもう1つの課題

今日、議論されはじめた地方政府形態、とりわけ議会内閣制の論理とその提起の政治的文脈について検討してきた。地方政府形態の議論が地方政府改革論の俎上にのせられたこと自体は評価したい。とはいえ、議会内閣制は地

域民主主義の実現にとっては大きな問題があることを指摘してきた。今後も、地方政府形態論は議論されるべきであろう。しかし、緊急に必要なのは、現行の二元代表制を充実させる、第三の道（形態）である機関競争主義の確立の課題の明確化であり、それを阻害している制度改革である。

議会が立ち上がり住民と歩み住民のために動き出した自治体では、機関競争主義が作動しはじめている。議会が追認機関となっている自治体では、機関競争主義は作動しない。そもそも、地方政府形態の多様性が現実化する以前でも、現行の二元代表制の延長で、その実践の中で機関競争主義は豊富化されている。いわば機関競争主義の多様化である。

① **弱議会型**　会議日が少なくて、議決権も法定以上はなく、住民からもほとんど信頼を勝ち取れない。議会が弱く首長が強い自治体の類型である。結果的に、政策過程全体で議会はかかわるけれども消極的で、ほぼ首長からの提案が可決され実施される。したがって、議会は監視機能を強化する方向での議会改革が行われる。

② **議会—首長対立・競争型**　議会と首長とがぶつかり合いながら、その正否を住民が判断していく、いわば対立型や競争型である。

③ **議会主導型**　首長も提案するが、議会の提案が議決され執行が行われる。議会の動向に、住民は納得し賛同する。議会の提案が地域経営を主導するという議会主導型、強議会型の類型である。

このように、機関競争主義といってもさまざまなパターンがある（第1章参照）。議会主導型では、首長は存在するだけにもなりかねない。その際、執行権限をどこまで議会に移動させるかどうかについては当然議論される。追認機関化した議会、住民と歩まない議会、議員同士が討議しない議会、これらでは機関競争主義は作動しない。機関競争主義を作動させた上で、事実上どのような形態を選択するかを住民は討議し決定できる。

それぞれの類型には、それぞれの課題がある。ここでは、機関競争主義を作動させる上で解決しなければならない、いわば機関競争主義が作動するよ

---

*6　議会や政治家が世論を形成する側面の過度の強調が、全体主義を創りだすことの危惧については、佐々木（2009）、参照。

*7　序章では、住民投票法あるいは地方政府基本法によって、住民投票の条例への義務付け・枠付けや、その際の拘束型（住民投票の結果を団体意思とする）の是非については議論していない。別途考えたい。

うになって、はじめて提起された主要な論点について確認したい。まず、議会の議決権限はどこまでおよぶのかという論点がある（第2章、第3章）。極論すれば、地方政府形態論にまで進む可能性がある論点である。少なくとも地域経営の根幹にかかわる事項は議会の議決を必要とする。したがって、地域経営の軸である総合計画にどのようにかかわるかが重要な論点となる。

また、議会として住民参加にどうかかわるかという論点がある（本書全体）。行政は、今日新たなさまざまな住民参加の手法を開発している。充て職、公募制の導入、さらには裁判員制度のように無作為抽出による選任、などである。こうした手法を議会として開発する課題とともに、議会として行政の住民参加制度にどのようにかかわるかといった論点も浮上している。

さらに、議会の討議の仕方を構想すると、従来想定してこなかった課題がある。会派制の是非の議論や、会派制を採用した場合の会派拘束の時期といった課題である（第4章）。また、討議を十分行うためには、会期日数が大幅に増大する。通年制（北海道白老町議会、北海道福島町議会など）や二会期制（三重県議会）の採用の是非や運用上の課題も浮上する。

このような議会運営にかかわることだけではなく、今後の議会を支える条件整備も重要となる。財政危機の時代に、議会事務局の充実や、調査研究の充実のための手法の開発も課題として浮上している（第5章）。そして、議員の活動を検討する中で、議員像を確定しつつ、議員報酬や政務調査などの是非や相当額の基準も検討対象になる（第6章、第7章）。また、議員定数の基準は何かという課題もある。

そして、自治・議会基本条例を推進する議会の役割と課題を再考することも必要である（第8章）。自治・議会基本条例の条文は、それぞれの自治体の調査研究や住民との意見交換の中で豊富化されている。とはいえ、基本条例の形骸化も指摘される。形骸化を防止する手法の開発も課題である。

地方政府形態の多様性の議論よりも、機関競争主義によって進んでいる地域民主主義の深化が提起した課題に応えることが緊急に必要になっている。

第1章

地方自治制度における二元代表制
—— 地方行政から地方政治へ

1 地方政府形態としての二元代表制

　地方分権改革が時代を読むキーワードになっている。その進展度の評価は、歴史に委ねるしかないが、従来とは異なる政府間関係が出現していることは事実である。地方分権改革では、団体自治という器の整備が主な課題であった。第一次分権改革に残された大きな改革課題の１つが「住民自治の拡充であるが、そのまた核心をなすところの自治体議会の改革」といわれるゆえんである（西尾　2008：7）。換言すれば、地方分権の進展は住民自治のあり方を問うことになる。

　地方分権が曲がりなりにも動き出した。住民参加、住民投票、協働という用語が飛び交っている。従来の中央集権制の下では、極論すれば機関委任事務の執行をはじめとした地方行政こそが地方自治の中心であった。そのために、地方自治体の組織や運営も地方行政に偏重していた。地方分権によって、地域それぞれで政策決定ができるし、それを目指すことが必要になる。

　その意味では、従来の地方行政という枠内の理解ではなく、むしろ地方政治が前面に登場せざるをえない。政策課題を地域に即して議論し決定するためには、地域におけるさまざまなアクターが政治の場に登場し討議し提案する政治化が必要だからである。そうしたアクターからの提言を受けつつ決定を行う代表機構の役割はますます脚光を浴びざるをえない。

　そこで、住民主権を原則としつつも、その代表機構のあり方、いわば地方政府形態のあり方が問われることになる。日本の地方政府形態は、画一的に

首長主義（首長―議会形態）である。後に検討するように、首長主義が強力な首長をイメージしやすいことも理由の1つだと思われるが[*8]、今日二元代表制という用語も用いられている。憲法の規定では、議会議員だけではなく首長も直接住民が選挙する。議事機関（憲法上の議会規定）と執行機関の関係は、中央集権時代と地方分権時代、正確には住民自治の時代とは大きく異なるはずである。そこで、こうした時代の転換を意識して、日本の地方政府形態を確認することにしたい。

　第一に、機関競争（対立）主義として地方政府形態を確認する。機関競争主義の原理は、議会と首長は正統性では対等であり、両者の特性（議会＝合議制、首長＝独任制）をいかして切磋琢磨すること、両者の権限は政策過程全般にわたって分有されており、一方的な優位はありえず、相互作用があること、さらに、住民は主権者であり、対等な正統性を有する両機関を監視するとともに、両者に参加することを導出する。そこで第二に、機関競争主義の評価について概観する。その評価にあたっては、機関競争主義は作動していない（首長優位論、議会（会派）優位論）、あるいはそもそも不可能である（機関競争主義限界論）というものを紹介する。そして第三に、それらの評価自体が歴史的な制約下での議論であること、機関競争主義限界論が新しい時代の地方政府形態を主題化しているが、現行法体系下の制度改革を軽視することになることを確認しつつ、機関競争主義の作動の条件を検討する。最後に、機関競争主義のバリエーションを提示して、機関競争主義の広範な範囲を考え、その可能性を探りたい。

　なお筆者は、それぞれの住民が地方政府形態を選択すればよいと考えている。したがって、二元代表制とは異なる地方政府形態を模索することは重要である。しかし、憲法で規定された二元代表制を超えた議論は重要だとしても、その模索の強調は、その枠内での改革に消極的になる可能性がある。そこで、多様な地方政府形態を意識しつつも、現行制度でも可能な地方政府のあり方を主題的に考えることが本章の目的である。

2　機関対立主義の問題設定

　今日、二元代表制、機関対立（競争）主義という用語が流布している。二

元代表制は、代表機構の正統性を強調したものである。議会・議員だけではなく首長も住民（国民）から直接選挙される。これは、議院内閣制の一元代表制と区別される。二元代表制は議会と首長との関係が問われる。議会と首長のそれぞれの特性をいかした両者の緊張関係をより強調したものが機関対立（競争）主義である。議事機関としての議会と、執行機関としての首長との関係が主題化される。制度的な関係を踏まえつつも実際の関係もその対象に含まれることになる。

なお、首長主義、あるいは大統領制ともいわれる場合がある。首長主義は、単なる二元代表制と同義ではある。ときに強首長主義（アメリカ合衆国の例で、拒否権を有し執行機関の役職者の任命権を有する首長の存在）をイメージする場合もある。日本の場合、拒否権（一般拒否権、特別拒否権）を首長は持っているとはいえ、不信任議決権（その後の議会解散はある）や、主要公務員の同意権等を議会が有していることを考えれば、単純に強い首長とは断言できない。また、この二元代表制をアメリカ大統領制と同等なものとして理解するとすれば、大きな誤解を生む。アメリカ大統領制の場合、議案は議員だけが提出できるのであって、首長としての大統領は一般教書演説はするものの、法案は提出することはできない。

日本の地方政府形態を早い時期に「機関対立主義」として規定したのは西尾勝である（東京都都民生活局　1977）[9]。二元的代表民主制（以下、二元代表制）の基本原理として次の２点を明示する。１つは、正統性として議会と首長は対等であり、それぞれが特性をいかして切磋琢磨することである（第一原理）。「長と議会は双方とも直接市民を代表する機関として、その正統性の根拠において対等の位置にある」。合議制の議会は、意思形成は容易ではなく一貫性を保つことが難しいが、多元的な利益を反映するとともに、審議過程で争点を明確にすることにはすぐれている。独任制の首長は、意思形成が容易で一貫した政治指導を積極的に展開しやすいが、他方で選択肢の多様性と争点の所在を開示することは難しい。こうした特性を持ちながらも、住民代表機構という意味では同じである。両者は、住民意思の「代表機能」と

---

[8]　首長を直接住民が選挙する首長主義は、強首長主義と直結するわけではない。たとえば、アメリカやカナダの地方自治制度（竹下監修　2008（アメリカやカナダの章、江藤俊昭執筆）を参照。
[9]　以下の引用頁は本文に明示している（東京都都民生活局　1977、傍点は西尾）。

「統合機能」双方を期待され、どちらが住民意思を的確に反映しているかを「競い合う関係」である。この制度は「機関対立主義」と呼ばれる。

なお、西尾の合議の意味は明示的ではないが、次のように理解しておきたい（江藤　2004：第5章）。公開の場での討議である。討議は、単なる質問でも、最終的に賛成や反対を明確にする議会が行っている「討論」とも異なる。自由に議員同士が意見を戦わせる、筋書きのない空間である。従来こうした討議は、行われてこなかった。最近では、いくつかの議会では試みられている。討議のためには、相手を打ち負かす技法（ディベート）というより、意見を調整しつつ、合意を見いだす技法（デリバレーション）が求められている。

討議は、問題を多角的複眼的に検討できる。首長から提案されたものであれ、陳情や請願などを通して議会に提出されたものであれ、議員自身が議会に提出したものであれ、議案として提出されたものを、多くの議員がさまざまに討議することによって、メリットとデメリットを明確にし、対立軸を描ける。さらに、デメリットを緩和する手法も開発できる。

また、討議は合意を形成する可能性を増大させる。首長への質問だけでは、議員や会派の見解は所与のものとして動かない。議員や会派、それぞれの妥協も合意も難しい。あるとすれば、議会にはあってはならない非公開の場でのものとなる。そこで、妥協、一歩進んで合意の形成のためには、議員同士の討議が不可欠である。この合意は、よりよい政策を形成するためにも必要である。同時に、首長に対して議会としての意思を示す場合にも必要である。

そもそも地方自治では国政の争点とは質を異にしている。国政では、外交や妊娠中絶、ポルノ規制、死刑廃止など、いわばゼロサムで二者択一に収斂する争点が主要なものである。それらは、地方政治の争点とはなりにくい（非決定）。地方政治では、量的あるいは時間的な（優先順位）争点をめぐって争われることが多い。そこでは、二者択一の争点は後影に退き、量的な争点が浮上する。マスタープラン、優先順位や予算規模などが争点となる。もちろん、迷惑施設などの施設の配置、市町村合併などの二者択一の争点は存在し続ける。とはいえ、地方政治の争点では、討議によって必ず合意に至るかどうかはともかく討議の可能性は高い。

二元代表制の原理のもう1つは、政策過程全体にわたって（政策「形成」過程、政策「決定」過程、政策「執行」過程、政策「評価」過程）、権限は議会と首長両者に分有されており、それによって両者の対立・競争が前提となっていることである（第二原理）。「議会は決して自治体の最高機関ではない。議会はまた、立法権を完全独占していない〔長の拒否権があり—引用者注〕反面で、行政権の一部をも所掌する〔契約案件の議決等—引用者注〕議事機関である。要するに、自治体の『団体意思』決定は長と議会に分掌され、あるいは長と議会の相互作用によってなされる」。これらの特徴を持ちながらも、それぞれは政策形成過程、政策決定過程、政策執行過程でもどちらかが完全に独占しているわけではなく分掌している。議事機関と執行機関との競争関係に着目すれば「車の両輪」「唇歯輔車」、対立関係に着目すれば「機関対立主義」となるという（75頁）。
　ここで注意したいのは、執行機関と議事機関の優劣関係である。正統性については「対等」と明確に位置づけている。権限は、「相互作用」と曖昧ではあるが、政策形成、政策決定、政策執行といった自治体の一連の過程はどちらかが独占しているわけではなく分掌していることを考えれば、「相互作用」は対等と同義ではない。とはいえ、一方的な優位はありえない。この相互作用は、後述するように、権限や過程の歴史的な変化によって、その内容は異なることを示唆している。ともかく、正統性でも権限の作動でも、二元代表制から導出された議会と首長の競争関係を機関対立主義は明確にしている。機関対立主義の原理を再度確認しておこう。

①　第一原理　議会も首長も住民から直接選挙されるという意味で、正統性は対等であり、議会＝合議制、首長＝独任制といった特性をいかして切磋琢磨する（正統性の対等性、両者の特性の相違を踏まえた対立・競争）。

②　第二原理　政策過程において、議会や首長は権限が分有されていることにより、一方的な優位はありえず、相互作用によって地域経営は行われる（政策過程全体にわたって、両者の対立・競争）。

　西尾自身は、実際の機関対立主義の作動には疑問を投げかけている。実際には「一般に日本では、地方議会機能は昔も今も基本的に変わることなく、理事者〔執行機関の理事者—引用者注〕優位の体制下で低迷し続けている」（78

頁)。原理としては機関対立主義であるが、現実は作動していない。

　神原勝は、この論点を歴史的にフォローしている。議会と長はともに選挙によって選出されるので、「両機関の正統性の根拠は同じ」である。「この対等原則にしたがって、2つの機関が、それぞれ代表機能の違いを前提に、お互いに争い合い、よりよい政策決定を導いていくのが機関対立主義といわれるもの」である。この機関対立主義のイメージや行動が定着しないのは、国会を模写した与野党関係が議会に存在していることを理由にあげている（神原　1995：68）*10。神原の議論は、主に第一原理を軸に展開されている。しかし彼は、後に指摘するように別のところで、第二原理の重要性について指摘している。ここでは、第一原理に沿った展開を確認しておきたい。

　1960年以前の第一期は、議会と長の関係は「保保一体」であった。農村型社会では保守系無所属議員が圧倒的で、首長も保守的であった。このため、機関対立主義は作動しなかった。それに対して、1960年代から70年代末までの第二期は、「擬似的機関対立」の時期である。大都市自治体を中心に革新系首長が誕生し、保守派議員多数の議会と対立した。議会と首長が対立することになったが、議会としてしっかりと討議をして対立するわけではなく、議会における多数派（保守系無所属）と首長が対立するという意味で「擬似」が付されている。1980年代の第三期には、「保革一体」であった。首長は、保守・中道（公明党・民社党）連合による推薦・支持、ついで保守・中道・革新（社会党）連合による推薦・支持によって誕生した。再び、政治的傾向として議会と首長（多数派）は同一の系列になり、協調が生まれた。いわゆる総与党（共産を除く）という事態である。ここでも機関対立主義（擬似）は作動しなくなった。

　神原が、機関対立主義の幕開けとした第四期（1995年以降）として予想した時期は遅くなったが、今日実現に向けて大きく動きだしている。たとえば、2006年に制定された栗山町議会基本条例前文、「この2つの代表機関は、ともに町民の信託を受けて活動し、議会は多人数による合議制の機関として、また町長は独任制の機関として、それぞれの異なる特性をいかして、町民の意思を町政に的確に反映させるために競い合い、協力し合いながら、栗山町としての最良の意思決定を導く共通の使命が課せられている」を引用して機関対立主義をみごとに表現していると論評している（神原　2008）。

すでに指摘したように、第二原理は、第一原理を前提として作動するものである。神原の第二原理についての議論は過程分立という視点が導入されている。「機構分立」（議会と首長）と「機能分立」（決定と執行）を媒介する「過程分立」が重要な意味を持っている。「立案・決定・執行・評価という政策過程ないしは政策循環に着目すれば、議会はどの局面に関しても縦横に論点・争点を提起することができる」（神原　2008：24、2009：140）[*11]。これはすでに指摘した第二原理そのものである。

　議会基本条例は、周知のように2006年5月に栗山町議会で制定されたものが最初である。その後、全国に広がった（「特集　動き出す地方議会改革」『日経グローカル』109号（2008年10月6日）等を参照）。本書全体で検討する新しい議会のあり方を規定していることとともに、この制定数の急激な増加を指して、筆者はバクハツと表現している。

　議会基本条例が今日脚光を浴びているのは、地方自治法を金科玉条とする解釈思考からは大きな転換が行われていることもその理由の1つである。というのは、「議会は、会議規則を設けなければならない」（自治法120）。自治法の論理では議会運営を定めるにあたっては「会議規則」であって、「議会条例」ではない。この発想を転換させて、自治法には規定されていない議会基本条例を制定することによって〈条例─規則〉という一般的な法体系の構造を創りだした意味はある。しかし、それ以上に、今日脚光を浴びているのは、その条例に従来の議会運営と異なるものを体系的・総合的に規定しているからである。それは、住民と歩む議会、議員同士が討議する議会、首長（執行機関）と切磋琢磨する議会である。議会基本条例はそれらを明確にしている。栗山町議会をはじめ、三重県議会、三重県伊賀市議会などは明確に新しい議会運営を打ち出し、真摯に実践している。後に検討するように、住民自治の促進である。同時に、議会基本条例という条例形式にしたことによって、議会の組織や運営は住民の条例制定の直接請求の対象にもなった。実際はともかく、形式的には「住民の議会」になった。

　機関対立主義は、例外ではなくなった。議会が議会として首長（執行機関）に対峙する。後の議論との関係で注意を喚起しておきたいのは、地方政

*10　機関競争（対立）主義を踏まえて、地方議会に与党も野党もないことを強調するものとして、大森（1986、2002）、参照。
*11　神原勝も西尾（東京都都民生活局　1977）の議論を参照している。

府形態の枠組みの中で、つまり議会と首長（執行機関）との関係という意味だけで機関対立主義を理解しているわけではないことである。栗山町議会基本条例の中にも見られるように、機関対立主義と住民参加とは密接に関係していることである。二元代表制には第三原理があると考えるべきだろう。

③　第三原理　住民は行政の客体以前に「自治の主体」であることを考慮すれば、住民は議会と首長の「統制」を行わなければならない。政策過程全体での住民による統制、いわば住民参加・市民参加を行う。

　西尾自身は、第一原理と第二原理とは異なり、第三原理は明示してはいない。とはいえ、機関対立主義を主題化した目的は、むしろこの第三原理と親密性がある。彼は、首長への市民参加に対する消極・否定論の根拠となっている議会軽視論を「誤謬」と規定し、市民参加の意義を強調する。彼は、市民参加を重視する議論に対して議会軽視だという立論を「議会迂回」説と呼び、その誤謬を指摘していた。「市民参加の論陣をはっている政治学者に散見される」この誤謬の論点は、次の4点である。

　「第1に、二元代表民主制の原理を一応解説しながら、なおかつ、『政治』、『正統性』、『討論の場』、『責任』等を議会の独占物であるがごとく誤認し、公選市長を市民の『代表者』、『政治の担い手』、『政治責任の担い手』と認めていないことである。／第2に、長（受託者）と市民（信託者）との交流は議会を媒介経由する必要はどこにもないにもかかわらず、両者の直結を『迂回する』とか『とび越えて』と表現していることである。／第3に、長と市民の直結は長による市民の包括と長の権能強化をもたらすという一面だけを過度に強調し、市民側からみれば、長の強大な権能を統制するためにこそ参加が必要であるというもう1つの側面を無視していることである。／そして第4に、長の権能行使への参加がいつのまにか行政部（＝官僚制）への参加と同一視され、代表機関たる長とその補助機関にすぎない職員機構との決定的な差異が認識されていないことである」（78頁）。こうして、「新しい参加制度の大半が、長と市民の相互交流を目指しているのは、長側の動機と市民側の動機が合致しているからであり、長の直接公選制が予定した当然の帰結である」と結論づけている。

　彼は、議会を議論する場合、「二元的代表民主制下の議会の独自機能とは何か、参加民主主義時代の議会活性化はいかにして可能か」という視点で議

会論が展開されなければならないという問題設定をする（78頁）。この展開の中では、この問題設定に答えているわけではない。しかし、「限定」して提起された論点の中にも、第三原理と通底するものがある[*12]。たとえば、公聴会の積極的な活用の提起である。公述人、公述時間の制限の緩和、公述希望者全員が公述できる「開かれた公聴会」であり、これが手続き上困難なときはこれに代わる「市民の意見を聞く会」や参考人制度の活用である。また、行政の審議会やその他の住民参加制度の委員に「任意の出席をもとめ、その説明を聴取し、意見交換をする慣行を確立する」。さらに、行政の住民・市民参加方式を議会が活用することも提案されている（87-88頁）。

　住民は「自治の主体」であるがゆえに、議会と首長それぞれを統制すること、いわば住民参加・市民参加の実践の主体である。さまざまな統制手法があるが、議会への参加、首長への参加が当然ありうる。このように、機関対立主義は、第一原理、第二原理だけではなく、第三原理を含めて考えるべきである。

　なお、すでに指摘したように、本書では機関対立主義ではなく機関競争主義という用語を原則として用いている。

3　首長主導か、議会主導か、機関競争の限界か

(1) 二元代表制論の揺れ

　二元代表制については、従来からも研究が行われてきた。首長優位論であり、それに対する反論（議会の影響力大論（変種があるのでここでは「通説批判」という程度で理解しておく））である。これらの議論は、両極であるにもかかわらず、機関競争主義を豊富化しているというより、むしろ機関競争主義は作動しないことを前提にしている。

　結論を先取りすれば、前者の議論は権限を圧倒的に首長が持っていることを根拠としている。逆にいえば、この権限の把握は妥当か、妥当だとしても制度改革によって権限は変わり、両者の関係の変化の可能性が論点となる。

[*12] 議会発議の住民投票の提案もされている。住民投票条例を制定して、議会が住民の意向を積極的に聴く制度の提起である。なお、神原勝の「議会に限らず市民・職員も論点・争点提起に参加することができる」という指摘は、第三原理を提示したものとして理解できる（2008：24）。

機関競争主義の原理からすれば、第一原理は軽視され、第二原理は過程としてではなく断片的に把握されることになる。これらの論点を中心に考えよう。後者の議論では、議会を議会全体としてではなく、個別化（会派、選挙制度から由来する個別利害の強調）して理解することによって「議会」の影響力が大きいことを論証する。ここでは、第一原理はほとんど視野から排除され、第二原理は議会としてではなく、個別化された議員、あるいは会派の影響力から展開される。議会が合議制という特性をいかして、首長と切磋琢磨するということはもともと議論の俎上にのぼっていない。議会の合議の可能性が論点となる。

また、機関競争主義限界論と呼べる議論がある。自治体改革を評価しつつも、機関競争主義は原理として作動できないという評価を踏まえて、二元代表制の枠内での改革の推進はそもそも不可能であって、一元代表制（議院内閣制等）に地方政府形態を転換させることが提案される。第一原理も第二原理も視野に入っているといってよい。しかし、実際には作動できないし（個々の議員や会派に分断された議会）、できたとしても首長を拘束することになり、首長主導を阻害することになるという認識である。議会の合議が可能であっても、相互作用が恒常的に作動できるかどうかが論点となる。

(2) 限定的機関競争主義——首長優位論

首長優位論を確認しよう。地方自治の代表的研究者は、日本の場合、二元代表制という「機関分立といっても、制度面でも実際面においても、地方自治体の場合は執行機関優位の首長主義であり、逆に議会は執行機関に従属し易いものであるところに、その特色がある」と結論づける（東京都議会議会局調査部　1971（高木鉦作・大森彌執筆）：110-111）[13]。

「わが国の地方自治体は、機関分立の制度といっても、首長の権限が概括例示主義であるのに対して、議会の議決事項は制限列挙主義で制限されている。しかも制度上、議会自体は議案の発案権はなく、ただ議員が条例その他の議案を提出することができる（第112条）だけである。議案を提出するのは執行機関であって、その例外として議員の提案を認めているという制度である。その点では、〔中略〕議会主義〔議院内閣制—引用者注〕の形体に近い。事実議会で審議されている議案の大部分は首長の提案したもので、その殆ど

が原案通り可決されている」。

　この議論では、制度と実際の両面から首長優位が導きだされる。制度としては、首長権限の概括例示主義に対する議会の議決事件の制限列挙主義（機関委任事務の存在もこの文脈に入っていたのだろう）、および首長の議案提出権（議員の提出権は例外という解釈）の存在がその立論の根拠となる。また、実際では議会に提出される議案のほとんどすべては首長提案であり、修正されない原案可決がほとんどであることがその根拠となっている。これらによって「わが国の地方議会は、提案された議案の可否を決するという意味での『議決』機関にすぎない」と結論づけられる（東京都議会議会局調査部1971：110）。

　なお、最近でも首長優位の地方政府論は継続している。地方分権時代のテキストの１つである著書は、首長主義に「しばしば語られる誤謬」として「議会と首長の対等性」をあげている。誤謬の根拠は、自治体職員の現場感覚（検証なし）のほかに、制度が理由としてあげられている。議会の非連続（閉会中は一部の機能以外停止）に対して執行機関の連続性（臨時代理等補完体制の整備）、専決処分の存在、これらによって「『首長主義』体制においては、確かに機関対立主義の下で議会に首長のチェック機能が求められているとはいえ、明らかに首長は議会に優越する地位にある」と結論づけられている（宮崎　2003：139-140）。

　これらの論者の認識は、機関競争主義の第一原理の特性をいかした切磋琢磨は度外視され、第二原理の権限の分有は過程として理解するのではなく、いくつかの権限の例示から根拠づけられている。かりに従来は的確だったとしても、地方分権時代に、そしてそれを踏まえた議会改革を念頭におけば、現在でも妥当かどうかの検証は必要である。

(3)　比較政治制度論からの疑問——「議会優位論」

　日本の地方政府について、「政治的、党派的な視点」を導入することによって、辻陽は「これまでの地方議会研究でよくいわれているような議論、

＊13　執行機関の優位論には、首長の権限やリーダーシップを踏まえた首長優位論（狭義）と、自治体職員のリーダーシップや能力を踏まえた自治体職員優位論が混在している。本書では、この点は明確には区別せず、あわせて首長優位論と漠然と理解しておく。

すなわち議会が首長に対して従属しているといった議論とは正反対の結論、つまり、議会の首長に対する権力がかなり強いものである」と指摘している（辻　2002）*14。

　議会の多数会派と、首長の政治的スタンスが異なる場合には、「議会総体としての影響力が非常に強くなる」。他方で、議会の多数会派と、首長の政治的スタンスが同じであるときでさえ、「地方議会は首長に権力的に従属しているのではなく、かなりの影響力を発揮している」。大阪府、滋賀県、京都府、兵庫県、奈良県、和歌山県といった近畿圏の6府県が対象とされる。

　全国の都道府県を対象にして、比較政治制度論（正確には「地方政治要因の文脈依存的効果論」）を活用して、「日本の地方政治はいかなる政策の違いを生みだしてきたか」という問いを追求する議論も、議会の影響力が強いことを証明する。本書に引きつけて単純化すれば、次の2点が結論づけられる（曽我・待鳥　2007）*15。

　1つは、議会の影響力が首長と比べて大きいという（議会の影響力大の）議論である。首長優位論が指摘されているが、この「従来の議論は必ずしも適切ではなく」、「地方政府の執政制度は、単純な首長優位ではない」ことの論証である。首長は、政策提案権では相対的に強い権限を持つが、人事面では政治的任命を単独で行えない。議会は、その人事にかかわれるほか、決定権限を有しているからである。もう1つは、政策領域の棲み分けを踏まえて、首長が関心を持っている領域ではない分野で議会が影響力を行使していることである。首長は、地方政府の全体的なこと（マクロで集合財的な政策課題）に、それに対して「議会は個々の議員の選挙区や支持者などに関係する」政策課題（ミクロで個別財的な政策課題）に関心を持つことである。首長は単一選挙区とする独任ポストであり、議会を構成する議員は大選挙区によって選出されるからである。首長派が議会多数会派の場合でも、「選好配置の違いから生じる差異は政策過程に影響を与える」。「一致しない場合には、議会や首長の棲み分けや対立のパターンは一層複雑化する」。

　この分析には、「知事と議会の党派性」が活用される。政策選択の影響を考える際に「政治上の立場は1つの重要な要素」だからである。地方政府の政策という従属変数に対して、議会や首長の政治上の立場、あるいは政策選好を独立変数として設定している。

この議論では、機関競争主義の第一原理は視野からはずされている。第二原理は対象になっているとはいえ、議会の合議体としての性格が軽視されていることにより、権限の担保は視野に入ってくるが、あくまで会派や議員として断片化された議会と首長との関係が重視される。神原の議論では、革新自治体が台頭していた時代に、「擬似」として作動していた、したがって、多数会派と首長のポリシーが異なるときの機関競争主義の作動が、ポリシーが異なっていない場合でも作動していることが解明される。議会の合議制の可能性はもともと議論の対象外である。

(4) 機関競争主義限界論──一元的代表制の提起

　二元代表制について疑問を呈する議論がある（後　2007）[*16]。議会と首長が切磋琢磨することは理想だが、現実にはそうなっていない。その乖離は解消できない。議会改革論の問題設定自体に問題があるのではないかという提起である。つまり、「いわゆる二元代表制という自治体の現在の政府形態を前提にして、首長主導の計画が進みはじめたのだから、議会も本来の二元代表制に相応しい議会へと自己改革すべきだという問題設定自体の妥当性を問い直す必要があるのではないか」、さらに積極的には「日本において二元代表制という政府形態そのものがうまく機能しえない構造的理由があるのではないか」という問題提起である。この議論の論旨は明確である。

　まず、状況認識についてである。二元代表制の矛盾は、従来「表面化せずに済んでいた」。自治体独自の政策範囲が狭かった中央集権制の時期には、首長の政治主導力も議会の発言力も弱かったからである。地方分権によって、地方政府としての性格を強め、首長のリーダーシップが発揮されるようになると矛盾が顕在化しはじめたという認識である。

　そもそも実際には、機関競争主義は作動していない、多数会派と首長との

[*14]　この論点だけではなく、二元代表制における会派と首長との関係は、議院内閣制における首長と会派との関係ほど強固ではないことも「発見」している。首長派が議会で少数の場合、首長派の要望を振り切っても議会多数派の政策に乗る場合もある。また、首長派が多数派の場合、首長の採用した行動が、首長派の意向とは異なるときには、首長に反旗を翻すこともあるという政治的視点である。なお、辻の依拠した論文は、Shugart, Matthew Soberg and Scott Mainwaring (1997)、である。

[*15]　このほか、地方政府の制約条件としての中央─地方関係や社会経済環境も分析されている。

[*16]　「二元代表制は日本ではうまく機能しえないという最終的な結論を出しているわけではない」と述べていることには留意したい（後　2007：252）。

切磋琢磨は作動していないことを念頭においている。多数会派と首長との政治的ポリシーが一致しているときは「相乗り」状況が生じ、他方で不一致の場合は不毛な対立が生じ、結局機関競争主義は作動しない。そもそも機関競争主義の理想論でいわれる議会の「是々非々」は困難である。首長への感情的関係や支持者の動向に左右されず、「市民全体に責任を持てるような基準で是か非を判断することは、そう簡単に実現することとは思えない」。この実際の評価は、議会と首長の関係というより、会派と首長の関係を念頭においているといえよう。

　合議体としての議会と首長との「対立」「競争」を強調する最近の議会改革の動向は、「現在の地方議会が直面する根本問題を端的に表現する」という。後に詳述する三重県議会が提起した新しい政策サイクルは、首長主導の政策サイクルに対して、議会主導の政策サイクルを対置している（三重県議会・二元代表制における議会の在り方検討会　2005）[*17]。つまり、議会の政策方向づけを最初の一撃として、それを受けて首長によって策定された政策を議会で議論し決定する、その決定を首長は執行し、その執行を議会は監視するとともに、新たな政策につなげるというものである。ここで、ようやく第一原理だけではなく、第二原理の作動が主題化されている。

　「この新しいサイクルでは、執行機関は『議会による政策方向の表明』に基づいて企画立案を行うことが想定されている（合致するときに議決する）が、これは議院内閣制やシティ・マネージャ制のような議会一元制のもとでの執行部イメージであって、首長も選挙で選ばれる二元代表制とは矛盾すると思われる」。この評価は、自治体改革によって、首長の位置は相対的に高まるのに対して、議会の役割は相対的に低下するという時代認識を有しているためである。つまり、マニフェスト等によって首長提案の民主主義的な正統性は強化されるが、地元利益や個人を基礎とした議会の民主主義的正統性は相対的に低下するという認識である。

　そこで解決の方向が提示される。理想としては、二元代表制に代えて一元代表制が提示されている。「二元代表制を不動の前提にしたうえで議会改革の方向を考えるというのでは決定的に不十分であって、自治体の再生をさらに促進するためには、二元代表制以外の政府形態（何らかの形の議会一元制）への転換も本格的に検討の俎上に載せて議論すべき」という提起であ

る。もちろん、現行の法体系（特に憲法）が二元代表制のために、一元代表制への改革は容易ではなく、現行では監視の役割に特化させるべきだという複眼的な提示である。二元代表制の理想は、ごく一部の自治体でしか可能ではなく、「高度なモデルを目指して二元代表制のもとでの改革を追求していくというのは現実的な選択とはいえない」。そこで、議会には監視機能が重視される。現状との乖離と議会の予算調製・提案権の不在を踏まえて、住民を意識した監視機能を中心とすることが「現実的な可能性」であると結論づけている。これは同時に「いわゆる議員活動から機関としての議会の活動に比重を移すことにもなる」（後　2006：101、2007）。

　機関競争主義の第一原理は、十分に意識されている。しかし、この第一原理を作動させるのは困難である。ここでも会派や議員によって分断化された議会が想定される。ただし、議会を監視機能に特化させた場合には、議会としての活動も可能だという認識も持っている。その上で、第二原理は、政策過程全体を視野に入れつつも、「相互作用」というよりも首長優位が肯定され、議会（分断化された議会ではなくとも）からの影響力は、首長のリーダーシップを阻害するものとして否定的・消極的に評価されている。

4　機関競争主義の可能性

(1)　機関競争主義の論点

　機関競争主義の原理は、議会と首長は正統性では対等であり、両者の特性（議会＝合議制、首長＝独任制）をいかして切磋琢磨すること（第一原理）、両者の権限は政策過程全般にわたって分有されており、一方的な優位はありえず相互作用があること（第二原理）、さらに、住民は主権者であり、対等な正統性を有する両機関を監視するとともに、両者に参加すること（第三原理）であった。なお、機関競争主義は、まずもって議事機関としての議会

---

*17　神奈川県議会基本条例は「第15条　知事等は、予算編成方針を定め、若しくは予算を調製したとき又は県政に係る基本計画等の重要な政策若しくは施策について、基本方針、素案その他これらに類するものを作成し、若しくは変更したときは、県議会にその内容を説明するよう努めなければならない。／2　知事等は、予算の調製又は県政に係る基本計画等の重要な政策若しくは施策の作成若しくは変更に当たっては、関連する条例の制定目的又は関連する決議に含まれる県議会の政策提案の趣旨を尊重するものとする」と規定した（2008年12月）。機関競争主義の1つの方向を明確にしている。

と、執行機関としての首長が対立・競争することであって、議員・会派と首長との対立・競争ではないことを強調しておきたい。

さて、すでに指摘したように首長優位論は、機関競争主義の第一原理の特性（議会＝合議制、首長＝独任制）をいかした切磋琢磨は度外視され、第二原理の権限の分有は過程として理解するのではなく、いくつかの権限の例示から根拠づけられている。第三原理は、無視されている。ここでは、議会＝合議制、首長＝独任制の可能性、両者の権限の評価の妥当性と政策過程としての把握の可能性、および両機関への住民・市民参加の可能性が論点となる。

ついで議会優位論は、機関競争主義の第一原理は視野からはずされている。第二原理は対象になっているとはいえ、議会の合議体としての性格は無視されていることにより、あくまで会派や議員として断片化された議会と首長との関係が重視される。多数会派と首長のポリシーが異なるときの擬似機関競争主義（神原勝）の作動が、ポリシーが異なっていない場合でも作動していることが解明されているのであって、議会の合議制の可能性はもともと議論の対象外である。住民との関係は、主題化されているとはいえ、選挙における住民の個々の議員への影響力が議論されるのであって、議会への住民・市民参加としてではない。ここでも、議会＝合議制、首長＝独任制の可能性、両者の権限の評価の妥当性と過程としての把握の可能性、および両機関への住民・市民参加の可能性が論点となる。

機関競争主義限界論は、機関競争主義の第一原理を十分に意識している。しかし、この第一原理は重要であるとしても、作動していないという前提で議論が展開される。議会は合議体の役割を果たせない。ここでも会派や議員によって分断化された議会が想定される。その上で、第二原理は、議会全体としての首長との対峙を前提として（第一原理）、政策過程全体を視野に入れつつも、「相互作用」というより首長優位が肯定され、議会からの影響力は、首長のリーダーシップを阻害するものとして否定的・消極的に評価されている。第三原理は、マニフェストの活用による、「契約」が強調されるのであって、日常的な住民・市民参加は軽視されている。したがって、ここでも、議会＝合議制、首長＝独任制の可能性、両者の権限の評価の妥当性と政策過程としての把握の可能性、および両機関への住民・市民参加の可能性が

論点となる。

　そこで、議会＝合議制、首長＝独任制の可能性について検討した後で、両者の権限の評価の妥当性と政策過程としての把握の可能性について検討することにしよう。なお、両機関への住民・市民参加の可能性については行論の都合上節をあらためて（本章5⑴協働型議会の構想と現実）、検討することにしたい。

⑵　合議体としての議会の可能性

　議会＝合議制、首長＝独任制といった特性をいかした切磋琢磨の可能性についてである。実際にはこれらの特性をいかした自治体はほとんどないか、まったくなかったといってよい。従来の質疑などの議会運営や会派の存在は、議会＝合議制、首長＝独任制といった特性をいかさないものにしている。議員同士の討議もないまま、執行機関への質問は、当然会派や議員個人からの質問となる。こうした議会運営では議会としてではなく、議員や会派として執行機関に対峙する分断化された議会となる。ここでは、議会としてのパワーは発揮できない。また、実際の会派の存在は、討議を困難にしている。議会として首長に対峙しないとすれば、議員それぞれには自治法上権限はない。そこで、政治的影響力を求めて公式（多数決を活用）、非公式（会派代表者会議や個人・会派としてなど）に執行機関にかかわることになる。

　こうした議会運営は、むしろ中央集権制やその下での自治体運営には妥当しているといえよう。機関委任事務や補助金等により、議会がかかわる範囲は権限上も実際上も限定されていた。議会は討議することを忘れていたといってよい。ようやく、合議体としての議会の特性を意識した議会が現れてきた。

　今日議会改革を積極的に進めている自治体ほど、この議会＝合議制、首長＝独任制を踏まえた機関競争主義を強調している。二元代表制は議会＝合議制、首長＝独任制を前提としているがゆえに、その可能性を探ることにしたい。その際、議会＝合議制、首長＝独任制といった第一原理は、首長優位論や議会（会派）優位論では無視される。機関競争主義限界論は、第一原理を意識しつつも、その矛盾を指摘していた。論点は、合議制は例外的に作動するのであって普遍化できないかどうか、および議会主導の新しい政策サイク

ルは一元代表制イメージであって、二元代表制にはなじまないことかどうかである。後者の論点は、第二原理ともかかわるので次項で検討することになる。機関競争主義限界論が対象とした三重県議会が提起し実践している「新しい政策サイクル」を検討することからはじめたい。

　議会の議決等によって執行機関に対して網をかぶせて、首長の施策の方向づけを行い、議会がそれに基づいて提出された施策案を討議し決定し、執行の評価を行うという「新しい政策サイクル」という視点を導入している。〈議会による政策方向の表明〉→〈政策決定〉→〈執行の監視・評価〉→〈次の政策方向の表明〉といったサイクルである。NPM（ニュー・パブリック・マネージメント）では「戦略計画の策定と個々の重点政策の目的に見合った数値目標の提示は長の役目となっている」。しかし、新しい政策サイクルでは「それをさらに踏み込んで、議会が、長の策定する戦略計画と数値目標に基本的な方向付けを与えようとするところにポイントがある」（三重県議会）。

　もちろん、価値観が対立している議員や会派によって構成されている議会が、統一見解を作成し提言し網をかぶせることには困難がつきまとう。統一見解は作成できないか、できたとしても極めて抽象的なものになり実効性は乏しくなることも想定される。三重県議会は、議員や会派の努力によって実効性のある施策の方向づけの統一見解を作成している。

　従来のような決議・意見書も提出されているが、最近では提言という形式で活発に行われている。委員会で議論したものは、委員会名で、また外部の専門委員による調査報告を踏まえたものは、議会名でそれぞれ提言されている。

　こうした新しい政策サイクルについては、条例や申し合わせ事項があるわけではない。しかし、最近ではこうしたサイクルを意識しながら議会運営が行われている。なお、決議・意見書、さらには提言にしろ、執行機関には実行義務ばかりではなく回答義務もない。しかし、議会が統一見解を提出したことは無意味ではなく、それを意識した行政運営が行われることになる。議会としても形骸化させないためには、常に提言を意識した質問や討議が行われることになる。後述する議会基本条例の制定は、この延長で制定されている。

実際には、議会提出の議案のほとんどが首長提案であり、修正されない原案可決がほとんどであることが第一原理を否定したり無視したりする立論の根拠となっている。議会基本条例には、議員同士の自由討議が強調されている。制定されている議会基本条例のほとんどすべては議員同士の自由討議を明記している。たとえば、栗山町議会基本条例は、自由討議による合意形成が強調される。この首長と議員との討議を一歩進めて機関競争主義を実質的に作動させるためには、議会としての意思を示さなければならない。従来の質問はあくまで会派、あるいは議員個人の質問である。それを議会の意思を踏まえて議会が首長と闘議するには、議員同士の自由な討議が前提となる。自由な討議により合意形成を進める視点である（条例9②）。
　そのために基本条例では、まず本会議や委員会への首長等（執行機関）の出席要請を「必要最小限にとどめ」ることを強調し、「議員相互間の自由討議を中心に運営する」ことがうたわれる（同9①）。議員相互の討議により、議案のメリットとデメリットが多角的に分析され、そして議会としての意思が明確になる。それを有効に活用し、機関競争主義を作動させるためには、政策過程の透明性の確保、および議決事件の追加や議員による議案の提出が必要である。
　討議の重要性を強調するのは、なにも小規模自治体の議会だけではない。三重県議会基本条例でも議員同士の自由討議を明確にしている。「議会は、本県の基本的な政策決定、知事等の事務の執行の監視及び評価並びに政策立案及び政策提言を行う機能が十分発揮できるよう、円滑かつ効率的な運営に努め、合議制の機関である議会の役割を果たさなければならない」（条例6①）。
　その上で「議員は、議会の権能を発揮するため、常任委員会、議会運営委員会及び特別委員会並びに前二条の規定により設置される調査機関及び検討会等において、積極的に議員相互間の討議に努めるものとする」（同15①）。「議員は、議員間における討議を通じて合意形成を図り、政策立案、政策提言等を積極的に行うものとする」（同15②）。
　会派が積極的に合意形成に努力することもうたわれている。「会派は、政策立案、政策決定、政策提言等に関し、会派間で調整を行い、合意形成に努めるものとする」（同5②）。多くの議会では、会派により従来水面下での調

整が行われていた。この条文も従来の議論の延長とも読めるが、全体的に公開を原則としていること、公開での討議を重視していることを考慮すれば、会派が「合意形成」のための討議を進めなければならないと解釈できる。

とはいえ、機関競争主義限界論はここで機関競争主義は作動しないという。独任制の首長は、マニフェストの活用によって、その正統性を強化するにもかかわらず、相変わらず議会は個別利害の追求に終始する。かりに、議員や会派のマニフェストを作成したとしても、議会として首長に対抗できるのは一部の自治体であって、それを普遍化することはできない。従来の分断化された議会運営を是正して、首長に対抗する合議制を強調した議会改革はまさに例外として位置づけられる。筆者にはとても「一部」の自治体の動向とは思えない。むしろ、会期の短さや、議会運営の補佐機能の不十分性が、首長に対抗できる議会を阻害していたと思われる。

徐々にではあれ、討議の手法を開発している議会は増えはじめている（栗山町議会など）。まず、問題の共通認識から出発する。自治体計画の議論では、財政、職員定数・給与といった基礎的な情報、また市町村合併でも他の市町村を含めた財政状況、サービス水準、民主主義制度の充実度について議員同士が認識を共有することが必要である。政策のメリット・デメリット比較も行われる。このことによって、議員は議会の一員として課題を認識できる。

次いで、それぞれの価値観に基づき対立点を明確にする。議員の政治的価値は異なるので、優先順位などは異なる。その意味を議論する。メリットをさらに強め、デメリットを緩和する議論が含まれる。相手を打ち負かす技法というより、他者に耳を傾ける心性が必要である。多数決によって、ある政策が決まっても、問題があれば早めに発見でき新しい解決策を探ることが容易になる。

そして、討議の中で、妥協や意見の一致も図れる。妥協も日々行われている。実際の議決を振り返れば、意見の一致も珍しいものではない。なお、意見の一致は、両者の意見が統合される場合（環境保護派と経済重視派とが討議を行うことによって環境重視の観光政策を創りだす）、あるいは目的は異なるが政策として一致する場合（中心市街地活性化を目指す人と中小企業保護を目指す人が大型店舗規制に賛成する）など、いくつかの層がある。一致

も珍しいものではない。

　こうした討議の手法の開発が急激に進んでいるというのが今日である。たしかに、討議の意義は無視されてきたかもしれない。しかし、世界の基礎自治体を見渡しても、討議がないのは極めてまれである。討議の強調と現実とのギャップから討議を否定した議論もあった。ワイマール共和国では議会は「死亡宣告」（C. シュミット）を下され、大統領独裁（ナチズム体制）が創り上げられていった。この歴史的経験からすれば、討議否定は、踏み込んではならない道である。同時に、それは議会改革の思考停止へと導く考え方であるし、それを超えようとした理論もある。合議制の議会不信こそが議会の作動を阻害するのである（H. ヘラー）。さらに、1990年代から、政治学では、従来の多元主義的民主主義に対して討議（熟議）を重視した熟議民主主義が台頭している（田村　2008）[*18]。理論上でも、合議の可能性を狭めてはならないのではないかというのがここでの結論である。機関競争主義限界論が提示するのは、討議は可能であっても、それに基づいた機関競争主義は作動するのかどうかという論点である。この論点は、議会と首長の相互作用の可能性を検討した後に、節をあらためて（本章5(2)機関競争主義の類型）において再度振り返ろう。

(3) 政策過程全体にわたる議会と首長の「相互作用」の可能性

　機関競争主義の第一原理である合議制の可能性を探ってきた。合議制の強調による切磋琢磨は、機関競争主義というより一元代表制になじむという機関競争主義限界論の議論を検討する必要がある。三重県議会の新しい政策サイクルに見られる議会主導は、一元代表制をイメージしたものであって、二元代表制にはなじまないという。すべての領域で常に可能かどうかの議論をまずすべきである。分野によっては首長主導での政策サイクルが妥当する場合もある。議会にせよ首長にせよ、正統性を競ってよりよい政策が実践されればよい。効率性を重視して最初から首長主導が妥当するとは断言できない。

---

*18　地方議会については、江藤（2004：第5章）、参照。合議は、全員一致の場合もあるが、そうではない場合もある。また、熟議民主主義の中にも含まれているような、理念や意図は異なるが、方向性は同様であるという、いわば「同床異夢」の場合もある。この点については、とくに利害関係者の合意形成（必ずしも全員一致ではない）を目指す手法であるコンセンサス・ビルディングを参照（Susskind and Cruikshank　2006=2008）。

また、かりに議会主導の制度設計を提案しているとしても、それがすぐに一元代表制に直結するとはいえない。結論を先取りすれば、機関競争主義にも多様性があり、その1つに議会主導（とはいっても首長と切磋琢磨する）が想定できる。機関競争主義にはそもそもバリエーションがあり、その選択からはじめるべきであろう。この論点の検討は、次節に譲り、ここでは、議会と首長の「相互作用」の可能性を探ることにしたい。具体的には、首長優位論が主張する権限や実際で、首長が常に優位となる根拠を検討しておきたい。

　首長優位論の根拠について現実を踏まえながら考えよう。権限、政策提案の現実、議会の非連続といった事項がその根拠であった。まず、権限についてである。首長権限の概括例示主義（自治法149）に対する議会の議決事件の制限列挙主義（機関委任事務の存在もこの文脈に入っていたのだろう）には、大きな変化があった。そもそも機関委任事務は廃止され、すべての事務に議会はかかわれる。また、地方自治法第96条第2項の議決事件の追加は今日盛んに活用されている。議会の権限も広がっている。議会の議決事件は自治法第96条第1項に15項目列挙されている。条例、予算、決算、契約といった事項は議会の議決が必要である。市町村の場合、基本構想も議会の議決事件である。制限列挙として狭く解釈されてきた事項であっても自治の根幹にかかわるものである。地方分権の時代、それだけではなく、条例に基づき議決事件の追加を行う議会も増えてきた。基本計画や、都市計画マスタープラン、介護保険計画といったマスタープランを議会の議決事件に追加している。

　制限列挙されている15項目以外の「事項についての団体意思の決定は、長その他の執行機関が、自己の権限内の事項につき行う」、あるいは、「議会の議決事項については、制限列挙主義によっているため、法令に『普通地方公共団体は…』とあって議会の議決を経べき定めがなく、かつ、本条第1項の第1号から第14号に掲げる事項に該当しない場合は、当該事項についての団体意思の決定は、その事項を所管する執行機関が行う」と解釈されてきた時期もあった（長野　1995：284-285）。しかし最近では、総務省から必要的議決事件（従来の制限列挙）と任意的議決事件（議決事件の追加）という新たな区分が提出されている。制限列挙という用語は「制限していると誤解を与え

る面があるのではないかと。今の制度に近い表現をした方がいいのではないかということで、必要的議決事件、任意的議決事件という形で表現を修正させていただいた」と解釈されている（第29次地方制度調査会第11回専門小委員会議事録、2008年）。総務省が解釈権を持っているわけではないことを承知の上でも、この区分には隔世の感がある。

　首長優位論が依拠した首長の議案提出権（議員の提出権は例外）の存在には浸食がある。議員提出条例はいまだ少ないとはいえ、議員提出条例を目指している議会や議員も増え、議員提出条例件数は急速に高まっている。これとともに、委員会が議案を提出することができる（自治法109⑦等、2006年改正）。議員としてではなく、議会の一機関として議案を提出することができる。また、条例だけが地域の重要な政策ではない。そこで政策立案機能を広くとって、政策の形成に積極的にかかわる議会を想定することはできる。すでに指摘した、三重県議会の新しい政策サイクルが代表的なものである。

　さて、首長優位論からは、議会の非連続（閉会中は一部の機能以外停止）が根拠として取り上げられていた。議会でも、閉会中も委員会による所管事務調査を活発に行っているところもあるだけではなく、最近では「通年議会」によって、連続性を確立しようという議会も登場している（北海道白老町議会など）。また、専決処分の存在はたしかに問題となっている。ただし、地方自治法改正によって専決処分は厳格化されることになった（「議会の議決すべき事件について特に緊急を要するため議会を招集する時間的余裕がないことが明らかであると認めるとき」（自治法179①））。そのような事態が想定できないとすれば、専決処分は原則なくなったと解釈すべきであろう。とはいえ、専決処分はいまだ現行の多くの自治体で行われている。通年議会の制度化は、この専決処分を回避する意味もあった。

　このように首長優位論が根拠とする制度は、変化したといってよい。したがって、今日首長優位論を強調することは失当であろう。議会は、そもそも重要な役割を割りあてられているし、重要な権限を持っている。分権時代に適合するように改正された地方自治法第138条の2を読もう。執行機関が執行管理するものは当然当該自治体の事務に限定された。それは「普通地方公共団体の執行機関は、当該普通地方公共団体の条例、予算その他の議会の議決に基づく事務及び法令、規則その他の規程に基づく当該普通地方公共団体

の事務を、自らの判断と責任において、誠実に管理し及び執行する義務を負う」である。規則（条例に匹敵する首長の「規則」制定権はある）が入っていることや再議請求権を首長は有していることから例外があるのは承知の上で単純化すれば、執行機関は、法令とともに議会が議決した事項を執行することになっている。執行機関が議会の後の章として挿入されている意味も再確認すべきである。議会は、まずもって執行機関の執行を方向づける重要な役割を担うべきなのである。

　また、市町村の総合的な計画行政のために、基本構想の策定が義務づけられている。しかも、その策定には議会の議決を必要とする（自治法2④、法定化の廃止にともなう対応については第2章・第3章を参照）。地域経営の全体的計画は議会が責任を持つことの確認である。

　もちろん、政策提案もすべて議会の責任であると言おうとしているのではない。執行機関が政策提案をし、それをほぼ議会が無傷で承認し、執行機関が執行するという構図のおかしさを強調したいためである。政策提案は、住民、議会、議員、首長、職員、多様なチャンネルがある。議会の議決の意味は大きく、それを踏まえれば、政策提案を首長に丸投げしていたことは反省されなければならない。

　首長優位論の根拠を最近の制度改革から疑問視した。それでは、従来は首長優位論が妥当し、今日の制度改革によって妥当しなくなったと考えるべきなのだろうか。権限はそもそも、議会と首長に分有されていた。一方的な優位はありえない。歴史的にもその権限は変化してきている。さらに、議決事件の追加などの自由度は飛躍的に高まった。これらのことを考慮すれば、そもそも首長優位論は妥当していない。ただし、こうした動向を意識せず、ほとんどの自治体で首長優位のように議会運営を行っていたといってよい。どのような相互作用が可能なのかどうかは、節をあらためて考えることにしたい。

5　機関競争主義のバリエーション

(1) 協働型議会の構想と現実——機関競争主義の第三原理

　機関競争主義の可能性を第一原理と第二原理から探ってきた。第二原理については政策過程の中での相互作用という点を留意していた。そこで、その相互作用のバリエーションを導出したいと考えている。その前に、機関競争主義の第三原理を確認しておこう。ただし、首長への住民参加は流布している（たとえば、辻山編　2006）。そこで、議会への住民参加という論点に限って検討することにしたい。

　二元代表制、議会の一院制、直接民主制の積極的導入といった日本の地方自治の原則を想定すれば、住民、議会、首長という三者間関係を前提とした政治、より正確にいえば住民主導の政治である。住民は政策過程全体にかかわるとともに、住民参加を配置した地方議会を構築する意味はここにある。筆者は、二元代表制や一院制の特徴から監視や政策立案機能を重視した政策立案・監視型議会が、そして一院制や直接民主制の導入から住民参加を積極的に促進させるアクティブ型議会を提案してきた[19]。

　政策立案・監視型議会は住民から直接選挙された首長とチェック・アンド・バランスを行うという意味で住民と協働する。それに対して、住民と討議し住民とともに活動するアクティブ型議会は住民の参加を積極的に促進する。住民が直接議会に参加するという意味、および住民参加をさまざまな場で促進するという意味で住民と協働する。政策立案・監視型議会とアクティブ型議会、これらをあわせ持った議会が協働型議会である。協働型議会を構成している政策立案・監視型議会とアクティブ型議会はそれぞれ対立しているものではない。むしろアクティブ型議会を踏まえた政策立案・監視型議会が協働型議会であるといってもよい。アクティブ型議会だけでは政策決定における議会の役割を軽視することになるからである。

　今日、従来軽視されてきたアクティブ型議会、つまり議会が住民と直接協働する実践が行われるようになってきた（江藤　2006）。懇談会型、モニター

---

[19]　江藤（2002）においてはじめて提案した用語である。

設置型、提案組織設置型、委員会での公聴会・参考人制度の活用、全員協議会の活用、住民活動の支援、住民投票での積極的活動、といった一連の動向は、議会としては住民と切り離されていた従来の議会からの転換といえよう。

　地方自治の原則から協働型議会を導きだした。そこで、アクティブ型議会を踏まえ、政策立案・監視型議会の検討に移ろう。このことはアクティブ型議会の強調が政策立案・監視型議会の役割の軽視になるのではないかという危惧に答えることでもある。つまり、この住民と協働する議会という発想は、時として議会の主体性を軽視すること、および二元代表制が想定している議事機関と執行機関との緊張関係を軽視することにもなりかねない。住民、議会、首長といった自治の担い手の三者間関係を想定すれば、住民を基軸としながらも議会も首長も主体性が発揮できない無責任体制となるという危惧である。

　さて、この2つの論点に直接答える前に、まず確認したいことは、首長（執行機関）への住民参加や協働の推進にはこうした批判や危惧が提起されることがないことである。しかし、住民参加や協働は、行政の専売特許ではない。地方政府全体が参加や協働を促進すればよい。地方自治では、政策過程は常に住民に開かれている。行政への参加や協働が進んでいない場合には、議会が率先して行うとともに、議会が行政への参加や協働を促進させることも必要である。

　行政が参加や協働を充実して行っている場合であっても、議会がそれをやらなくてよい根拠にはならない。もちろん、さまざまなかかわり方がある。三者間関係を前提とすれば、3つの可能性（パターン）がある。

① 行政への住民参加による提言の扱い。通常、執行機関だけにいかされている。それを議会が参考に受け取ってもよい。もちろん、首長が諮問しているのだから、首長に答申するのが原則である。しかし、住民が創りだした地方政府は首長だけではなく、議会もである。
② アクティブ型議会によって住民から受け取る提言や意見の扱い。行政への住民参加による提言の扱いと同様に、首長は参考に受け取ってもよい。

③　住民組織（首長が設置した附属機関等を含む）が議会と首長双方と緊密な関係を結ぶ場合の扱い。たとえば、執行機関の呼びかけで集まった住民組織が、首長とパートナーシップ協定を結ぶとともに、議会ともパートナーシップ協定を結ぶという想定である。住民は地方政府を首長や執行機関だけだと考えなくてよい。住民による提言を政策立案の参考として議会に提出する（パターン①）だけではなく、議会と協力して提言を練り上げる。議会は、協働型議会の原則に照らせば、多くの住民との協働が必要である。その中の1つとしてその住民参加組織と協力関係を持つこともできよう。全員公募で集まった甲府市自治基本条例をつくる会会長は、会発足時より議会とのパートナーシップ協定締結を呼びかけていた[20]。

さて、こうした協働型議会を促進する場合、すでに指摘した議会の主体性の放棄や機関競争主義の潜在化の進行といった危惧について主題的に検討しておこう。もちろん、今日でも議会が主体性を発揮しているわけでも、また機関競争主義が十分に作動しているわけでもない。しかし、今後必要な議会の主体性や機関競争主義が沈静化するのであれば、協働型議会は当初の目的を発揮できないことになる。

　まず、議会の主体性の放棄についてである。議会の決定は、住民が提示したオプション内だけではない。住民参加や協働は時として住民エゴといわれる分断化された利益に基づいた提言を行う場合もある。住民が提起したオプション内での選択にとどまらず、新しい提案を行うことも重要である。たしかに、優先順位づけや法令上、予算上問題があるものをあぶりだし排除することも行う。その意味では調整機能を優先した議会とも考えられるかもしれない。しかし、協働型議会を調整型議会とは呼んでいない理由は、もっと積極的に議会は活動すべきだというメッセージを伝えたいためである。その必要性を代表性という観点から考えよう。

---

[20]　公募による「つくる会」が条例制定に積極的にかかわること、および首長がその提案を尊重すること、議会が「つくる会」と協力することは評価してよい。しかし、そのことで議会の議論を狭めるものであってはならない。かりに、「つくる会」の意向と同様な自治基本条例を議会が考えるものであっても、議会での賛同する理由や意味を公開の場で積極的に議論しなければならない。

1つは、正統性の問題、換言すれば住民組織の構成員に偏りがある可能性の問題である。専門性重視というより市民的感覚を重視する提案の場合、大量の数を公募する公募制を導入する住民参加組織が多い。公募制は、新たな人材の発掘ができること、政策の実効性が高まること、そして政策決定の透明性が増大すること、があげられている。しかし、人材固定化、マンネリ化による応募人数の減少や選考方法の透明性、という留意点も指摘されている（市民活動法人東京ランポ編集　2001：7-8）。最近では、ドイツのプラーヌンクス・ツェレの影響を受け、選挙人名簿からの抽選制も試みられている。しかし、参加する意欲を高める政治文化や制度がない場合（休暇制度や報酬）には、結局多数の中から手をあげた人を採用せざるをえなくなる。

　もちろん議員は、属性（性、年齢、職業など）から考えて住民を代表しているとはいいがたい。その意味では、議員のほうに偏りがあるともいえる。しかし、フィクション（擬制）であろうと、議員は誰もが認める（正統性を有する）選挙という制度によって議会に登場している。全体的な視点での議論を展開する議会という想定に近づくことが必要であり、こうした議会活動から、住民参加の提言に主体的積極的にかかわる必要がある。

　より重要なもう1つの論点は、代表者が住民に呼びかけることにより、住民は「代表される側として形成される」場合があることである。住民の意見＝民意が最初から形成されていて、それを代表する議員が選出される場合もある。しかし、渾沌とした住民の見解に対して、「議員たちは、まるで演劇を演じる俳優のように、何が対立軸なのかを示すことによって、民意の形成に寄与している」（杉田　2006：11）。議会における討議が、潜在化している住民の意見を顕在化させるのに役立つ場合もある。政治家のリーダーシップの議論ともつながるが、むしろ議会の討議によって争点が明確になる側面を強調したい。このことは、議会が住民に開かれるアクティブ型議会においても変わらない。

　こうした理由により、議会は協働型議会であっても正確にはそうであるからこそ、その主体性を発揮しなければならない。従来の「聞きおく」といった行政手法に対して、住民参加組織からの提言の尊重にシフトしてきている。こうした時期だからこそ、議会は主体的に活動する責務がある。正統に選挙された議員によって構成された唯一の合議体である。また、住民参加や

協働を積極的に進める首長も、「聞きおく」から「尊重する」ように行政手法を大きく転換させている。ここでも、同様の理由から主体性や積極性が要求される。協働とは一方の他方に対する影響だけではなく、相互作用によって新たなものを生み出すことに意味がある。

以上、機関競争主義の第三原理について確認してきた。それを踏まえて、残された課題である合議を踏まえた、議会と首長の相互作用の検討に移ろう。

(2) 機関競争主義の類型――現行制度内の改革の展望
① 政策サイクルとしての機関競争主義

機関競争主義をその3つの原理から確認してきた。議会とともに首長も住民から直接選挙されるというだけの、単なる二元代表制の理解を超えて機関競争主義はより重層的な規定が含まれていた。その意味では、もちろん従来の合議制をいかせず、政策過程全体にわたって、議会と首長が「相互作用」をしない、いわば切磋琢磨をしない運営も機関競争主義からは排除される。

なお、議会だけではなく首長も直接選挙するという意味だけでは、理論上シティ・マネージャ形態も可能である。一般に、首長―議会形態とシティ・マネージャ形態は別分類であるために、議会だけではなく首長を直接選挙する二元代表制とは異なるという誤解もある。たとえば、アメリカ合衆国の地方政府の73.7％は、首長を住民が直接選出している（ICMA 1998：35）。アメリカ合衆国の地方政府形態は、市長―議会形態35.2％、シティ・マネージャ形態48.5％、委員会形態1.4％、タウンミィーティング形態4.7％、代表タウンミィーティング形態0.5％である（ICMA 1998）[21]。市長―議会型の一定割合は、議員の中から議会が選出されていることを考えれば、シティ・マネージャ形態の多くは、首長を直接住民が選出していることになる。実際に筆者が視察したオレゴン州などの市政府でも多くが、首長公選のシティ・マネージャ形態であった。二元代表制とシティ・マネージャ形態は、選挙ということだけを考えれば必ずしも対立するわけではない。もちろん、現行の地方自

---

[21] アメリカの地方政府の場合、これらの「伝統的カテゴリーにきちんと落ちない構造的複合体によって統治されている多くの自治体がある」（ICMA 2003）ことにも留意されたい。

治法では、シティ・マネージャ形態を採用することは、首長権限の強さからすれば困難がともなう。通常のシティ・マネージャ形態ではなく、首長からの委任等という形態を採用すればできないことはない。副知事や副市町村長は、職務代理のほか首長の権限の一部の委任を受け「その事務を遂行する」(自治法167②)。副知事や副市町村長は議会の同意を必要とする。この委任を活用すればよい。さらに、議会によるシティ・マネージャの任命は現行では困難である。同時に、首長権限の多くを首長やシティ・マネージャに移さなければならないがゆえに、地方自治法の大幅改正をともなう。このように、憲法が想定する二元代表制という規定だけであれば、シティ・マネージャ形態の採用は、変則であれば現行も、また議会による任命という本来のシティ・マネージャであれば地方自治法改正で可能である。しかし、これは機関競争主義ではない。ちなみに、委員会形態、一元代表制（議院内閣制）、理事会制は、憲法改正が必要である。

　さて、こうして限定した機関競争主義であっても、いくつかの類型は想定できる。住民参加を採用し、議会＝合議制、首長＝独任制という特性をいかし、政策過程全体にわたって切磋琢磨することである。こうした共通項を有しながらも、その作動においては、バリエーションがある。まず、共通項を確認しておこう[*22]。

　i　**政策「形成」過程**　団体意思決定のための原案を作成し提案する過程であり、対内的な機関意思決定である。議会側には、条例案の議員提出、修正案の議員提出、請願その他に関する議会の議決、審議過程での質問等による政策提言、議会の議決による政策の方向づけがある。首長側には、条例案、予算案、その他の議案の提出権がある。住民の側には、首長に対しては首長への手紙、審議会等への参加などであり、議会に対しては請願・陳情、公聴会・参考人制度、一般会議（栗山町議会など）への参加、附属機関（三重県議会など）への参加が想定できる。もちろん、条例制定の直接請求は、政策「形成」過程での、住民の重要な参加制度である。

　　議会は、政策「形成」にあたっては、合議を重視する。議会としての提案には合議が不可欠である。委員会に議案提出権が認められたが、それを行うにあたっては委員会が討議の場にならなければならない。

ⅱ　政策「決定」過程　自治体の基本政策についての対外的最終的な効果を持つ団体意思の決定である。まず議会側には、地方自治法第96条第1項に列挙されている事項、および同条第2項により条例で議会の議決事件に追加したものが含まれる。今日、議決事件を追加した議会も増えている。追加は、議会がそれに責任を持つことの宣言であり、充実した討議が必要となる。首長側には、権限が概括例示されている事項のほか、議会の議決事件以外のものが含まれる。規則制定権もある。決定権限は、議会と首長に分有されているが、住民は「決定」にあたっての討議への参加は可能である。すでに指摘した住民参加の手法は、ここでも活用できる。市町村合併特例法で導入された、直接請求により議会が否決した場合に、再度住民が署名を集めれば住民投票が行われ、その結果を議会が議決したものとみなすという制度は、住民が「決定」に加わっていることである。

　　ここでも議会は、議会の「決定」にあたって討議を行う。それを踏まえて、あるいはその前提として、首長と切磋琢磨する必要がある。一問一答方式はもとより、首長に反問権を認め、執行機関との「闘議」が不可欠である。また、その前提として、首長提案には議会への説明義務を付与することは論点・争点を豊かにする意味がある。

ⅲ　政策「執行」過程　基本政策に関する団体意思決定の枠内で、具体的な行政事務を処理する過程である。処理するルールは、一般に首長側に委ねられている。とはいえ、契約や財産の処分は、政令基準があるとはいえ議会の権限である。また、処理のルールを条例化することもできる（総合評価入札に関する条例、公契約条例、公共サービス基本条例など）。

ⅳ　政策「評価」過程　政策「評価」は、行政評価や「事業仕分け」など執行機関で盛んに行われるようになってきた。とはいえ、政策「評価」は、議会の役割でもある。監査、事務事業評価に議会は積極的にかかわれる。そして、評価の中で重要な決算の認定は、議会の権限である。評価にあたって、住民は積極的に見解を述べることはできる。すでに指摘

---

*22　東京都都民生活局（1977）を参考にしたが、今日の議会改革を念頭において豊富化している。

した住民参加の手法は、ここでも活用できる。

②機関競争主義の３類型

　住民参加を採用し、議会＝合議制、首長＝独任制という特性をいかし、政策過程全体にわたって切磋琢磨するという機関競争主義がどのように作動するかを確認した。こうした共通項はありながらも、議会と首長との関係の相違によって、３つのパターンが想定できる。住民参加の採用や、合議の採用は機関競争主義には不可欠であることに注意を喚起しておきたい。これが採用されない場合、従来の議会の域を出ず、機関競争主義は作動しない。その場合は、二元代表制であってもいわば機関競争主義の枠外であると考えるべきだからである。

　そこで、３つの基準を設定したい。第一の基準は、政策の「形成」「決定」「執行」「評価」過程全体にかかわる議会の合議の充実度である。この基準の指標化は困難なので、会議日数の多少が代替できる。合議を充実させるには、どうしても形式では通年議会や議会日数の増加が必要になる。この基準は、機関競争主義の第一原理に対応している。第二の基準は、議会権限の多少である。議決事件の十分な追加や首長提案の際の首長側からの充実した説明義務である。それらを踏まえた首長との関係も含んでいる。首長等から議員への反問権行使による議会と首長との切磋琢磨も含まれる。この基準は、機関競争主義の第二原理に対応している。第三の基準は、議会と首長への住民の信頼度の相違である。議会が首長に比べて、十分にその信頼度が高ければ議会の意思を貫徹できる。逆もまた然りである。この基準は、機関競争主義の第三原理に対応している。

　この３つの基準から、極論すれば機関競争主義の３類型を構想できる。まず、弱議会型である。会議日数が少なく、議決権も法定以上はなく、住民からの信頼も勝ちとれない議会が存在している場合である。政策過程全体にわたって議会はかかわるが、議会は消極的であり、ほぼ首長からの提案が可決され実施される。ちょうど、地方自治法制定時の解釈と重なるところがある。「地方議会の権限を拡充することは、民主主義の原理に基づくものであるが、執行機関の直接選挙は更に強い民主主義の要請に基づく制度である。地方自治団体の現状は、その行政が一方において民主的に決定されるとともにまた一方において能率的に処理せられることを要求する。すなわち民主主

義と能率主義との関係は、地方自治の組織及び運営上の指導的原理をなすもので、執行機関の民主化を徹底して直接選挙とする以上これと議決機関との関係は、効率主義の見地より考慮決定すべきであり、従って単なる〔議会の―引用者注〕概括例示主義は適当ではない」(自治研究会　1946：72、現代文に変更している)。機関競争主義限界論は、独任制で効率を追求する首長に信頼を寄せるという点で、二元代表制の下では、この型を追求しているといえる。

　次は、議会―首長対立・競争型である。会議日数が多く、議決権を追加しその権限をいかして十分討議する議会である。首長も同様にさまざまな政策提案を実施する。住民は議会も首長も同様に信頼している場合である。議会と首長は、相互に政策を出し合い、検討し合い、よりよい政策を決定し実施する。議会の議決事件の追加によって、議会で責任を持って議論する領域は格段に広がる。また、反問権の付与によって、議員の政策能力は高まらざるをえない。さらに、首長提出の重要政策の提案の際の説明義務は、執行機関の政策形成能力を高める。機関競争主義限界論が、一部でのみ可能であって、この改革への問題設定は間違っていると断言した型である。とはいえ、議会改革を行っている多くの議会はこの型を目指している。「一部」かどうかはともかく、この型への議会改革は広がっている。中央集権時代とは異なり、地方分権時代に地域経営を行うのであれば、効率性の重視は必要ではあるが、討議を重視した民主主義の側面を強調する制度設計が必要となっている。

　最後の類型は、議会主導型である。会議日数が多く、議決権を追加しその権限をいかして十分討議する議会である。政策の大枠は議会から発信する。首長はこの枠内でルールを決め実施する。政策過程全体にわたって首長はかかわるが、首長は消極的であり、ほぼ議会からの提案が可決され実施される。「相互作用」は、議会からのベクトルが強くなる。首長は対外的業務に力点を移す。こうした型が妥当するのは、圧倒的に住民が議会の政策過程を信頼していることが不可欠である。現時点では、仮定の類型である。

　三重県議会の新しい政策サイクルは、議会主導型か、あるいは機関競争主義を超えた一元的代表制と合致するように思われるかもしれない。しかし、議会の議決事件がそれほど追加されていない場合（第二の基準）、あるいは

住民の信頼度が圧倒的に議会の側にあるのではない場合（第三の基準）、それらの類型にはならない。三重県議会の場合、議会だけを政策過程の中心に据えているわけではなく、首長主導の政策サイクルに対して、議会が蚊帳の外におかれている現状を打開し、もう1つのサイクルを提示している。それぞれのサイクルを主張することにより、議会と首長は対立・競争する。むしろ、この場合は、議会―首長対立・競争型が妥当するであろう。

議会と首長との対立はどの類型でも起こりうる。対立があれば討議すればよい。選挙だけではなく、首長の不信任議決からはじまる議会と首長との激しい対立の決着に向けた一連の手続は、最終的な判断を住民に委ねている。住民投票条例も常備する必要がある。こうした究極の制度を活用せず、恒常的に解決するのが議会である。議会の討議の手法を開発する必要がある。

6　地方議会改革による機関競争の作動

　地方分権改革に呼応して自治体での改革は急激に進んでいる。首長主導の改革が先行している。中央集権時代は、首長が重要な役割を果たした。地域のさまざまな意見から自治体の方向を討議して決定する議会は、「蚊帳の外」におかれていた。しかし、地方分権時代は違う。それにもかかわらず、議会は自治の主役としては登場していない。住民参加や協働、行政改革でも、議会は主体的にかかわってはいない。まさに、自治体改革が進んでいる自治体ほど首長主導であり、議会は「蚊帳の外」におかれている。

　議会改革は住民自治を充実するための焦眉の課題である。議会が「蚊帳の外」におかれすぎたから、議会の役割を強調しているわけではない。むしろ、住民自治の中に正当に位置づけることを主張しているのである。

　従来の議会とは異なる新しい議会運営は広がってきた。住民に開かれ住民参加を促進するために、情報公開はもとより、請願、陳情を住民からの政策提案として位置づけ、議員と住民との会議や議会報告会などによる議会への住民参加が行われている。また、首長とも切磋琢磨するために、首長等に反問権を付与し、首長提案には資料の提出を義務づけたり、議決事件を追加するとともに議会としてしっかりと審議する。さらに、議員や会派による質問の言いっぱなしではなく、議員相互間の自由討議を促進している。議会は、

議会不信を払拭し、現行制度の枠内で、可能な限り議会の存在意義を高めようと努力している。

　二元代表制が想定する機関競争主義が作動する可能性が生まれてきた。本章は、その可能性を探ること、いわば機関競争主義の広範な範囲を確定し、議会改革や自治体改革の展望を示すことが目的であった。

　もちろん、機関競争主義の地方政府形態は、世界的に見れば一般的ではない。その問題点も構想できないことはない。機関競争主義の可能性を探ってきたが、もちろんこれが地方政府形態の最善の形態であるとは断言できない。住民自治の原則からすれば、それぞれの住民が地方政府形態を選択すればよい。したがって、地方自治法はもとより、憲法改正を射程に入れた自治制度論を議論することはもちろん必要である。また、機関競争主義限界論の重要性は十分に理解できる。しかし、長期を要するように思われる改正議論によって、現行の機関競争主義改革を棚上げにする可能性がある。そして、そもそも機関競争主義がほとんど作動していないにもかかわらず、したがって問題点も明確でないまま、新たな政府形態を模索するのは時期尚早だと思われる。

　機関競争主義がようやく作動する可能性があり、それに向けた改革が進行している。まずもって、機関競争主義を作動させる条件整備が必要である。地域主権戦略会議とは異なり、29次までの地方制度調査会などを舞台とする地方自治制度改革の提起は、この方向を示そうとしていた。時には、機関競争主義であるがゆえに、住民、議会、首長は対立することはある。その調整ルールをつくる必要がある。亀裂や対立は自治の「産みの苦しみ」と考えたい。機関競争主義内での改革は、はじまったばかりである。

第2章

議会の議決権限と地域経営

—— 総合計画をめぐる議会の役割

1 重要な権限を有する議会

　地方分権時代には、自治体は明確なビジョンと施策を有する自治体計画を策定し、それに基づいた地域経営を行うことができる。従来、その自治体計画の核となるべき基本構想は、抽象的で実効性に乏しいものだった。実効性のある自治体計画を策定するためには、評価や予算と連動させるとともに、地域で生活し責任を持つ住民、議会、首長、職員といった構成員がその過程に積極的にかかわる必要がある。

　地域経営にとっての自治体計画の位置づけは、大きく変わってきている。自治体計画の根幹である総合計画は、予算との連結が目指され、数値目標も明確になり、名実ともに自治体の計画になってきた。総合計画は、日々活用するプログラムとなりつつある。その計画方向に大きな影響を与えるのは、首長や住民である。ローカル・マニフェストに象徴されるように首長の公約は総合計画の方向を決定づけるようになった。また、公共サービスの目的が住民福祉の向上であるがゆえに、目標の成果を判定するためにも住民の意向は尊重されるようになってきた。そもそも、首長を選出し、ローカル・マニフェストで統制するのは住民である。住民代表機関としての議会は、その核となる基本構想の議決権を有しているにもかかわらず、この軌道から外れていた。今日、議会は地域経営を担うさまざまなパワーを発揮していない。地域経営に責任を持つ議会は、現実性ある総合計画にどうかかわるか、住民と歩む議会をどのように構築するか、といった論点を考えることが住民自治を

充実させるには不可欠である 。

　自治体計画に議会がかかわる重要性を強調するのは、議会が単にこの過程で蚊帳の外におかれているからではない。議会は、公開で、正統に選挙された議員によって討議する空間である。そもそも、地方議会は住民自治に基づく住民代表機関である。住民に開かれ住民と歩む議会が必要である。議会が住民と討議するとともに、議員同士による公開で多元的な視点からの討議によって、住民も公共を分かち合う。だからこそ、議会は重要な権限を持っている。現実の状況を念頭におくと断言することには躊躇するが、理念としても、そして後述するように最近の議会改革の急転回からしても、議会は「住民自治の根幹」である[*23]。

　そこで、本章では自治体計画をめぐる議会の役割を考えることにしたい。まず第一に、自治体計画の意義を明確にした後で、現状の問題点と新しい動向において議会が積極的な役割を果たしているわけではないことを確認する。その上で第二に、新しい議会として、自治体計画に積極的にかかわる議会、いわば地域経営に責任を持って活動している議会の動向を紹介する。第三に、自治体計画をめぐって地域経営に責任を持つ議会の役割を機関競争主義の作動という視点から考えたい。そして最後に、基本構想の法定化の廃止が予定されている状況を踏まえて、いまこそ総合計画を地域経営の軸とすること、その際の議会の役割を考えたい。

2　総合計画の意義とその現状

(1)　自治体計画の意義と課題

　自治体政策の枠組み設定としての自治体計画は、「戦後の日本が開発した独自手法」である（松下　2005：146）[*24]。自治体計画は、自治体政策の枠組み設定であると考えれば、多様な計画が範疇に入ることになる。毎年度の予算もその1つだといえよう。一般的には、総合計画と個別計画（分野別、地域別）が想定できる。この中心をなすのは、やはり基本構想である。市町村では総合的で計画的な行政運営のために、基本構想の策定が義務づけられている。しかも、その策定には議会の議決を必要とする（自治法2④）。地域経営の全体的計画に議会が責任を持つことの確認である。地方自治法上、基本

構想は市町村に限って策定が義務づけられているとともに、議会の議決事件となっている。とはいえ、最近では都道府県でも、総合計画を議会の議決事件としているところも増えてきた（自治法96②の活用）。そこで、一括して考えることにしたい。なお、市町村の基本構想の法定化が廃止されようとしている。この意味と今後の対応については、本章の最後の節で詳述する。

　自治体計画を考える場合には、どうしても基本構想を核とした総合計画を対象とせざるをえない。そこで、重要なことは、総合的で計画的な行政運営を推進する基本構想を市町村は策定すること（総合計画の総合性・計画性）、しかもその策定過程に住民がかかわり住民代表機関である議会の議決を必要とすること（総合計画の住民自治）、これらの2点に集約できる。総合計画の総合性・計画性を内容、住民代表機関である議会の議決を形式として形而上学的に理解してはならない。むしろ、両者は相互に関係している。総合計画の総合性・計画性を保障するのは、議会をはじめ、住民、職員、首長の積極的な関与、それらによる討議が不可欠ということを強調したい。そして逆に、総合性・計画性のある計画だからこそ、それに基づき住民や議員は地域経営の主体として登場することができる。

　従来の総合計画の現状については、すでにさまざまな紹介がある[*25]。総合計画は、人口増加を想定した拡大志向の地域像を想定するとともに、各分野の施策・事業を総花的・並列的に記載し、その優先度や相互関係が不明確であったために、計画内容は地域の実情に即したものとはなっていない、さらにその実現度・達成度の評価は十分に行われていない、といった問題点が

[*23] 地方政府レベルでの「行政国家化」の進展にともなう議会の形骸化に対して、議会のパワーアップを構想するというより、住民と議会との切断という状況を踏まえて、住民自治の再生のための議会の役割を考える。このことが結果的に、「形骸化」の打開につながると考えている。詳細は、本書全体で答えている。

[*24] 諸外国でも自治体計画はある。たとえば、総合計画（アメリカ）、開発計画（イギリス）、都市基本計画（フランス）、地区詳細計画（ドイツ）である。これらは、地域開発計画、都市計画、土地利用規制や資源利用の計画であって、日本の自治体計画のような福祉や教育を含み込んだ総合計画ではない。
　　自治体計画の歴史を辿れば、戦後に限っても、市町村合併の市町村建設計画、終了後の総合的長期計画の策定、こうした動向とともに総合開発計画推進のために都道府県が市町村総合計画を主導することもあった（新川　1995：238-244）。さまざまな意図はありながらも、高度経済成長に翻弄される地域を縦割り行政ではなく総合的な視点からの計画が必要という認識に達したと思われる。なお、この法定を、革新自治体の台頭による市町村の「暴走」を押さえるためであり、それが「市町村の政策自立を逆にうながしはじめた」という「歴史の逆説」を強調する議論もある（松下　2005：158-163）。

[*25] たとえば、新川（1995）、および「特集基礎自治体における総合計画の限界と可能性」『都市問題』94巻第10号（2003年10月号）を参照。なお、総合計画について以下の重要な調査報告書も参照。財団法人地方自治協会（1976、1991、1992）、財団法人日本都市センター（2002、2003）、財団法人地方自治研究機構（2005、2007）。

指摘されてきた。しかも、基本構想自体は日々の行政プログラムからは切断されているために、「当初の議会による議決以降は政治や行政の表舞台から消えるという型が定着してきた」(「特集のことば」『都市問題』 94巻第10号 (2003年10月号)、2頁)。

　しかし、総合計画はその意味を変えながら今日に至っている。行政評価の導入が進む中で、行政評価や予算と連動した日々のプログラムとしての総合計画が策定されるとともに、住民が政策過程の各段階に積極的に参加する仕組みが模索されるようになってきている（財団法人地方自治研究機構　2005）。総合計画の策定にあたって、この新しい動向に、議会が乗り遅れていた。

(2)　自治体計画をめぐる議会の位置
①　総合計画をめぐる従来の議会

　たしかに、いままでも議会は総合計画の策定にかかわってはいた。しかし、主体的にあるいは主導的な位置にいるかといえば、総合計画策定という点からも、また議会の議決権限である基本構想が日々のプログラムと切断されているという点からも、大きな疑問符が付される。

　そして、議員は、いままでも総合計画の策定にかかわってきた。基本構想に限っても、全員協議会での説明、会派などへの説明、あるいは議員へのヒヤリングを通して、議員の意見は政策形成にいかされていた。また、策定にあたっての審議会（総合計画審議会等）に、議員が委員となることはまれではない。しかし、議会として選出する審議会委員としての参加でさえ、議会としての支援はない。この手法では、形式的には議会の意向を踏まえた計画策定といえるが、計画批判や監視の側面で「議会の行動を事前に制約させる」。結果として「議会や議員が、執行機関の事務処理に対する諮問的あるいは協力的な機関としての性格を強める傾向」がある（高木　1973：80）[*26]。議員は総合計画策定にかかわっているとはいっても、それは議会の行動の「事前制約」になっている。

　そもそも議員が想定しているよりは、政策「形成」の影響力は低い。議決事件である権限を有している総合計画（正確には法定上権限を有するのは基本構想）策定過程でさえも、議員自身の評価では第一位の影響力は議員であるのに対して（54.2％、第二位首長47.1％）、行政職員の評価では、第一位は

ほとんどなく、第二位でも10％程度である。影響力は「若干」はあるとはいえ、「執行機関側の基本的な方針や重要な政策に大修正を迫るような影響力は、確認することができない」（新川　1993：325）[*27]。分断化された議会の影響力は、まったくないとはいえないまでも高いとはいえない。

　さらに、一般に議会の議決事件は、抽象的な基本構想だけであり、議案が提出されてから審議に入ることによって、審議日程を十分にとることもできず、「空虚な文章を、議決してしまう」（松下　2005：152）[*28]。基本構想―基本計画―実施計画という総合計画の3段階の定着により、基本計画と実施計画のレベルで日々の行政活動の予算との連結が行われ、すでに指摘したように、議会が議決した基本構想は実際の意味ある政治行政過程から切断される。議会の議決した基本構想が現実の地域経営ではその核となっていない。「地域における総合的かつ計画的な行政運営を図る基本構想」と、基本計画や実施計画、さらにはさまざまなマスタープランが連結しなくなる。したがって、議会の議決は現実政治では無意味とはいえないまでも、現実性は乏しい。それらを議会の議決事件にしなければ（自治法96②による議決事件の追加を行わなければ）、また細分化された予算案について十分に審議しなければ、議会は日々の地域経営に実質的にかかわらないことになる。

② 最近の自治体計画をめぐる議会の動向

　1990年代以降、総合計画への視点は大きく変わった（新川　2003）。地方分権改革の推進や慢性的な財政危機は、自治体が地域経営の主体として登場する舞台を提供する。そうした活動の優先順位づけや効率的な資源配分を行う際に、計画行政に頼ることになる。総合計画はますます重要性を帯びる。計

[*26] 後に確認するように、議員の関与の影響力は、実際議員が想定しているよりは弱い。
[*27] 議員の影響力が弱いという調査とは反対に、議員、正確には会派の影響力が強いことを検証したものもある（前者は市議会レベル、後者は都道府県議会レベル）。議決権限や次期選挙での推薦・支持の権限を資源として、全体的に議員や会派の影響力が強いとしても、それぞれの分野や提案がどのような過程で政策の俎上にのるかは、住民にはわからない。ルールが透明でなければ、住民には結局行政の手の上での活動とうつる（実際は検証不可）。議会不信を増大させることになるのではないだろうか。
[*28] そもそも、総合計画の核をなす基本構想は、社会環境の適応性を排除する目的で設定されているとも考えられる。首長がかわっても総合計画は「基本構想が市民と住民等とが相互に確認した町づくりの将来目標とその実現方針を明らかにしたものであるという我々の立場からすれば、基本構想はいわば市町村の『憲法』として、単に市町村長の行政方針によってのみ改訂されるべきものではない」。基本構想の改訂は、経済社会情勢等の変動が大きく「住民・市町村双方の考え方に変化をもたらすような場合に限られる」（財団法人地方自治協会　1976：110）。この見解では、基本構想は抽象的にならざるをえず、市町村の行政運営を縛るものではなくなる。こうした発想は、今日大きく変わっている。その転換とその意味は、本章および次章で検討している。

画行政のあり方は大きく変化してきた。その基本は、NPM（ニュー・パブリック・マネジメント）理論であり、計画の「脱構築」＝住民参加や協働である。

　第一の特徴であるNPM理論の影響を受けて、予算先行型ではなく地域政策の中に予算を組み入れたり、行政評価を取り入れたりといった実質的な総合計画の策定が試みられるようになった。NPMは、今日の行政改革では先進的でしかも不可欠な手法だと一般に認識されている。民間経営の手法を導入し効率性・収益性を重視すること、数値目標を設定すること、そして、その数値目標の達成を基準として政策が評価（一般には事務事業評価）され、その評価に基づき新たな政策が形成される。江東区、町田市、深谷市、横須賀市、大和市、多治見市、豊中市などでは、行政評価等マネジメントシステムを取り入れた総合計画の策定が試みられた（財団法人地方自治研究機構 2005）[*29]。

　首長は戦略計画を設定し、それを執行し、政策評価を行う。このサイクルに議会が登場する必然性はないし、基本構想の議決権限以外、一般にかかわる法的根拠もない。行政内部の評価を監視するのは議会というよりむしろ、専門家によって構成される政策に関する外部評価委員会（事務事業外部評価委員会等）が脚光を浴びる。

　このサイクルは、今日流布している政治改革によっても強化される。ローカル・マニフェストの提出によって当選した首長は、公約とその政策を実現する。これには、数値目標も財政的根拠も明確になっている。そこで、これを実現することこそが、当選した首長の責務となる。ローカル・マニフェストは、政治的リーダーシップと連動させて政策を策定・実現することになり、NPMの一連のサイクルを強化する。

　こうしたNPM理論に基づいて行政評価を取り入れた実質的な総合計画の策定の試みと、第二の特徴である計画の「脱構築」＝参加と協働とは矛盾するものではない。そもそもローカル・マニフェストに基づき総合計画を組み替えるという発想は、具体的な公約の実現を目指していることである。これは住民による自治体への統制強化となる。また、自治体が住民の福祉向上を目指しているがゆえに、多様なサービスやその目標水準を示さなければならず、それを事前に住民に聞くことだけではなく（政策形成への参加）、事後

的にそれが達成されたかを聞くこと（成果指標の検証、行政評価への参加）、これらは不可欠な作業である。NPM は、広い意味での住民参加と連結する。

　基本構想や基本計画への参加が多く、実施計画への参加は少ないとはいえ、多様な住民参加方式が採用されている。アンケート、審議会、ワークショップだけではなく、素案段階からの提言も広がっている（1997年と2002年比較、財団法人日本都市センター　2003）。少ないとはいえ、住民は行政評価にかかわるようになっている。さらに、住民は総合計画策定にかかわるとともに、その指標の進捗状況の評価・提案・確認という一連のサイクルにかかわるところもある（たとえば東海市、財団法人地方自治研究機構　2007）。また、最近では、プラーヌンクス・ツェレ（三鷹市など、2010年）やデリバレイティブ・ポール（藤沢市、2010年）などのように、住民基本台帳あるいは有権者名簿から抽選によって選出された住民が討議する場が設定されている。

　議会は、基本構想（議決事件の追加を活用すれば基本計画や多様なマスタープラン）の議決権を有しているがゆえに、日々のプログラムと一体となった総合計画自体に責任を持たなければならない。また、総合計画への住民参加の広がりは、住民代表機関としての議会の役割をますます高めることになる。しかし、議会が全体として新しい総合計画に積極的にかかわっているとはいえない（財団法人地方自治研究機構　2005：第2章）。財政の窮状を背景として厳しい推計を行った総合計画に対して、議会からは「夢がない」、「市民は期待が持てない」という反発を受けた（多治見市）。議員からは「事務事業をどうしていくのか」という個別的なやり取りのほうが多い（横須賀市、深谷市、豊中市）。そもそも、総合計画の策定は、執行機関には、議会権限対象外を根拠に、説明で終えるという志向がうかがわれる。

　総合計画策定に向けて、公募に応じた住民によってその案を練り上げていった三鷹市では、「議会の中に一定のフラストレーションがたまりまして、協働を否定したいという空気が一部に生まれてきている」（協働を積極的に進めようという高井章博三鷹市議会議員（当時）の発言、2001年12月17日本会議）。住民は主体的積極的に総合計画にかかわっている。そのことで、議会が萎縮す

---

*29　基本構想の内容を行政評価の対象としている自治体は、いまだまれであるが（財団法人地方自治研究機構　2005）、今後基本計画や実施計画を行政評価の対象とする自治体も増えるであろう。連携した総合計画の策定（基本計画と実施計画の要約としての基本構想）となれば、また基本計画等を議会の議決事件に追加すれば、議会は総合計画全体に責任を持つことになる。その意味で、この文脈で NPM に基づく総合計画と議会との関係を考える。

る状況も生じている。

　議会は、総合計画をめぐる新たな動向に対応した新たな戦略を探しあぐねているといってよい。むしろ、住民参加制度も充実させ、行政評価等マネジメントシステムを取り入れた総合計画という新たな動向は、議会をますます総合計画から遠ざけ、地域経営の主体の重要な１つという位置から転落させる。いわば、地域経営からの４つの疎外が進行している。

　第一に、提案に議会は関与していない（提案からの疎外）。住民参加が広範に行われ、首長のローカル・マニフェストが力を発揮すれば、議会は議決権を有しているとはいえ、実質的な審議は終わり、形式的な議決を行う場となる。すでに指摘したように、議員個人のかかわり方では影響力は弱い。第二に、総合計画は予算や他の計画と連動しているために、予算やその他の計画もすでに決まっているものとして承認するにすぎなくなる（決定からの疎外）。基本構想（議決事件の追加を活用すれば基本計画や多様なマスタープラン）の議決権を有しているがゆえに、日々のプログラムと一体となった総合計画、したがって地域経営の全体にかかわれるにもかかわらず、その権限を活用できていない。このことは第三に、執行管理を放棄することにもつながる（執行からの疎外）。契約、人事管理（職員の定数・給与等）の権限を形式的なものとする。そして第四に、決算の重要性は増大し、行政評価という新しい評価制度も浸透してきているが、議会は評価にかかわる手法を開発していない（評価からの疎外）。執行された事業の評価から翌年度の計画へというサイクルに住民はかかわるようにはなってきた。しかし、議会はこれにもかかわらない。決算認定は、議会の重要な権限である。不認定でも、法的効果はかわらないという解釈から、予算調整には実質的な効果をおよぼさなかった。

　こうした動向を踏まえれば、まさに議会の存在意義が問われている。総合計画は、ますます重要な地域経営の指針となっている。住民代表機関としての議会は、これにどうかかわるか。まさに地方分権時代であるからこそ、この問いに答えなければならない。ようやく、議会の存在意義を確認しながら、議会改革が進められている。討議を重視し、住民と歩む議会を踏まえ、機関競争主義を作動させる議会へと改革は急激に進んでいる。議会改革は、それ自体が目的なのではなく、地域経営の一翼を担うためである。当然、総

合計画にもかかわるようになっている。総合計画をめぐる議会の役割を考える前に、議会改革を推進する議会による総合計画への対応の動向を紹介しておこう。

3 総合計画に責任を持つ議会

(1) 自治体計画に責任を持つ新しい議会

地方分権時代に、議会改革は急転回している。「遅ればせながら」(2007年度以降)、総合計画について積極的に提案を出す議会も登場した(提案の主体、決定の主体＝北海道栗山町議会)。しかも、総合計画の根幹にかかわる市町村合併問題でも積極的に住民とともに考えようとする(提案の主体、決定の主体＝栗山町議会)。また、事務事業評価を積極的に次年度の政策にいかそうという議会や、決算の具体的な報告の議決を通して、議会として総合計画(正確にはそれと連動した事務事業や決算・予算)にかかわる議会も現れた(評価の主体＝多摩市議会、飯田市議会、長野県議会等)。これらは、どれも議決権限に責任を持つ手法である[*30]。議会の新しい動向を確認して、今後の地域経営における議会の役割を次節で考えることにしよう。

そこでまず、新しい議会の動向について検討していきたい。議会基本条例、あるいは議会の決議に基づいて、議会が戦略的に総合計画等にかかわる手法を考えていく[*31(77頁)]。詳細は次章で検討するので、ここでは文脈上エッセンスだけを述べておく。

(2) 総合計画に責任を持つ議会

従来のほとんどの議会は、基本構想案が提出されてから審議し、そのほとんどは修正のないままに可決する。しかしようやく、それ(基本計画も議会の議決事件にすれば総合計画案)に積極的にかかわり、修正案を提出する議会も登場した。議会は、提案の主体(〈提案からの疎外〉からの脱却)であ

[*30] 契約、人事管理(定数・給与等)の権限を形式的なものとする「執行機関からの疎外」を問題にして、執行の主体としての議会を提示することも考えてよい。従来、執行権限を侵害するものであるといった評価がなされる場合もあった。しかし、議会は地域経営の重要な主体であり、そもそも定数・給与は条例事項であるとともに、政令により権限を狭められているとはいえ、契約は議会の議決事件の対象である。執行の主体としての議会という発想も今後は考えてよい(片山 2008：77-78)。

るとともに、総合計画に責任を持つために決定の主体（〈決定からの疎外〉からの脱却）となる。議決のあり方を180度転換させるものである。

　栗山町議会では、議決事件である総合計画の議会案を作成し、それを住民に説明し、住民の質問に議員が答える機会も設けた。その場は、公会堂でも公民館でもなく議場そのものであった（2007年10月16日）。総合計画の議会案の作成、しかもそれを議場で議員が住民（総合計画審議会委員）に説明し、議員全員と住民が議論した。

　一般には、自治体の総合計画の根幹を占める基本構想は地方自治法に基づいて議会の議決事件となっているが、より現実的な基本計画はそうなっていない。また、福祉、都市計画などの主要なマスタープランも同様に議決事件にはなっていない。議決事件になっていないということは、「公開と討議」によってそれらが決められてはいないことを意味する。栗山町議会は、自治の一翼を担う議会として、主要な計画を議決事件に追加した（議会基本条例8）。栗山町の今後の方向を執行機関とともに責任を持つことの宣言である。議決事件として追加された基本計画・マスタープランと、基本構想は一体となり総合計画として審議と議決の対象になっている。

　執行機関が策定しようとしている総合計画案は総花的でいまだ「発展計画」という名称を用いていた。そこで、執行機関が財政危機の問題状況を理解していないと感じた議会は、行財政を研究し、財政再建を主とした総合計画案を対置する。討議によって問題の共通認識から出発し、価値観の相違に基づいた対立点の明確化、さらに討議の中での妥協や意見の一致が見いだされるという過程を経たものであった。その議会案を総合計画審議会委員に議場で説明し意見交換を行った。議会と議論した審議会メンバーは、むしろ議会案に近いことを確認し、その方向を踏まえた答申を首長に答申した。議会が執行機関案に議会案を対置したのは、総合計画審議会委員の意見を聞き、議会案を豊富化する意味があった。意図していたかどうかはともかく、審議会委員に納得してもらい、審議会委員と議会との連合が形成され、その連合が執行機関と対峙することになった。

　なお、議会はその運営にあたって住民参加を基軸とすることを明言している。したがって、主要な計画の審議と議決にあたっては、住民参加を議会に導入することが不可欠である。議会は、このことを当然と考え、総合計画で

は「一般会議」で対応している。なお、一般会議とは、議会基本条例に明記されているものであって、住民あるいは議会が必要とする場合に、議会と住民が意見交換をする場である（最近は議会と執行機関とでも活用）。次項で述べる議会報告会が不特定多数を対象としているのに対して、一般会議は特定の住民（この例では総合計画審議会委員）を対象としている。

総合計画ではないが、地域経営に責任を持つには、議会は市町村合併問題にも積極的にかかわらなければならない。栗山町議会は、議会の議決が不可欠の合併をめぐる事項について、議会として調査研究を行い、その成果を住民に説明した。住民とともに考える手法の1つとして、議会報告会を活用した（2008年）。こうしたことは、いままでどの議会でも行われてこなかった。執行機関はむしろ推進志向で動く。しかも、後述するように確定していない「脅し」を示すような「勇み足」が行われる場合、議会は合併を冷静な目で分析し住民とともに考えることが必要である。この議会報告会は議会基本条例の「徹底した情報の共有、住民参加」の精神に基づき行われた。合併をめぐって、議決権を行使することだけに終始することが多い従来の議会のあり方を転換させるものである。

以上のように、総合計画や合併といった地域経営の根幹にかかわる問題に、議会が議決権限を持っている。議会は首長からの提案に追随するのでは

---

*31 制度的な保障を持った（議会基本条例、あるいは議会の決議に基づいて）、機関競争主義の作動を紹介している。文京区議会は、こうした制度的保障は明確ではないが、総合計画をめぐって先駆的な試みを実践している。文京区議会は、早い時期に基本構想策定にあたって基本構想審議会の呼びかけに応えて議会として直接民主制の系列である参加制度にかかわる方式を採用した。文京区は基本構想審議会（会長大森彌）の素案がまとまった段階で、区議会が区基本構想審議会と共催で「区民の集い」を開催し、区民の意見を聞いた（2001年2月）。「区民参画により検討をすすめている審議会として、一般区民に素案を提示するにあたり、区民の代表である区議会とともに意見を交換する場とする」ことが共催の主旨であった。区議は38人中30人が参加し、審議委員としてあるいは一般の議員として議論に加わった。

なお、文京区議会は、決算委員会で事務事業評価を参考資料として活用し、質疑等を行っている。そもそも早い時期に文京区議会は、特別委員会（自治権・地方分権問題調査特別委員会）で事務事業評価について審議し政策形成に活用していた（2001年）。当時は、「今回行う事務事業評価制度というものと今後出てくる予算編成の考え方とはとりあえず別のもの、基本的には別のもの」となっていた（特別委員会議事録、企画部参事企画課長報告、2000年）。その後、事務事業評価は、特別委員会から決算委員会へと活用の場が移っている。2002年度より決算審査が第3回定例会（一般に9月議会）実施となり、決算審査の過程で議会の意見を新年度予算に反映させることができることになった。そこで、「決算委員会の審査の中で、事務事業評価（個表）を参考資料として活用し、質疑を行う」（議会運営委員会資料、2002年7月25日）。個々の記載事項についてはあらかじめ執行機関に確認しておくことになっている。

文京区議会の新しい試みは大いに評価されてよい。とはいえ、「区民の集い」は制度化されていないこと、事務事業評価は決算審査にいかされているとはいえ、決算審査から予算審査への連動は明確ではないことを考慮し、総合計画をめぐる議会改革の「新たな動向」には含めていない。むしろ、こうした先駆的改革を踏まえて、新たな動向は登場した。

なく、積極的に調査研究を行い提案する。しかも、「徹底した情報の共有、住民参加」という栗山町議会の運営の精神、住民自治を進める議会の精神に則れば、その都度住民に説明し意見交換をするということになる。まさに、地方自治にとっては当然ではあるが、いままで十分には試みられていない機関競争主義を作動させた。栗山町議会は、住民自治を一歩も二歩も進めた。

(3) 議会による決算や行政評価を通じた予算の方向づけ

　決算審議や行政評価審議を充実させる手法を開発している議会もある。さらに、それを踏まえて予算の方向づけを行う議会も登場した。これらは総合計画に積極的にかかわる議会とはいえないまでも、予算と連動した総合計画が策定されるようになってきているがゆえに、決算や行政評価に積極的にかかわる議会といえる。この新しい動向を確認しておこう。

　たとえば、多摩市議会は、議員全員による決算特別委員会を設置し、行政側の評価とは別に、事務事業評価を積極的に行った（2007年9月議会、2006年度決算以降）。市民が関心を持つ重要な事業を集中審議し、会派ごとに評価と意見表明がなされた。審査の結果は、議会広報に掲載されている。質疑は、要望的要素が強いものからチェック機能強化へと変わった。

　議会基本条例制定をめざす議会改革特別委員会副委員長は「『議会の意気込み』を尻すぼみにしないためにどうできるのかが鍵かもしれません。今回の事務事業評価が次年度予算にどうやってつながっていくのか、つなげていくところで議会が果たすべき役割も問われているでしょう。評価のしっ放しというわけにはいかないでしょうから」と語っている（岩永ひさか議員「毎日の活動報告」2008年12月24日付 http://www.iwanaga-hisaka.net/blog/index.html）。さらに、合意を創りだそうとしない議会へのもどかしさを指摘している。

　委員会の意思、したがって議会の意思として政策の評価と予算を連動させる仕組みを開発したのは長野県議会である。従来、決算特別委員会で重要な指摘がなされても、決算認定を行うことによって「忘れ去られていた」。そこで、決算認定議案審査報告書に総括的事項とともに個別的事項の指摘を加えた。さらに、執行機関にそれの対応状況を明確にして議会に提示するように求める決議を全会一致で可決した（決算認定議案審査報告に対する状況を明らかにすることを求める決議、2007年12月定例会）。知事は、それを受け、2月定

例議会で文書において報告した。議会による具体的な指摘によって、反映も具体的になる。9月定例会での委員会付託、12月定例会での議会意思の決定（決議）、2月定例会にその意思が反映された当初予算の提出といったサイクルで動く。県民ニーズへの迅速な対応、審査過程での透明性の向上、などの成果もあった。

議会は、個々の議員や会派に分断されやすい。長野県議会は議会として執行機関に対峙するという機関競争主義を作動させた。議員や会派の意見としてではなく、討議を踏まえて、それらを委員会の意思、および議会の意思に昇華させ、決算から予算へと至る過程で議会としてのパワーを発揮した。

同様に、飯田市議会は財政を基軸にした、しかも、基本構想基本計画の進行管理のための政策サイクルを導入している。自治基本条例で定めた「市議会の責務」をはたすために、また基本構想とともに議決事件とした基本計画の中の政策施策の体系に責任を持つために、事務事業評価を行っている。予算→事務事業評価→決算といった財政のサイクルである。早くは、文京区議会、最近では多摩市議会など、議会として積極的に事務事業評価を行うところも増えている。飯田市議会は、財政を基軸に、しかも、基本構想基本計画の進行管理のための政策サイクルの中に行政評価を活用している。

この中には4つのステップがある（表2-1参照）。ステップ1は、所管施策・事務事業の成果の説明会であり、ここで執行機関の政策担当者からの説明を受け質疑を行っている。ステップ2は、個々の議員による評価である。説明を受け、疑問点や課題を整理するとともに、「議会　施策・事務事業チェック表」に評価と提言を記入する。常任委員会ごとの勉強会がステップ3である。各議員の評価を踏まえて議員同士で議論する段階で、ここで明らかになった課題や疑問点を踏まえて決算認定へとつなげていくことになる。そして、この決算認定がステップ4になる。決算認定にあたっては、全事業についての説明を受けるとともに、行政評価の視点を踏まえた審査である。ステップ3で明確になった課題や疑問点を踏まえた質疑となる。こうして決算案を評価している。

飯田市議会は、財政を機軸として基本構想・基本計画の進行管理を行っている。議会側から政策サイクルを創りだす試みの1つとして高く評価してよい。

表2-1　飯田市議会の基本構想基本計画の進行管理サイクル

	概要（日程）
ステップ1	常任委員会の所管事務調査として開催（7月） 「所管施策・事務事業の成果説明会」 ◇所管する施策と事務事業の20年度実績に関し、執行機関が行った評価結果の説明を受ける。 → 施策単位に時間を設定し説明を受けるとともに、質疑等を行う。 ◇執行機関側から、施策（貢献度が高い事業・低い事業を含む）及び当該施策に係る重点事業、次年度の事業の方向性が「現状維持」以外の事務事業について説明を受ける。 ◇成果説明会後、各常任委員会ごと評価の対象となる施策及び事務事業を決定する。 → 複数常任委員会所属制となるため、「選択と集中」を前提に施策及び事務事業を絞り込む。
ステップ2	「議員ごとの調査・評価期間」 ◇ステップ1の説明と配布資料（書類・CD-ROM）により、当該委員会で評価対象となる施策と事務事業をチェックして疑問点や課題を整理する。 ◇「議会　施策・事務事業チェック表」へ評価結果と提言を記入する。 ◇記入は、原則としてパソコン作成とするが手書きでも可とする。評価結果等のデータは「USBメモリー」により提出する。
ステップ3	「常任委員会の勉強会開催」（委員会独自の評価検討）（8月中旬） ◇委員会の勉強会として位置づけ、各委員から評価結果及び提言等の報告を受け、施策ごとに評価結果を確認し合う。 ◇委員同士意見交換を行い、課題や問題点の共有化を図り、施策及び事務事業に係る提言内容を集約する。 ◇明らかになった課題や問題点については、9月定例会の常任委員会で質疑を行い、決算審査につなげる。 ◇必要に応じて執行機関側の出席を求め、説明を受ける。 「委員長会での確認」（8月下旬） ◇各常任委員会の協議状況の確認。 　特に、決算審査と常任委員会の所管が異なる事務事業に関して課題があるケースの確認。 ◇9月定例会における決算審査の仕方・手順の確認。
ステップ4	「第3回定例会でのまとめ」（9月定例会） 〈4-①〉初日の常任委員長報告 ◇各委員会の所管事務調査結果として、常任委員会の協議経過について概要を報告する。 ◇各常任委員会で評価対象とした施策及び事務事業の一覧表を配布する。 〈4-②〉常任委員会の審査・協議 ◇決算認定の議案審査では、主要な施策の成果説明書等に基づき、全事務事業について決算報告を受けるとともに、行政評価の視点を踏まえ審査を行う。 ◇ステップ3で明らかになった課題や問題点等について質疑し、答弁を求めるとともに、必要に応じて、委員会としての提言の加筆・修正を行い、最終案を確定する。 〈4-③〉最終日の常任委員長報告 ◇常任委員長の報告は、議案等審査結果とともに所管事務調査結果の最終報告を行う。 ◇施策及び事務事業に係る提言書を全議員に配布する。 ◇当該提言書については、決算認定の付帯意見として本会議において決定する。

注1：飯田市議会資料「議会における第5次基本構想基本計画の進行管理に関する平成21年度計画について」より作成。
注2：「委員長会での確認」はステップ3とステップ4の間に位置している。便宜上ステップ3に入れた。

4 総合計画への新たな関与

(1) 機関競争主義の作動の条件

　総合計画、市町村合併、事務事業評価、決算認定に積極的にかかわる新しい議会の動向を紹介してきた。基本計画や多様なマスタープランを議決事件に追加したり、行政評価等マネジメントシステムを取り入れた総合計画が策定されるようになってきたことによって（総合計画の要約が基本構想ならば）、議会はその議決権を活用して地域経営の計画全般とかかわることができる（決定の主体）。そこで、さまざまな計画への提案も議会の責務である。とりわけ、執行機関の提案が地域課題から逸脱していると感じた議会は、調査・研究に基づいて積極的に提案を行う（提案の主体）。さらに、行政評価等マネジメントシステムにかかわる議会は、行政評価や決算に積極的にかかわる（評価の主体）。

　こうした、新しい動向は急激に進んでいる議会改革の成果である。理念としてはすでに存在していた機関競争主義を名実ともに作動させようとするものである。総合計画をめぐっても、機関競争主義を作動させることによって、議会は住民とともに考え、それを提案・審議・決定・評価する（後述するように、執行の主体としても登場）。総合計画をめぐる機関競争主義の一翼を担う議会は、総合計画にどのようにかかわるかを考えたい。

　二元代表制は、代表機関の正統性を強調したものである。議員・議会だけではなく首長も住民から直接選挙される。これは、議院内閣制の一元代表制と区別される。二元代表制は議会と首長との関係、そして両者それぞれと住民との関係が問われることになる。議会と首長のそれぞれの特徴をいかした関係を強調したものが機関競争主義である。

　地方分権時代には、それに適合した地方議会像を膨らます必要がある。提起してきた新たな地方議会像は、従来のものとは大きく異なるとはいえ、単なる空想ではない。その一端はすでに少なくない議会で試みられている。

　機関競争主義の一翼を担う議会が、総合計画にどのようにかかわるかについて、すでに第1章で用いた、政策「形成」、「決定」、「執行」、「評価」、それぞれの段階から確認する。その前に、総合計画に関与できる議会の権限を

再確認しておこう。

　議会の権限は広がっている。周知のように議会の議決事件は地方自治法第96条第1項に15項目列挙されている。条例、予算、決算、契約といった事項は議会の議決が必要である。市町村の場合、基本構想も議会の議決事項である。制限列挙として狭く解釈されてきたとはいえ、自治の根幹にかかわる事項である。地方分権の時代、それだけではなく、条例に基づき議決事件の追加を行う議会も増えてきた。議決事件を例外とする解釈は大きく変わってきた。基本計画やさまざまなマスタープランを議決事件に追加する議会も増えている。

　こうした議決を有効に作動させるためには、調査権（自治法100）、検査権（同98①）や監査請求権（同98②）が活用できる。専門的知見の活用（同100の2）も可能となった。議会ではないが、議員および会派に調査のための政務調査費が交付できるようになった。なお、実地検査は、監査委員でないとできないという理解であるが、実際には委員会の所管事務調査では、実地調査も行われている。従来は設置できないとされた附属機関の設置もできる（三重県議会基本条例など）。審議や議決を行う上での、調査等の手法の制限は大幅に緩和されている。

　なお、議会は独自に政策とかかわる手法を開発している。議会は執行機関に対して決議等を通じてその施策の方向づけを行い、議会がそれに基づいて提出された施策案を討議し決定し、執行の評価を行うという「新しい政策サイクル」という視点を導入することもできる。〈議会による政策方向の表明〉→〈政策決定〉→〈執行の監視・評価〉→〈次の政策方向の表明〉といったサイクルである。NPMでは、戦略計画の策定と個々の重点政策に即した数値目標の提示は首長の役割である。しかし、新しい政策サイクルでは「議会が、長の策定する戦略計画と数値目標に基本的な方向付けを与えようとするところにポイントがある」（三重県議会）。

　神奈川県議会は、議会基本条例を制定し（2008年12月）、この新しい政策サイクルを明確に規定した。予算編成方針、予算調製、県政に係る基本計画等の重要な政策・施策の基本方針・素案等の作成の場合に、執行機関は議会にその内容を説明するよう努める。さらに、それらの作成にあたっては、「関連する条例の制定目的又は関連する決議に含まれる県議会の政策提案の趣旨を尊重するものとする」と明確に規定している（神奈川県議会基本条例15①②）。

議会からの提案の「尊重」が明記されているとはいえ、知事等は責任を持って対応すればよい。こうして、両者の政策競争がはじまる。

(2) 自治体計画をめぐる機関競争主義

　機関競争主義の作動の意義、およびその作動の条件を確認してきた。機関競争主義は、議会への住民参加を採用し、議会＝合議制、首長＝独任制という特性をいかし、政策過程全体にわたって議会が首長と切磋琢磨することである。切磋琢磨の様相を総合計画の政策過程から確認しておこう。そもそも、議会は議決によって重要な役割を果たす。とはいえ、議会は単なる議決機関ではない。議会は政策過程全体に責任を持っている。総合計画をめぐる政策過程を「形成」、「決定」、「執行」、「評価」の4段階に分けてそれぞれ議会のかかわりを再確認しよう（表2－2参照）。

　① 政策「形成」過程

　団体意思決定のための原案を作成し提案する過程であり、対内的な機関意思決定である。三重県議会の新しい政策サイクルのように、議決を踏まえて議会として重点項目を明示して、それに沿った総合計画案の作成を執行機関に指示することができる。決算認定や事務事業評価を踏まえたものであれば、より説得的である。また、栗山町議会のように、執行機関案が現状には適合しないと感じた場合、議会として総合計画について調査・研究をして対抗案を提示することも可能である。さらに、栗山町議会の市町村合併の取り組みのように、議会としてまとまらない段階でも、調査・研究を踏まえて現状を正確に住民に報告し、意見交換を行いながら議会としての案を練り上げることもできる。

　そもそも、議会側には、議案の議員提出権、委員会提出権、議案の議決、審議過程での質問等による政策提言、議会の議決による政策の方向づけといった権限がある。首長側には、条例案、予算案、その他の議案の提出権がある。住民の側には、首長に対しては首長への手紙、審議会等への参加などであり、議会に対しては請願・陳情、公聴会・参考人制度、一般会議（栗山町議会など）への参加、附属機関（三重県議会など）への参加が想定できる。条例制定改廃の直接請求は、政策「形成」過程での、住民の重要な参加制度である。条例と総合計画とは無関係と感じられるかもしれない。しかし、条

表2－2　総合計画過程への議会・議員の関与の手法

執行機関の関与の手法	過程	議会の関与の手法	議員・会派の関与の手法
<u>総合計画案提案、マスタープラン提案、予算案調製・提案、決算案提案</u>	形成	<u>委員会の議案提出</u>、決議による方向づけ、全員協議会での説明	審議会への参加、議員の提案、本会議や委員会での質問、調査、議員の意見聴取、会派要望・説明会
<u>規則制定</u>	決定	<u>議決事件の議決（修正を含む）</u>、マスタープランの議決	<u>修正案の提出</u>
執行	執行	<u>契約の議決</u>、契約の仕方の条例制定、<u>人事に関する条例制定（職員定数、給与等）</u>	予算過程への要望
政策評価	評価	<u>決算認定</u>（総括的事項と個別的事項の指摘と執行機関がそれに対応を求める決議状況）、<u>監査請求</u>、政策評価	政策評価の活用
住民参加・協働	全体を通じて	住民への議会報告会	支援者・後援会への説明
調査		<u>調査権、検査権</u>、委員会の事務所管調査	政務調査費の活用

注：下線部は地方自治法上の権限。それ以外は、条例等、自治体の裁量によるもの。

例は重要な地域政策でもある。条例の制定を通じて、総合計画を枠づけすることになる。

　それぞれの役割を踏まえて、総合計画案を積極的に練り上げていけばよい。なお、総合計画審議会等に議員が委員として参加する場合もある。すでに指摘したように、参加によって「事前制約」となる場合が多い。総合計画をめぐって、議会報告会や一般会議等を通じて、主体的に住民と歩むという姿勢が議会には必要である。

② 政策「決定」過程

　自治体の基本政策についての対外的で最終的な効果を持つ団体意思の決定である。議案が提出されると、当然ながら十分な審議が不可欠である。そのためには、特別委員会など専門的に議論する場の設置が考えられる。一会期では十分な審議時間を取ることは困難である。そこで、委員会審議を経て、臨時議会での議決となるであろう（通年議会の場合、随時）。修正案の議員提出権は、この段階で活用できる。議会には賛否だけが課せられているのであって、総合計画案の修正は不可能という議論もある。しかし、地域経営の軸を公開で討議し修正を行うことはできる（江藤　2011b）。

　なお、すでに指摘したように、基本計画や、さまざまなマスタープランを議決事件に追加した議会も増えている。追加は、議会がそれに責任を持つことの宣言であり、充実した討議が必要となる。さらに、評価や予算と連結した総合計画の策定が多くなると、その核となる基本構想の議決は従来にも増して重要となる。

　そもそも、首長側には、権限が概括例示されている事項のほか、議会の議決事件以外のものが含まれる。規則制定権もある。総合計画を踏まえて、首長が決定した主要な事項は、議会に報告するルールを確立したい。決定権限は、議会と首長に分有されているが、住民は「決定」にあたっての討議への参加は可能である。すでに指摘した住民参加制度をここでも活用できる。なお、市町村合併特例法で導入された合併の法定協議会設置の直接請求により議会が否決した場合に、再度住民が署名を集めれば住民投票が行われ、その結果を議会が議決したものとみなすという制度は、住民が「決定」に加わる制度である。この趣旨からすれば、住民参加制度は総合計画の「形成」過程だけではなく、「決定」の前の審議にも採用されるべきであろう。

　ここでも議会は、「決定」を行うにあたって、討議を行う。それを踏まえて、あるいはその前提として、首長と切磋琢磨する必要がある。一問一答方式はもとより、首長に反問権を認め、執行機関との「闘議」が不可欠である。また、その前提として、首長提案には議会への重要事項の説明を義務づけることは、論点・争点を豊かにする意味がある。

③ 政策「執行」過程

　基本政策に関する団体意思決定の枠内で、具体的な行政事務を処理する過

程である。総合計画に沿って処理するルールは、一般に首長側に委ねられている。とはいえ、契約や財産の処分は、政令基準が設定されているが、議会の権限である。また、処理のルールを条例化することもできる（総合評価入札に関する条例、公契約条例、公共サービス基本条例など）。職員（執行機関の補助機関）の人事に関する条例制定（職員定数、給与等）は、議会の権限である。

④　政策「評価」過程

具体的な行政事務の処理を評価する過程である。事後的な成果に基づく事後的統制、つまり評価の重要性が増している。執行の評価は、むしろ議会の役割である。すでに述べたように、決算、事務事業評価に議会は積極的にかかわれる。監査委員制度では、議会選出監査委員（議選委員）が存在する。「玉突き人事」といった否定的な評価が行われているが、議選委員を議会がバックアップする体制ができれば、監査委員による評価も、議会による評価も充実するものとなる。議会による評価にあたって、住民は議会に積極的に見解を述べることはできる。すでに指摘した住民参加制度をここでも活用できる。

5　基本構想の法定化の廃止と議会の役割

(1)　地域経営の軸としての総合計画――予見可能性の「小島」をつくる

総合計画が地域経営の軸として作動しはじめた、まさにこの時期に、総合計画、正確には基本構想の義務付けが廃止されようとしている（自治法２④、2010年通常国会提出、継続審議）。この廃止の動向も念頭におき、地域経営にとっての総合計画を住民自治の視点から考えたい。

この廃止・解除は、総合計画を策定しないことを肯定するものではない。自治型社会にとっては、地域経営指針としての総合計画が必要というより、それ以上にその実行性が問われる。もちろん、総合計画策定には、地域経営上問題もないわけではない。

計画先行型であり、年々変動する歳入・歳出予測を踏まえた予算作業、換言すれば想定される歳出額を基準とした税率の決定作業という自治的発想を軽視する問題がある。基準税率を超えることも下げることも可能である。しかし、基準税率にこだわらない発想を一般化する必要はあるものの、大幅な

変更は事実上困難であることが、まず実践的な理由である。

それ以上に重要なことは、地域経営の方向性を年ごとではなくもっと長いスパンで連続的に可視化する、つまり地方政府による住民へのマニフェストであること、それだからこそこれを起点に修正を含めた議論が展開されることである。約束は「予見不可能性の大海に対して、予測可能性の『小島』を人為的に創出しようという試みである」（佐々木　2009：121-122）。総合計画策定もその１つと考えてよい。地域社会の不確実性を目前にして、住民に対する地方政府からのマニフェストの意味を総合計画は有する。予見可能性を高めることで、実践においても、さらに地域経営をめぐる討議においてもマニフェストを基軸に展開される。したがって、有限な時間の節約になり、状況に機敏に対応できる。

総合計画は、地域経営を行う上での重要な手法である。財政危機が継続する地域社会が成熟化した時代に、１年ごとの短期ではなくそれよりも長期の視点で、メリハリを付ける地域経営を行う上でも、今後も重要となっている。

予見不可能性の大海を乗り切るための予測可能性の「小島」として総合計画を創りだすとすれば、その根拠条例、総合計画策定の主体、総合計画を中心とした地域経営手法の開発といった論点に答えておかなければならない。どれも議会がその重要な役割を発揮しなければならないものである。

(2) 総合計画策定の根拠条例の策定

総合計画は地域経営の実践指針であるがゆえに、自治体の最高規範である自治基本条例に明記されなければならない。総合計画の構成や策定手続の詳細は、別建ての総合計画根拠条例や規則で定めることになるが、総合計画策定の目的や原則は自治基本条例に明記すべきである。実効性ある総合計画の根拠条例には、財政的に総合計画の実効性を保障する規定が含まれる。地域経営のルール（自治基本条例）と地域経営の方向を定める総合計画の根拠（自治基本条例および総合計画根拠条例）が、これで整備される。

なお、自治基本条例に総合計画の根拠を規定しなければならないことは同様であっても、異なる条例体系も考えられる。策定手続きで重要なのは住民参加である。住民参加は、総合計画策定時にだけ行われるわけではない。別途住民参加条例があれば、それに委ねてよい。その場合、総合計画策定の際

の重要な視点、財政の健全化を明確にする意味で「健全な財政に関する条例」の制定も必要である。多治見市は、市政基本条例（自治基本条例）に総合計画の根拠、総合計画の構成（基本構想、基本計画、実行計画）、最上位の計画という位置づけ、策定手続き（市民参加と基本構想と基本計画の議会の議決）、市長任期にあわせた見直し、進行管理と公表、他の計画の連動を明記した。同時に、財政危機をまねかないように健全な財政に関する条例も制定した[*32]。

そこで、総合計画策定の段階になれば、三類型モデル（基本構想・基本計画・実施計画）の再検討を含めて、総合計画を軸にして分野ごとの計画との連動、行政体制の適正化、進行管理計画、さらには実質的な財政計画（予測値）を挿入した、生きた、しかもその実施を評価できる総合計画の策定を目指すことになる。

議会は、総合計画の根拠条例制定でも、地域経営の軸となる総合計画策定でも積極的にかかわり討議するとともに責任を負わなければならない。同時に総合計画を軸として政策論争を行うことになる（江藤　2011a）。

(3) 総合計画策定の主体——新しい住民参加と議決に責任を持つ議会

総合計画を根拠づける条例制定でも、総合計画の策定でも住民およびその代表である議会は重要な役割を果たす。総合計画策定に限って、いくつかの論点を確認しておこう。

① 新しい住民参加にかかわれる議会を

地域経営にとっての「小島」であるならば、当然充実した住民参加が必要である。むしろ、多様に実践されている住民参加はこの策定と評価にその重心を移動すべきだと考えている。今日、従来の充て職だけの総合計画審議会の答申を踏まえた策定とは異なる新しい試みも実践されている。全員公募で総合計画を練り上げた三鷹市の実践（1999-2001年）や無作為抽出の2000人アンケート後に、そこで希望を募った住民による討議型の意見聴取を踏まえて総合計画を練り上げた藤沢市の実践（2010年）など総合計画をめぐっても新たな住民参加の実践が試みられている。議会は、これらの住民参加の手法を積極的に活用しながら、住民の声を議会での討議にいかすことになる。

② 地域経営の起点にかかわる議会──団体意思としての議会の議決

　議会は、総合計画に議会が積極的にかかわり、行政案に対案を提出したり大幅な修正を行っている。総合計画に議会が議決権限をいかして責任を持つことは、「公開と討議」を通して住民にわかりやすくするだけではなく、今後の地域経営にとっての起点を提示するものである。基本構想が法定され、今日基本計画が議決事件の対象として追加する自治体が増えてきたのはいわば当然である。総合計画を軸にして、地域経営が行われるがゆえに、当然行政計画ではなく、団体意思の表明としての計画でなければならない。つまり、住民のさまざまな意向を聞きながら、また住民と討議しながらも、最終的には住民代表としての議会の議決が必要である。議会は「公開と討議」の場だからである。

　このことをめぐって議論が起きている。三重県では、10年間を計画期間とした総合計画を議決事件にしている。それを踏まえて、4年間の具体的な数値目標や事業費を明記した「予算編成と極めて関連が深い計画」である戦略計画を議会が議決事件に追加しようとした際の論戦である。団体意思は何によって表出されるか、さらに議決事件の追加の範囲についてである。

　野呂昭彦三重県知事は、「地方自治法の考え方に照らすと、戦略計画が、知事と県民との約束であるマニフェストの実現に向けて策定する計画であることから、知事自ら決定した計画こそが団体意思となるという考え方に立って、議決対象から外したものと認識」している（「戦略計画を議決事件に追加すること等に対する知事見解」2009年11月9日）。

　この議決事件の範囲の是非についてはすぐ後に検討することとして、まずは団体意思についてである。マニフェストに基づき「知事自ら決定した計画こそが団体意思」にはなり得るか。答えは否である。首長には統轄代表権はあるものの、「総合的統一を確保する権限」であり、「集約的に当該地方公共団体としての立場を表す」（松本　2002：205）。とはいえ、ここから、首長の

＊32　多治見市は、自律型地域社会を目指して、首長のマニフェストを踏まえた実効性ある総合計画の策定とともに、市民の信託に基づく地方政府としての守るべきルールを定めた自治基本条例（市政基本条例、2007年）、さらに財政状況の健全化を目指した全国初の「健全な財政に関する条例」を制定している（2008年）。自治基本条例や総合計画条例を制定する場合、多治見市の健全な財政に関する条例の主旨や内容をそれらに規定する必要がある。同時に、自治基本条例で明記されている情報共有や住民参加を総合計画策定上、具体的に明記する。その意味で、多治見市方式をさらに深化させることになる。

意思が即座に団体意思を表すと解釈することには大きな飛躍がある。統括代表権は、首長が勝手に地域経営を行ってよいことを意味しているわけではない。地方自治法第138条の2や第149条を参照してもよいが、ここでは議会の議決権限の重みを確認すれば事足りる。第96条には地域経営の根幹が議会の議決事件となっており、さらに追加も可能という構成を念頭におくべきである（従来の制限列挙主義という解釈から、必要的議決事件と任意的議決事件の区分に転換していることは再確認されるべきである）。

　この点ともかかわって、どこまでを議会の議決事件の対象となしうるのかという論点も浮上する。それぞれの自治体で考えればよいことである。しかし、すでに指摘したように、議決事件の対象となるかどうかで争点となっている戦略計画は、具体的な数値目標や事業費が明記され、今後の予算編成と関連が深いから議決事件になじまない、という発想は採用できない。

　まず、10年間の総合計画を議決事件の対象にしても問題はなく、実質的な計画を対象とすることには弊害があるということは、総合計画を抽象的なものですまそうという、従来型の総合計画をイメージしている。より実質的な生きた総合計画策定が目指されなければならない。また、具体的な数値目標や事業費が明記され、今後の予算編成と関連が深いから議決の対象にできないという根拠は希薄である。予算編成（調製）権や提出権が首長にあるからでは説明がつかない。そもそも予算の議決権は議会にある。予算の提出にあたって、首長は議会で可決される予算を目指すことが当然である。議会が権限を有する予算に直接関連がある計画を議会が議決することは、議会の実質的な権限、したがって住民の代表権を高めこそすれ問題はない。かりに、首長が意図しない計画を議会が議決して（修正議決して）、それとは異なる予算を首長は提出したいと考えていれば、その予算とともに戦略計画修正案を同時に提出して討議を巻き起こせばよい。総合計画、戦略計画、そして予算が連動した地域経営が目指されなければならない。これが今日的水準の総合計画論である。

(4) **政策討議の起点としての総合計画**
　　――**議会による政策サイクルへの挑戦**
　実質的な総合計画は、その評価と新たな政策形成も容易となる。PDCA

サイクルが一般的になっているが、そのサイクルの根幹が総合計画となれば、これを中心にチェックができ、したがって新たな政策提案も容易となる。

　総合計画に基づき地域経営が行われることから、議会ではこれを中心にした討議が行われ、地域経営の責任者として登場する。従来は場当たり的な、あるいは思いつきの、全体を視野に入れない質疑・質問（以下、質問）が多かった。それが、総合計画が実質的になればなるほど、それを基軸とした議会運営が必要となる。

　すでに萌芽はあった。首長が提出したローカル・マニフェストを中心とした議会運営が必要である（マニフェスト型質問）。その際、議会はそのローカル・マニフェストに賛成でも反対でもこれを基軸とした質問の場とならなければならない。賛成議員は、より効率的で住民の満足度を向上させる手法を提起する必要がある。他方で、反対議員はこのローカル・マニフェストに基づいた政策が住民の福祉向上につながらず、よりよい政策を提案する義務がある。さらに、議員の質問を実質化するには、個々の議員や会派での討議だけではなく、委員会、あるいは本会議での議員による討議を踏まえることが必要である。個別分断化された議員個人や会派の質問ではなく、議会としての質問であることから、より力を発揮するからである。

　同様に、総合計画ともなれば、単なる首長の意思ではなく団体の意思であることにより、それを基軸に質問も提案もできる。ここでも、議員同士の討議を踏まえた質問は力を発揮する。単なる個別利益だけを主張する議員は相手にされなくなる。予算や決算を含めてさまざまな政策は、総合計画を起点としていることをあらためて強調しておきたい。

　政策討議の起点としての総合計画は、あくまで住民の福祉の向上につながらなければならない。その意味で、総合計画やそれと連なる予算を含めたさまざまな計画を策定する際にも、また、実施を評価する際にも、住民の意向を踏まえた討議が期待される。

6　住民の声を反映させるべく総合計画条例制定とその策定

　基本構想の義務付けの廃止によって、総合計画が無意味化するわけではない。予測可能性の「小島」として、政策討議の起点として、名称はともかく

策定されることが必要である。したがって、自治基本条例にその根拠を明確に規定するか、あるいは総合計画条例の制定を進めなければならない。

地域経営の根幹にかかわるこの条例を、議会が受動的に受け入れることは「住民自治の根幹をなす議会」にとって問題である。その条例案を議会から提出することも想定してよいが、それ以上に重要なことは、議会として地域経営にとっての総合計画の位置づけを確認しておくことである。総合計画と他の計画との関係（必要によっては議決事件の対象にする）、それらと予算の関係など、地域経営の軸を確認することである。その上で、総合計画策定の目的や原則、総合計画の構成や策定手続等は、首長から提案される以前でも議会として討議することが必要である。

さらに、この条例を踏まえて、実際に総合計画が策定される段階では、行政が充実した住民参加制度を実施しなければ、議会がその実施を提案する。また、議会として住民参加を取り入れてもよい。住民の意向を踏まえた、総合計画策定を目指さなければならない。ここでも、議決権限の意味は大きい。

議会は住民代表機関であるという正統性があるがゆえに強力な権限がある。抽選によって選出された住民による討議を踏まえた意見集約を行う制度の導入によって、その正統性が揺らぎつつあるとは断言できないまでも、再考の対象として浮上しつつある。

地域経営に責任を持つ議会は、総合計画をめぐってまさに正念場である。栗山町議会は、総合計画条例（総合計画の策定と運用に関する条例）制定を目指して、条例制定委員会を設置するとともに、その議論を充実させるために専門的知見（自治法100の2）を活用している。また、住民と歩む議会ならではの対応として、一般会議を開催し、住民（前総合計画審議会委員）から意見聴取を行っている。さらに、意見交換会を開催したりパブリック・コメントを実施して条例案骨子を確定した。

栗山町議会のさらなる挑戦に期待する。同時に多くの議会でも、総合計画を根拠づける条例の制定に早急に取り組む必要がある。もし、総合計画をめぐって住民と歩む議会運営を行わなければ、憲法や法律で規定されただけの中身のない機関、いわば「裸の王様」の汚名を着せられることになる。時は待ってくれない。

▶ 第3章

議決事件に責任を持つ議会の手法

―― 総合計画と市町村合併を素材として

1 議会改革による住民福祉の向上

　総合計画における議会の役割を前章で考えてきた。総合的な計画行政を推進する基本構想を市町村は策定すること、しかもそれは、住民の代表機関である議会の議決を必要とすることの重要性を確認し、これらの相互作用を強調した。また、現実性を保障するのは、住民代表機関の議会をはじめ、住民や首長が積極的にかかわること、それらの討議が不可欠ということを強調した。そして逆に、現実性のある計画だからこそ、それに基づき住民や議員は地域経営の主体として登場することができる。

　総合計画に議会がかかわる重要性を強調したのは、議会は公開の場で、正統に選挙された議員が討議する場だからである。議会は、総合計画から、したがって地域経営の主体から実質的に疎外されてきた。しかし、多様な角度から提案ができ、問題を発見する議会はその政策過程全体にかかわらなければならない。しかも、議決は議会の重要な権限である。調査・研究の結果を踏まえて、冷静な視点から修正案を提出したり、執行機関の「勇み足」を是正させる議会も登場している。

　もちろん、議会の意向がすべていかされることを想定しているわけではない。機関競争主義では、議会と首長それぞれが住民と歩みつつ、政策をめぐって切磋琢磨しながらよりよいものを創りだしていく。そうであれば当然、議会の意向に対して首長はそれについての賛否の意見を表明すべきである。首長が議会の決議等に反対の場合には、議会と首長が公開の場で闘議

（討議）することが必要になる。首長が議会の意向とは異なる決定を行う場合には、首長には説明責任が求められる。逆もまたそうである。政策競争によって地域経営は行われていく。

このように考えれば、総合性と現実性を有する総合計画の策定には、首長や職員だけではなく、議会や住民が積極的にその政策過程全体（形成、決定、執行、評価）にかかわることが必要である。地域経営の核となる総合計画の策定を目指すのであれば、さまざまなアクターがその役割に沿ってかかわる。それらの権利と責務を明確にした地域ルールの制定が不可欠となる。ここで、総合性と現実性を有する総合計画の策定は、地域ルールを定めた自治・議会基本条例の制定と連結する。地方分権改革の副産物、否、誰のための地方分権改革かを考えた場合、主産物としての連結した実質的な総合計画の策定と自治・議会基本条例の制定という2つの動向を高く評価したい。住民代表機関である議会は、この動向に乗り遅れてはならない。

2　総合計画をめぐる地方議会の役割

(1)　総合計画策定にかかわる議会

議会の議決事件である総合計画の議会案を作成しただけではなく、それを住民に説明し、住民の質問に議員全員が答えるという栗山町議会の動向を素材に地域経営に責任を持つ議会について考えたい。住民に説明し住民と議論する場は、公会堂でも公民館でもなく議場そのものであった（2007年10月16日）。栗山町議会は、この住民の意見を踏まえてバージョンアップした議会案を作成することになっていた。

一般には、地方自治体の総合計画の根幹を占める基本構想は地方自治法に基づいて議会の議決事件となっているが、より現実的な基本計画はそうなっていない。また、福祉、都市計画などの主要な基本計画（マスタープラン）も同様に議決事件にはなっていない。議決事件になっていないということは、「公開と討議」によってそれらが決められてはいないことを意味する。栗山町議会は、自治の一翼を担う議会として、主要な計画を議決事件に追加した。栗山町の今後の方向を執行機関とともに責任を持つことの宣言である。議決事件として追加された基本計画と、基本構想は一体となり総合計画

として討論と議決の対象になっている。

　また、議会運営は住民参加を基軸とすることを明言している。したがって、主要な計画の審議と議決にあたっては、住民参加を議会に導入することが不可欠である。

　従来のほとんどの自治体では基本構想案が提出されてから審議し、そのほとんどは修正のないままに可決される。それに対して、議決事件（基本計画も議会の議決事件にしているので総合計画案）に責任を持つ議会が積極的にかかわり、議会案も提出する。議決のあり方を180度転換させるものである。総合計画をめぐる栗山町議会の動向は、議決に責任を持つ議会の新しいあり方を示したものである。

(2) 条例に基づく一般会議での住民との意見交換
　　　——総合計画案に対する議会案作成の経過

　地方分権時代の自治の担い手の1つである議会が、地域ビジョンである基本構想に無関心であってはならない。議会改革を推進し、全国初の議会基本条例を制定した栗山町議会は、この基本構想さらには基本計画に積極的にかかわっている。基本計画を議会の議決事件に追加するとともに、行政による総合計画素案を大幅に修正した議会提案をする。政策提言や監視を重視する議会改革の一環である。同時に、こうした議会案の策定を住民と議論する中で豊富化した。

　栗山町でも、基本構想と基本計画の策定にあたって、総合計画審議会を設置していた。執行機関の素案を下に審議会で議論し、その答申を受けて基本構想案が執行機関で練られて、最終的に議案として議会に提出され、議会の議決を仰ぐ。従来の策定方式に沿って進もうとしていた。

　しかし、栗山町議会は、議会基本条例の理念に基づき、積極的にその過程にかかわろうとした。そこで、議会の議決事件にかかわる新たな手法を採用した。議会の議決の意味転換や住民参加の新しい意味については、後述することにして、本項ではその経過を追う中で「一般会議」の意義を考えよう。一般会議とは、議会基本条例で規定されているもので、議会が必要な時に、執行機関や住民と意見交換をすることができる制度である（栗山町議会基本条例11②）。一般会議はもちろん、公開である（会議録は議会のHPでも読め

る)。

　まず、執行機関の総合計画案の説明を議会として受ける。この場合、注意したいのは、条例に基づく一般会議によって受け取ることである。他の自治体の議会は、事前に議案を受け取ることに消極的であった（事前審査の疑い）。また、受け取るとしても全員協議会といった公式ではない会議によってである（閉鎖的な議会）。栗山町議会は、総合計画をめぐってまず執行機関と3回にわたって一般会議を開催し、執行機関案の説明を受けるとともに、意見交換を行っている。

　それを受けて、議会全体で3回、素案策定委員会（議長を含む5名）で3回、執行機関案を審議するとともに議会案を練り上げていく。その際、専門的知見の活用（自治法100の2）による学識経験者として神原勝北海学園大学教授に依頼し、助言を受けている。この議会案は字句修正に留まらない。むしろ、「計画のための計画」に対して財政状況を踏まえ財政再建を基軸とした「メリハリ」をつけることを目的とした総体的な議会案である[*33]。

　この議会案を執行機関に提案する前に、議会基本条例に即して住民との意見交換を行う。それが冒頭で紹介した議場での意見交換会である。栗山町議会が毎年行う不特定の住民との意見交換会ではなく、総合計画審議会委員との意見交換である。議会基本条例に制度化されている一般会議として行われた。

　総合計画審議会は、それまでに4回開催され、執行機関案に対して意見を述べていた。審議会の意見は、すでにまとめられ執行機関にも提出されていた。しかし、これを踏まえた執行機関案の修正は行われていない。

　この総合計画審議会委員との一般会議では、議会からの総合計画案の説明と、それへの質問や意見交換が活発に行われた。議員全員13名（それに議会事務局3名、学識経験者1名（専門的知見の活用））、総合計画審議会委員24名、それに町長をはじめ執行機関8名（それにアドバイザー1名）が参加した。議員席に議員が、執行機関席に審議会委員と執行機関が座った。意見交換では、審議会での議論がむしろ議会修正案に近いことが明らかになった。このことはその後の経過を見ても了解できる。

　この一般会議が終了して議員が退席した後で、その議場で突然（とはいっても一般会議が始まる前に打診はあったとのこと）審議会委員は残され、起

草委員が選出された。その起草委員を中心に答申が練り上げられていった。そして、答申がまとまりつつあった時期に今度は総合計画審議会から、議会に懇談の要望があり懇談を行った。それを踏まえて、同審議会は、町長に答申を提出した。

　この答申は、執行機関案ではなく議会案に沿っていた[*34]。重点課題として「町財政の健全化」を位置づけるとともに、「維持可能な自律した地域自治」の観点を打ち出している（計画の趣旨）。また、計画の趣旨に続く項目には、「計画の位置付け」を挿入し、計画の役割だけではなく、計画の原則、計画の機能、近隣市町村との連携・協力が明記されている。さらに、計画の構成と期間を修正し、計画の構成とし、実施計画における個々の施策・主要事業の管理については、名称を「執行計画」から、「進行管理計画」に修正している。議会も責任を持つという意味を強調するとともに、それを政策情報として議会や住民に公開するものとして位置づけている。こうしたコンセプトを含めて、提出された答申は、執行機関が提案していたものとは大幅に異なっていた。これらは議会案に近いものとなっている。

　翌年（2008年）1月の議会臨時会において、町長より基本構想・基本計画案が提案され、議会はすぐに特別委員会に付託し審議を行っている。議案が議会に提案される以前にも、総合計画審議会が町長に答申して行政案が練られていく途上でも、行政側との一般会議を開催して、基本構想・基本計画案の意見交換や行政側からの説明が行われている。こうした成果を踏まえて議会としての審議に入っていった。その審議を踏まえて、2月20日の議会臨時会にて可決された。

[*33] 「栗山町議会基本条例に基づく栗山町第4次総合計画審議会委員との一般会議　会議録（平成19年10月16日）」、「栗山町第4次発展計画第Ⅰ章基本構想（案）」（町案）、「栗山町新総合計画〜成熟と洗練のまちづくり〜第Ⅰ章基本構想」（議会案）、「栗山町第4次発展計画について（答申）」（栗山町総合計画審議会答申）、「栗山町新総合計画（第5次総合計画）第Ⅰ章基本構想」（答申（修正案）、を参照。
[*34] 「答申」参照。10月16日の一般会議での「私たち審議会の方向と〔議会案は―引用者注〕同じ方向を向いている」という指摘に見られるように、議会案と審議会委員との見解は近かった（「会議録」）。当日は、ビジョンをめぐって議論が戦わされた（審議会委員でも統一見解はない事項）。なお、審議会委員から、事前に議会案が提出されればより充実した会議となったことだろうという意見も出ていた。改革派首長の登場が、議会活性化につながったとの指摘がある。栗山町の総合計画をめぐる動向は、逆に議会改革が執行機関の動向に影響を与えた。

(3) 議決事件の議決の意味転換

　基本構想を含めて議会の議決事件とはいっても、ほとんどの議会は首長案に対して修正も加えず、そのまま可決していた。予算や条例ならば、議会として議論する素地は残されてはいるが、抽象的になっている基本構想の議決にあたって、実質的にはほとんど議論されることはないのが一般的である。

　栗山町議会は、抽象的になっている基本構想とともに、基本計画を議決事件に追加して自治体の施策全体に責任を持つ。そして、その責任を単に首長からの議案提出後の審議だけに限定することをしない。条例案の提出が脚光を浴びているが、自治体の方向を決める重要な議決事件について積極的に提案する。そのことが、執行機関との「協働」関係を創りだし、その後の執行にも責任を持って監視することができる。栗山町議会は、自治の一翼を担う議会として積極的に提言する姿勢を打ちだした。議決とは、単に賛否という議決をするだけではなく、議会として責任を持ち、修正したり提案したりしながら討議することを踏まえた上での賛否なのである。まさに、議決事件の意味転換である。

　基本構想は、計画的な行政運営を行うために議会の議決を経て策定される。この規定は、1968年に地方自治法に挿入された。主語は、普通地方公共団体ではなく、市町村となっている。高度経済成長の中で明確な地域ビジョンを基礎的な自治体である市町村が策定することになった[*35]。

　基本構想は、地域経営にとって重要な事項であるがゆえに、議会が議決しなければならない。そうだとすれば、議会は責任を持ってこの構想と立ち向かわなければならない。すべての市町村で、この構想は首長提出である。微調整はあるとしても、基本的に首長提案が可決されてきた。

　しかし、基本構想があまりにも抽象的になり地域経営の「憲法」とはいっても、さまざまな政策がそれに拘束されている体系にはなっていない。「基本構想が市民と住民等とが相互に確認した町づくりの将来目標とその実現方針を明らかにしたものであるという我々の立場からすれば、基本構想はいわば市町村の『憲法』として、単に市町村長の行政方針によってのみ改訂されるべきものではない」（財団法人地方自治協会　1976：110）。こうした一般に流布されている見解では、基本構想は抽象的にならざるを得ず、市町村の行政運営を縛るものではなくなる。基本計画や実施計画、さらにはマスタープラ

ンが議会の議決事項になっていなければ（自治法96②による議決事件の追加を行わなければ）、議会は行政にフリーハンドを与えることになる。その意味で、この報告書のように、基本構想を「憲法」として位置づけ、抽象的に位置づけるとすれば、自治基本条例の理念と連動させて条文化すべきであり、それ以外の実質的な総合計画を議会の議決事件とすべきである[*36]。

抽象的な基本構想であるために、便宜的に通過させていたことを物語っている。また、議会の議決権は、あくまで首長が提案するものに正統性を与える意味としてしか理解されず、修正は余程のことがあった場合に行われるという例外的なものとして考えられてきた。ましてや、議会が総合計画案を練り上げるなど考えられなかった。

栗山町議会では、まず議会として自治体の総合計画に責任を持つ意味で、基本計画をはじめ各分野の主要な基本計画を議決事件に追加した。さらに、議決の責任を単に審議と決議に矮小化することなく、十分に審議し代案も提出することを議会の責任とした。実質的な権限を獲得するとともに、それをいかす努力を議会は行ったのである。従来の議会の権限が弱く、形式的な議論からすれば大きな転換である。議決の意味転換といってもよい。しかも、議会案の提出にあたっては、住民との意見交換会を踏まえて行っている。このことは次項で検討することにしよう。

(4) 住民参加の意味転換

住民参加や協働は、行政の専売特許でないことは認知されてきている。地方政治は、国政とは異なり住民参加を基軸にしている。議会はその蚊帳の外におかれるべきではない。議会も積極的に住民参加を促進しなければならないし、今日住民参加を促進する議会も登場している。要するに、地方政府全体が住民参加や協働を促進すればよい。

[*35] 議会の議決は、一般に地方自治法第96条第1項に列挙されている。指定管理者の指定の議決は、指定管理者制度の流れで規定されている（自治法244の2）。基本構想の議決が地方自治法第2条第4項に規定されているのは、市町村の地域経営にとってそれが極めて重要なものであることだからである。総合計画の議会による修正が可能であることについて、江藤（2011a）を参照。

[*36] 多治見市のように、基本構想を抽象的なものではなく詳細な計画を含んだものにすることもできる。財団法人地方自治研究機構（2005）では、江東区、町田市、深谷市、横須賀市、大和市、多治見市、豊中市、といった先進事例研究を踏まえてメリットや課題が整理されている。

行政が住民参加や協働を充実して行っている場合であっても、議会がそれをやらなくてよい根拠にはならない。もちろん、さまざまなかかわり方がある。住民、議会、首長の三者間関係を考慮すれば、3つの可能性（パターン）がある（江藤　2006）。①行政への住民参加による提言を議会が参考として受け取るパターン、②住民参加を議会が導入した場合、直接住民から提言や意見を受け取るパターン、③住民組織（首長が設置した附属機関等を含む）が議会と首長双方と緊密な関係を結ぶパターン、である。

　栗山町議会の総合計画をめぐる一般会議は、このパターン③に入る。審議会委員は、執行機関と協力しながら議論し答申を練り上げようとするが、その際議会とも協力して行う。従来の審議会と首長との関係の修正が加えられた。すなわち、従来は、審議会委員は執行機関と協力しながら、審議会委員だけで議論し（他の住民と議論する審議会は増えてきているが）、首長に答申を提出する。栗山町では、総合計画をめぐって、審議会委員は執行機関と協力するとともに、議会と協力しながら、議員とも議論しながら審議会委員で答申を作成し首長に提出した。

　もちろん、経過を形式的に見れば、審議会が答申を作成するにあたって議会案を参考にしようとしたわけではない。逆に、議会自身が議会案作成にあたって、審議会委員の意見を聞きつつよりよいものを作成しようとしたにすぎない。しかし、結果的には審議会委員は、議会案や議員の意見を参考にしながら答申を練り上げることになった。議会の支援を背景に住民が提言する構図である。

　こうした議会の動向が住民への「支援」として把握できるのは、次の条件があったからである。1つは、従来から栗山町議会は議会報告会を実践してきた。少なくとも年に1度、議会として住民の前に出て議会報告会を開催してきた。それが認知されていた。議会が単なるセレモニーとして一般会議を行ったとは審議会委員からはみなされず、真摯に審議会委員の意見を汲み取るものだと捉えられたのであろう。

　議会案を基軸にした答申を作成した理由のもう1つは、議会案が今後の栗山町を考える場合、妥当な方向を指し示していたからである。財政状況の厳しい栗山町を直視し、課題を明確にし、計画のための計画でも、総花的でもなく、しっかり実施できる「メリハリ」をつけたものだった。審議会委員

は、自分たちも同様に議論してきた論点が明記された議会案を参考に答申を練り上げたといってよい。

　二元代表制の下で、執行機関も議会もそれぞれ住民参加を積極的に進めることも必要である。栗山町議会は、従来の執行機関の審議会方式に議会がかかわる手法を開発したものである。このことは審議会がパワー・アップする手法でもある。地域経営に責任を持つ議会は、合併にも責任を持たなければならない。栗山町議会は、議会改革のトップランナーである。合併の問題でも、責任を持って活動している。栗山町議会は、議会として調査権限を活用し調査を行い、住民とともに考え、執行機関と政策競争を行うという機関競争主義を作動させている。住民参加の意味転換ともいえる事態が生まれた。

　栗山町議会は、不断の努力によって議会改革を実践している。「絵に描いた餅」ではない。改革により、より高いステージを目指す。議会報告会による住民との意見交換から、執行機関との切磋琢磨へ、議員同士の自由討議へと展開した。それを議会基本条例制定にまで結びつける。議会の議決事件の追加を踏まえて、総合計画の議会案の作成へと向かう。「正の連鎖」が生み出されている。

　同時に、総合計画の議会案を提出することができたのは、次節で確認するように、行財政に強い議会だからである。地道な努力の成果が、今回の総合計画の議会案につながったことも忘れてはならない。一朝一夕には不可能であるとしても、栗山町議会の議会改革は住民自治の理念に即した改革であり、普遍的なものである。

3　市町村合併問題に責任を持つ議会

(1)　市町村合併に真摯に向き合う議会

　市町村合併は、住民そして自治体に大きな影響を与える。それだからこそ、合併をめぐって議会は重要な役割を果たさなければならない。合併協議会設置でも、合併の申請でも、議会による議決が要件とされている。議会は、多様な意見を踏まえて、多角的複眼的な視点から問題を議論することができる住民代表機関だからである。

　従来、地域の重要課題である市町村合併をめぐって、議会はその住民代表機関としての特徴をいかして、住民とともに考え行動することはしていない。「平成の大合併」を振り返ると、たしかに、総務省（旧自治省）や都道府県の主導的な働きかけの下での「強制合併」という特徴を有していた。とはいえ、これを機に、合併協議会設置の直接請求や、住民投票（条例、市町村合併特例法）などの直接民主制が広がり、住民自治が促進されてもいた。議会は、こうした「平成の大合併」に翻弄され、合併を推進する首長に追随する場合もあれば、住民の意向に議会の見解を委ねる場合もあった。議会は、主体性を発揮してはいない。もちろん、首長の意向と異なったり、住民の意向と異なる議決を議会がすることはあった。しかし、この場合でも、議会が独自調査を行って、住民とともに考え行動する姿勢は見られない。これでは、住民には単なるエゴと映る。「平成の大合併」は、議会とは何か、議決に責任を持つ議会とは何か、といった議会の存在意義を問うことにもなった。

　本節では、栗山町議会の市町村合併をめぐる動向を紹介することによって、議決に責任を持つ新たな議会のあり方を確認する。この動向は、地域課題に議会は住民とどのように立ち向かうか、そして議会の討議とは何かを問いかけた。さらに、これらの議会運営の新たな動向は、住民自治に根ざした議会基本条例の実践であり、その条例に魂を入れたこと、これらも確認したい。

(2) 議会報告会という手法

　栗山町、南幌町、由仁町との市町村合併をめぐり、大きな山場を迎えた2008年、栗山町議会は臨時の議会報告会を開催した（2008年12月2日〜5日）[*37]。合併にあたっては、法定協議会設置、および合併の申請において、議会の議決が必要となる。合併の当事者である議会は、責任を持って議決するために調査・研究を行い、その調査・結果を住民の前に明らかにすることで、住民の討議を巻き起こすとともに、議会として以後の討議と議決にいかそうとした。

　すでに、栗山町議会は2005年より議会報告会を開催している。議会報告会は、全議員が住民の前に登場する。実際は、議員をいくつかの班に分け、会場ごとに役割分担をしている。議会の現状や栗山町の課題を議会として報告し、住民からの質問に答えるとともに、住民の意向を聴き、意見交換をする場である。

　議会報告会は、議員による個人報告会の寄せ集めではなく、それぞれの役割分担に沿って議会としての確認事項を述べることになっている。確認事項以外の問題が提起された場合にのみ、あくまで個人的な意見と断った上で、自らの見解を表明することは許容されている。議員個人のパフォーマンスとはほど遠い、議会として責任を持つ運営となっている。

　2006年制定の栗山町議会基本条例では、議会報告会は「少なくとも年一回開催」すると規定された。正確には、むしろ議会報告会を恒常化するための検討の中から、その取り組みをより充実させるために議会基本条例が制定された。これにより議会報告会は住民と議会との約束事になり、議会にとっては義務となった。

　議会報告会は、情報の共有や住民参加の促進、町民と議会の距離を縮める場、説明責任を果たす場、議員自身が住民全体の代表を意識する場として位置づけられている。したがって、地域経営にとって重要な議決を行う際に、栗山町議会では定例の議会報告会だけでなく、臨時の議会報告会を開催して

[*37]　4日間、4会場、参加者349名（関係団体長との一般会議30名を含めれば379名）。定例の議会報告会は、12会場で300人台である。今回4会場でそれに相当する参加者だった。合併への関心の高さがうかがわれる。なお、臨時議会報告会は、議会基本条例制定時と今回の合併をめぐるものと、合計2回行われている。
　なお、その後由仁町は市町村合併をめぐって住民投票を行った。反対が多数だった。そこで、由仁町は合併協議から離脱し、三町合併は解消され、今日に至っている。

いる。今回の合併をめぐる議会報告会は、重要事項について議論する臨時議会報告会にあたる。同年3月の定例で行われた議会報告会での宿題に答える意味もあった。合併問題で開催したのは、地域にとって重要課題だと議会が判断しただけではなく、その際に住民の関心が高いものであったからである。

地域経営に責任を持ち、住民とともに考え行動しようという議会の姿勢は、合併問題だけに見られるわけではない。前節で検討したように、栗山町議会では、議決事件である総合計画の議会案を作成し、それを住民に説明するとともに、住民の質問に議員が答える機会を、議場そのものに設けたこともあった（2007年10月16日開催の一般会議）。

ここで活用された一般会議も、議会報告会と同様に議会基本条例に明記されているものであって、住民あるいは議会が必要とする場合に、議会と住民が意見交換をする（最近では議会と行政とでも活用）。議会報告会が不特定多数を対象としているのに対して、一般会議は特定の住民（団体代表や審議会委員）を対象としている。とはいえ、情報の共有や住民との意見交換の場という意味では同様である。

(3) 市町村合併をめぐる議会報告会

市町村合併をめぐる議会報告会では、そこで提出された資料（全13頁、表紙裏に議会基本条例前文の掲載）を素材にして、合併についての調査結果が報告された。全国の先行自治体の視察（9つの自治体）、全国町村会の合併をめぐる報告書（『「平成の合併」をめぐる実態と評価』2008年）の検証、そして合併が想定されている栗山町、南幌町、由仁町の「借金」「借金の特徴」「土地開発公社の分析」「近隣市町村の財政状況」について、それぞれ議員から報告が行われた。それに基づき、住民の質問や意見に議員が真摯に答えている。

議会報告会は、「徹底した情報の共有、住民参加」の精神に基づき行われるものであって、議員の賛否を主張する場ではない。今回の議会報告会の開催にあたって、議員同士で次のことを確認していた。①合併を否定するものではない、②現在までの調査・検証した情報の共有を図る、③合併の賛否は述べない（課題は明確にする）、④なぜ町が進める合併に議会は慎重（反対

と思われる）行動なのか（を説明する）、⑤前回は議会も積極的に進めてきたのに今回、慎重なのはなぜか（を説明する）、⑥住民投票を視野に入れる、といった事項である。議会全体で合併を考える姿勢がうかがわれる。

　その時点では、議会として合併について結論を出してはいない。議員同士の討議によって問題の共通認識を深めた段階にあった。住民と情報を共有し、住民とともに考えるために、議会報告会が開催された。議員の中には、合併に賛成の者も反対の者もいる。その中で冷静に議会として合併を検証する。議会が調査結果成果を住民とともに情報共有し、住民の意見を踏まえて議決する姿勢である。議決権限を持つ議会の役割、また機関競争主義の作動のいわば教科書ともいえる動向である。

　議会報告会では、さまざまな意見が提出された。たとえば、「視察の場所の選定基準の是非」といった技術的なものから、「分かりやすいが夢がない」「三町が合併した場合、全体の借金への対応」「合併問題は合併だけではない」「充実した議会運営が低下するのではないか」、といった今後考えなければならない根本的な質問や意見が提出された。これらを踏まえて、議会の一般質問・代表質問で取り上げたり、議会の議決として首長に要請したり、それらの提案を活用できる。

　議会報告会に筆者が参加して感じるのは、住民の成熟度である。町の将来像や財政問題を議論する住民が多く、合併をめぐる議会報告会でも、賛成・反対を声高に叫ぶ住民はいなかった。中尾修栗山町議会事務局長（当時）も、2008年3月の議会報告会を振り返って「4年目にして大きな変化が現れてきました。〔中略〕地域経営という考えを明確に持って発言するようになってきた。ここが劇的な変化だと思います」と語っている（中尾・江藤編　2008：53）。毎年開催される議会報告会では、個別の住民要望というより、財政など町の今後の根幹にかかわるテーマが議論の主な対象となってきていた。

(4)　二元代表制の活性化――行財政に強い議会

　今回の合併をめぐって、執行機関は積極的に住民説明会を行っている。栗山町では、その時までに26会場、および3団体の計29会場で説明会を行い、約700人が参加した。同様に、南幌町では約500人、由仁町では約150人であった。3町は任意の南空知3町合併検討協議会（各町の議員各3名、町

長・副町長、総計15名）を設置し、合併に向けての議論を進めている。大きなうねりを創りだそうという時期であった。

　こうした動向に対して、栗山町議会は、機関競争主義を担う一翼として、もう1つの回路から住民とともに考えることが必要であることを重視した。そもそも、合併問題で、議会報告会を開催したのはこの機関競争主義から当然だという判断である。結果として、「行政側の情報だけではなく、議会からも情報が出され、総合的な判断材料を住民は得ることになった。その意味において、二元代表制の一翼としての議会本来の役割を果たす結果となった」という評価を議会は下している（栗山町議会合併問題等調査特別委員会（委員長小寺進）、「議会報告会（合併問題）報告書」）。

　その南空知3町合併検討協議会のパンフレットには、合併によるメリットとともに、合併しない小さな自治体では「人的にも財政的にも対応が困難になる」という、いわば「誘導」とも受け取れる表現が明記されている。また、「一万人未満」は決定しているわけではないと断っているとはいえ、特例町村が国で議論され、「特例町村として窓口業務に限定して、それ以外の業務は、北海道が行なうか、近隣の市町村に委ねるかなどのほか議員は原則無給、教育委員会、農業委員会はおかないなどの事務を軽減することが検討されている」といった「脅し」も見られる。

　第27次地方制度調査会において西尾私案（西尾勝の提案, 2001年）が提起したものの、立ち消えになった特例町村論を合併の手段として持ち出すのはフェアーではない。こうした執行機関の「勇み足」ともいえる合併推進の動向に対して、議会は冷静な目で、調査分析し、住民と情報共有をはかる。それを踏まえて、議会が多角的に問題を発見し合併の賛否を決める姿勢は重要なことである。

　こうしたことができるのは、栗山町議会が地域に責任を持つ議会改革を進めたことによる。そのために、橋場利勝議長は、議長就任当初から財政に強い議会を目指していた。すでに指摘したように、議会が行財政改革をリードしてもいる。首長から財政計画の見直しが提案された（2007年）。そこで、議会は、特別委員会を設置し、その分析を行った。その計画が、財政状況の危機認識を有していないと感じた議会は、首長に対して要望書（委員会審査報告書）を提出した。赤字見込額の大幅増加にもかかわらず、その対応が極め

て不十分であるという議会としての認識を示すとともに、次年度予算に反映させることを考慮してあらためて「赤字解消プラン」を早い時期に議会に示すことを求めた。その際、「特別職及び一般職の給与を含めた事務事業の見直しを優先し、住民負担を伴うものは、住民の理解が得られるように十分説明責任を果たすこと」といった具体的な提案もしている。それを受けて、首長は「赤字解消プラン」を策定した。

　議会が行財政改革をリードした一例である。行財政に強い議会だからこそ、総合計画でも執行機関の案を覆すことになった。そして、今回は市町村合併をめぐって行財政分析を十分に行った上で、住民とともに考え行動しようとした。首長は、積極的に住民説明会を行い、合併に向けて舵を切っていた。それに対して、議会は、まず正確に現状を確認しようという姿勢を貫いた。首長からの説明と、議会からの説明という２つの回路からの情報提供は、住民には「相違」として映った。

　住民によるこの「相違」の印象に対して、議会は「『財政分析』町と議会の説明に違いがあるのでは？～全会計を含めたもので両者の違いはありません」というタイトルで議会報告会の内容を『広報くりやま』2009年１月号で説明している。議会は、首長サイドとの対立を鮮明にするというより、首長サイドの説明を深化させてはいるが、同一歩調を取っていることを強調している。別の視角からの合併の照射であり、機関競争主義としては当然だという。データが同じであること、合併を真摯に考えようとすることでは形式的には同一といえるだろう。しかし、地域経営を真摯に考え、住民とともに歩む視点からの行動は、むしろ議会側であった。資料を分析しわかりやすく図解したものであること（住民の立場に立った明瞭性）、議会は町立病院の赤字額、土地開発公社の状況（特別会計）を掘り下げて詳細に解析したこと（総合性）、首長サイドは特別会計の説明が口頭報告だけだったが、議会はそれも図示して説明したこと（透明性）、といった相違は明白である。これは、住民を意識した政策競争の１つである。

(5)　議会への多様な住民参加──形式と課題の相違

　地域経営の根幹だからこそ議会が議決権限を持っている事項には、議会は首長からの提案に追随するのではなく、積極的に調査研究を行い提案する。

しかも、「徹底した情報の共有、住民参加」という栗山町議会の運営の精神、そして住民自治における議会の精神に則れば、その都度住民に説明し意見交換をすることになる。まさに、地方自治にとっては当然ではあるが、いままで十分には試みられていない機関競争主義の作動である。

　国民代表制原理を採用する国政とは異なり、地方自治は住民自治を原則としている。住民参加（参画）、協働など、どのような用語で呼ぼうとも、行政への住民参加は進んでいる。審議会の公募、パブリック・コメント、抽選による住民参加（プラーヌンクス・ツェレ）などの導入とともに、白紙からの議論（住民による提案の尊重）など、その手法は大きく変わった。行政への住民参加の充実の一方で、多くの議会は、住民参加の蚊帳の外におかれている。民主主義の根幹としての議会が、である。

　どちらが先でもいいし、多様な意見を政策過程に表出させるのは合議制である議会が得意とする分野である。多様な住民と討議し、それらをどのように調整するかが行政と議会には問われている。住民参加を行政でのみ考える思考こそを問題にしなければならない。

　議会報告会は、議会の住民に対する説明責任でもあるが、同時に政策提案を豊富化する意味もある。議会報告会では、その場でも、議員は答える。同時に、精査し重要なものであれば、議会の討議にいかす。議会は、政策立案を担う主体の１つである[*38]。執行機関が「勇み足」の情報を住民に知らせる場合にはなおさらである。機関競争主義を正当に作動させるものとなっている。

　この権限をいかすには、十分な討議を経た後の議決が必要である。一般的には、討議は問題の共通認識から出発し、それを踏まえて、価値観の相違に基づいた対立点の明確化を行い、さらに、討議の中での妥協や意見の一致へと至る。栗山町議会は、課題によって、あるいは議会の状況によって、住民とともに考える課題を分けている。

　議会基本条例の制定の際には、ある程度議会案が練り上げられた段階で、議会報告会を通じて、住民の前でその議会基本条例案を説明し、意見を聞きよりよい条例を創ろうとした。また、総合計画をめぐって、議会案が練り上げられた段階で、一般会議で住民（総合計画審議会委員）の前で総合計画案を説明し、意見を聴き、よりよい案を創り上げようとした。議会として、基

本的方向を確認した後に、それを豊富化するために議会報告会や一般会議を開催している。

　それに対して、市町村合併の際には、議員同士が共通認識を持った段階で、それを住民と情報共有すること、そして住民の意向を聴くことに主眼が置かれている。価値観の相違に基づいた対立点の明確化や、討議の中での妥協や意見の一致に至る前の段階での議会報告会であった。議会は、「今回の報告会は議会の意思を決定する前に臨むこととなり、従来より難度が極めて高く、冷静、自制を求められながら、住民皆さんの声に耳を傾けるという、今までに経験のない次元に到達したものと言える」という評価をしている（栗山町議会合併問題等調査特別委員会報告書）。首長サイドの説明とともに議会の説明も機関競争主義からすれば当然であること、また議員同士の意見の一致の可能性が低いといった条件の下で議会報告会が開催された。これにより、住民に正確な情報を知らせ議論を巻き起こすとともに、住民の意見を聴きながら議員の意見が豊富化され、議会における討議が充実することになる。執行機関の説明が不十分で、「勇み足」が行われる場合には、こうした調査研究と議会報告会は不可欠なことである。

4　議会基本条例の理念を実現する議決責任

　栗山町議会は、最初に議会基本条例を制定したことで有名である。総合計画をめぐっても、そして市町村合併問題でも、後に詳述するように議会基本条例の理念が遺憾なく発揮されたといってよい。

　まず、地域経営を担う主体の一翼として、議決権限をいかし責任を持つことを前提としている。市町村合併問題では、合併協議会の設置や合併申請の議決権限である。自治体計画では、基本構想だけではなく、基本計画や重要なマスタープランを議会の議決事件に追加して、地域経営に責任を持つことを宣言している。こうした視点から、争点に立ち向かう。

　そこで、議会としてしっかり議論する。合併問題では、議員の中には、合

---

*38　議会の主体性発揮の意義は、これにとどまらない。代表民主制である首長や議会は、住民から信託されるだけではなく、住民の意見を創りだす役割がある。渾沌とした意見を持っている住民に問題点や対立軸を明らかにし、住民の意見を創りだす。行政でもこの機能を有してはいるが、多様な問題点をえぐりだすのはやはり議会の特徴である。

併派も賛成派も反対派もいる。その中で冷静に議会として合併を検証する。議会が調査結果を住民とともに共有し、住民の意見を踏まえて、執行機関と切磋琢磨し最終的に議決する姿勢である。さらに、「議会は、議会の権限に属する重要な議決事項につき、必要があると認めるときは、当該事項に関する十分な情報公開のもとに、町民による投票を行い、その結果を尊重して議決することができる」ことを議会基本条例に規定した（条例4⑨）。住民自治の深化である。

　議会基本条例の理念に沿って、議会は調査活動を行い、住民と情報共有をして討議し、それを踏まえて議会で討議する。こうした経過を経て議会は執行機関と切磋琢磨する。住民からすれば、執行機関への回路のほかに、もう1つの回路が制度化されたことになる。議会基本条例の理念である機関競争主義が作動している。

　議会基本条例は、いくつかの自治体の自治基本条例に見られる実効性のない飾りだけの「作文条例」とはまったく異なり、その理念が血肉化した「生ける条例」であり「活かす条例」である。そして、それによって地域を創造し、その地域に適合するように条例自体も豊富化される、いわば「地域の創造条例」でもある。

第4章

議員間討議における会派の役割

—— ローカル・マニフェストと討議

1 「与野党関係」を超える視点

　北海道栗山町議会、神奈川県湯河原町議会、三重県議会が議会基本条例を制定した2006年を議会改革の起点と呼んでよい。その翌年の2007年統一地方選挙では、議会改革がその争点の俎上にのぼったことが特徴の1つとしてあげられる（"変えなきゃ！議会2007" http://www.gikai-kaikaku.net など）。透明性の向上、議会への住民参加、議会における自由討議なども公約に掲げられていた。その後は、議会改革の裾野が大きく広がった。

　そうした議会改革の息吹を感じる中で、残念ながら相変わらずの議会運営や議会イメージが蔓延していることも事実である。その1つがその議会改革を争点としてもいた2007年選挙後に、各新聞が一斉に当選議員を「与党か野党か」に振り分ける報道をしていたことである。記者たちはどのようなイメージで地方議会の与党や野党を把握しているのだろうか。多くは国会をイメージしているのではないだろうか。本章では、その誤解を解くことを目的としているわけではない。もっと積極的に、与党も野党もないはずの議会において会派は必要か、必要だとすればどのような役割を発揮すればいいのか。具体的には、討議こそが議会の存在意義であることを確認するとともに、ローカル・マニフェストや会派拘束と討議の関係、さらには首長のマニフェストとの距離を意識しながら、会派と討議との関係を探る、という政治学や行政学では未知の分野についての私見を示したい[*39(113頁)]。今日いまだ一般的ではないが、会派とは政策に基づくものである。そのような会派は討議に

どのようにかかわるか、というテーマについて主題的に考えていきたい。

2 討議と会派をめぐる問題状況

　二元代表制を採用している日本の自治体において、執行機関に対するもう1つのパワー・センターとして議会（議事機関）が登場するためには、討議こそが重視されなければならない。最初から首長を守る与党だと豪語する議員がいるとすれば、議会の存在意義が理解できないことを明言していることである。

　合議体という性格をいかした討議は、それぞれの政策の意義と問題点とを多角的複眼的に明確にできる。しかし、この討議はそれだけではない。討議することによって合意形成も可能となる。価値観や政策が異なる議員による合意や一致が可能ではないという多元主義的な考え方もある。しかし、それぞれの議会の議決をみればよい。全会一致で決議された案件も多い（提出議案の7〜8割と考えてよいであろう）。議会がパワーセンターとして登場するならば、三重県議会のように、議会が執行機関を拘束する決議をすることも可能である。その場合、全会一致で決議されているものも少なくない。それぞれの価値観を有する議員が、討議を重ねながらもすべてとはいえないがいくつかの領域で合意を形成し、執行機関に対抗する、こうしたことも可能である。

　議会は、地域経営を担うには権限を活用するが、その権限をいかすには、十分な討議を経ることが必要である。そこで、討議の手法と条件について、確認しておこう。まず、討議の手法についてである。一般的には、次の三段階を経ることになる。

① 　問題の共通認識から出発。総合計画の議論では、財政、職員定数・給与といった基礎的情報、また市町村合併でも他の市町村を含めた財政状況、サービス水準、民主主義制度の充実度といった事項に議員同士は共通認識を持つことが必要である。政策のメリット・デメリットの比較も行われる。議員は議会の一員として課題を認識する。

② 　価値観の相違に基づいた対立点の明確化。議員の政治的価値は異なるがゆえに、実現させたい優先順位などは異なる。討議によって、メリッ

トをさらに進め、デメリットを緩和する。相手を打ち負かす技法というより、他者に耳を傾ける心性・態度が必要である。これによって、多数決によってある政策が決まっても、問題があれば早期に発見でき新しい解決策を探ることが容易になる。

③　討議の中での妥協や意見の一致。妥協も日々行われている。実際の議決を振り返れば、意見の一致も珍しいものではない。なお、意見の一致は、両者の意見が統合される場合（環境保護派と経済重視派とが討議を行うことによって環境重視の観光政策を創りだすなど）、あるいは目的は異なるが政策として一致する場合（中心市街地活性化を目指す人と中小企業保護を目指す人が大型店舗規制に賛成するなど）など、いくつかの層がある。

こうした討議を有効なものにするには、条件整備が必要である。まず、議場についてである。議員同士が討議するためには、従来の国会を模写した議場は不適である。機関競争主義を作動させるためには対面式、討議を充実させるためには円形などの採用も必要である。

また、討議には確かに時間がかかる。そのために、通年議会が開催されてもいる（北海道白老町議会、北海道福島町議会、宮城県蔵王町議会など、類似のものでは三重県議会）。閉会中でも委員会は、所管事務調査を積極的に行うことができる。委員会に議案提出権が付与されたのは、委員会の討議を充実させるためでもある。

さて、地方議会が本来の討議の役割を発揮する場合、議会運営にとって会派は必要か、必要だとすればどのような原則に基づき行うべきかという論点が浮上する。

小規模自治体の議会では、会派による議会運営が行われていないところも多い。筆者が議会運営の「コペルニクス的転換」と位置づけている、議会基本条例を制定した北海道栗山町議会の場合は、「会派がないから討議が十分

---

*39　会派は、地方議会のほとんどで活動している。しかし、法律上（自治法）会派が認知されたのはそれほど古くはない。2000年改正で、政務調査費の項で登場したものである（自治法100⑭⑮）。委員会条例でも、標準会議規則でも会派については規定していない。それ以前でも、議員ではなく会派に会派調査交付金が支払われている。議会運営上の会派と会派調査交付金の会派という2種類があり混同してはならない（佐藤・八木編　1998）。なお、地方議会の会派についての状況と問題点、今後の可能性について素描したものとして、（江藤　2007a：104-124）参照。

できた」（中尾修元議会事務局長）と評している*40。会派による拘束は、討議を重視する議会にはなじまないというイメージである。

　しかし、小規模自治体の議会ならば、より正確には議員数の少ない議会ならば可能な会派なき運営が、議員定数が多い大規模自治体の議会でも可能かどうかは、議論が必要である。また、本会議中心主義ではなく委員会制の採用を考慮すれば、原則として会派を前提とする。議員それぞれでは、全体の動向が理解できず、会派に属した議員が各委員会に参加することによって、会派を軸に全体の動向が理解できるからである。しかも、実際には小規模自治体の一部を除いて、会派運営が行われている。そこで、討議という本来の役割を発揮する議会に会派をどのように位置づけるかを考えよう。

3　会派を考える基本的視点

　会派は、会派拘束があるために議員間討議にとっての阻害要素だと簡単に決めつけることはできない。民主主義の進展にともない多様な意見をまとめ上げるための装置として整備されてきたものだからである。国政の議論であるが、憲法と政党の関係では、政党を敵視する段階から、無視、承認と合法化、それに憲法的に編入されるまでの4段階あり（トリーペル）、当初の敵視や無視では政治的現実は把握できない。政治過程において、政党について高く評価するかどうかはともかく、また機能しているかどうかの評価はともかく、現代民主主義は政党を排除しては成立しない。代表制民主制にとって、政党は人類が発見し育成してきたものである。大衆民主主義が進展した国政において、多様な民衆の意向を表出し統合する装置が必要になった。政党の位置づけの転換は、国民代表の理念はともかく実際には政党・会派が議会運営では必要になっていることの歴史的結果である。

　同様に、地方政治レベルでも、多様な意見を持ち多数の議員によって構成される議会であれば、会派が存在することは理解できる。もちろん、単なる仲良しクラブでもなければ、役職を分配する装置でもない。理念や政策が一致する議員が会派を結成することになる。同時に注意すべきは、一般に想定されている政党（国政上の政党）と地方議会における会派とは、民主主義の構成の相違から当然その特性が異なる。これらの留意点を踏まえて地方議会

における会派を考えることにしたい。

　会派は「議院内での活動の基礎単位となる議員の集団で、2名以上で形成できる。単一政党が会派となることも、複数の政党や無所属議員が統一会派を形成する場合もある。この会派勢力に応じて、委員会の委員の割当てなどの議院運営がなされる」（阿部・内田・高柳編　1999）。この定義は、国会の会派を想定したものであるが、少なくない地方議会で一人でも会派を形成していること以外はほぼそのままあてはまる。要するに、小規模議会などは別にして、一般に議員は議会では会派に属しており会派の一員として活動する。議会運営における重要な単位である。

　しかしそれにもかかわらず、実際の地方議会の会派は「幽霊」である。選挙前に政党・会派選挙をやっていないにもかかわらず、選挙後に突然、会派構成が決まる。また、会派代表者会議という非公式の会議で実質的な議会運営の方向が決まる自治体もまれではない。議会人からすればあたり前の会派は、住民から見れば、実体のわからない「幽霊」なのである。

　地域民主主義からすれば、会派は、その意義とともに、議会運営上の大きな課題をあわせ持っている。この理解を基本として、議会運営における会派を考えることにする。とはいえ、地方議会の会派自体が中途半端であることは確認しておくべきである。地方選挙は、政党・会派選挙にはなっていないからである。市町村議会議員選挙では、大選挙区単記制で、政党・会派選挙を想定していない。都道府県議会議員選挙では、選挙区選挙（市および郡（町村））により（公職選挙法15①、改正の可能性あり）、地区代表と住民代表（人口比）という2つの特徴を帯びている。比例代表制でも、小選挙区制でもなく、政党・会派選挙にはなっていない。曖昧な選挙制度の下で会派が結成されていることに留意したい。つまり、会派を制度化する条件が曖昧なまま、多数の議員によって構成されている議会の運営上の理由により会派制が実践されている。中途半端な制度といえる。

---

*40　議会の合議体の特徴を強調しているが、住民から隔離された議員による合議を肯定するものではない。本書全体で強調する「住民と歩む」にはその意味を込めている。

4 地方議会における既存の会派の問題
——水面下の取引の単位からの脱却

　地方議会における会派は、実際の機能では、「与党」として首長を創りだし、「野党」として首長を批判し、また役職者の割り当てを行う単位として活動している。共通の利害と理念を有する政策集団として活動するといったことはそれほど重視されていない。

　政策を分析することなく「与党」「野党」として活動することは言語道断である。また、役職者の割り振りも住民に開かれた議会からすれば問題も残る。これらの機能は極力排除すべきである。これらの機能は、公開ではなく水面下で行われることがほとんどだからである。会派代表者会議の設置は、このことを証明している。

　議会の政策立案能力の低さを問題にする論調に対して、いわゆる事情通は会派による事前の「要望」が首長から提案される議案では考慮されており、したがって「要望」は政策形成過程に影響を与えているという[*41]。たしかに、議員による条例案提出数の少なさを根拠にして、議会の政策形成能力の低さを証明することにはならない。その「要望」だけではなく、代表質問や一般質問も政策形成には影響を与えている。代表質問や一般質問ならば公開の場で行われることでその意味を高く評価してよい。しかし、水面下による「要望」は、裏取引とみなされる。議会は、公開を原則としている。水面下の「要望」の効果をことさら強調する議論は、議会への「死亡宣告」（C・シュミット）を再現することになる。

　政策集団としての会派であっても水面下で活動することが多いのであれば、議会本来の役割を発揮していないことになる。会派は、概して次のように行動する（表4-1参照）。

① 会派内討議＝水面下0水準　政策に基づいた会派であっても、議員間には意見の相違がある。政策を討議し提言をまとめ上げるには、議員同士の議論が必要である。会派内討議は、一度方向を出せば突き進むというイメージではなく、委員会討議を踏まえてその方向を修正することも可能な場として位置づける必要がある。これは議会の討議を活性化、つ

表4-1　議会における会派の活動の実際と今後の方向

政策過程	意義あるいは役割	問題点	今後の方向
[水面下0水準] 会派内討議	政策に基づいた会派であっても、議員間には意見の相違がある。政策を討議し提言をまとめ上げるには、議員同士の討議が必要である。これは会議の討議を活性化、つまり十分な討議をするための前提となる。	「長老議員」による押しつけもある。しかし、これでは政策に基づいた会派とはならない。	本会議や委員会での討議を効率よく運営できる。議会における討議の活性化に役立つ。最初から拘束というのではなく、委員会での討議を踏まえて修正もありうる。
[水面下第1水準] 会派による首長・行政への要望	会派として要望を首長に提出する。これによる政策の実現は、会派から見ればその実力を発揮したことになるのだろうが、住民にはほとんどわからない。	こうした水面下といえども恒常化したもののほかに、首長に近い会派と首長や行政職員との密接な関係もある。住民から切断されたところには、「馴れ合い」体質が生まれる。	2つのうちどちらか、あるいは両方 ①代表質問・一般質問で行う。 ②公開で首長と会派との意見交換会を開催する（条例や規則で位置づける）。
[水面下第2水準] 会派間調整（会派代表者会議）	議会運営委員会が法制化されていないときに、議会の運営を調整していた。議会運営委員会が設置できるにもかかわらず、いまだに会派代表者会議を設置しているのは、議会運営委員会に少数会派を参加させるためであるという理由がある。	少数会派を尊重しようという意欲は理解できるが、水面下で行う意味は薄い。	2つのうちどちらか ①会派間の調整には議会運営委員会がある。政策については、常任委員会・特別委員会で切磋琢磨し調整してよいはずである。 ②条例や規則で明確に位置づけ公開する。
[公開] 本会議委員会	「公開と討議」という本来の議会の役割を発揮させる。	質問の場に化している。委員会は公開されていないところも多い。	協働型議会の実現
[水面下第3水準] 全員協議会や委員会協議会	事前に議案内容を知りたい、あるいは所属委員会以外の案件も知っておきたいという議員の意向もある（行政側からすれば事前に議員の感触をつかんでおきたい）。「与党会派」でも質問できる。議案以外のものも対象とできる。	公開の場ではないところで実質が決まる（「全協（全員協議会）で確認したように」などの発言が出されることもある）。	2つのうちどちらか ①本会議や委員会で行う。 ②条例や規則で明確に位置づけ公開にする。

注1：会派は、政策集団としての会派を想定している。「仲良し」グループを会派としては想定していない。
注2：会派内討議を、水面下0水準としたのは、会派である以上、会派の意思を示すためには、会派内討議が必要である。「水面下」という用語は、否定的消極的ニュアンスがある。それをやわらげる意味で、0水準とした。

---

*41　兵庫県知事をしていた貝原俊民は、会派からの「政策提言あるいは予算編成上の申し入れ」（政策提言486件、予算の申し入れ1260件、2006年度）があり、政策立案ともかかわり、それが実際に反映されたかを考慮し、会派は知事候補者を選定するという力を持っていると指摘している。つまり、「申し入れに対する現職知事の対応の仕方ということをつぶさに点検した上で、次期の候補者を選択する」（全国都道府県議会議長会編集　2007：13）。

まり十分な討議をするための前提として後に再度振り返ることにしたい。

② 会派による首長・行政への要望＝水面下第1水準　会派として要望を首長に提出する。これによる政策の実現は、会派から見ればその実力を発揮したことになるのだろう。しかし、この活動は住民にはほとんどわからない。こうした水面下といえども恒常化したもののほかに、首長に近い会派と首長や行政職員との密接な関係も創りだされる。住民から切断されたところには、「馴れ合い」体質が生まれる。

③ 会派間調整（会派代表者会議）＝水面下第2水準　会派代表者会議は、議会運営委員会が法制化されていないときに、議会の運営を調整していた。議会運営委員会が設置できるにもかかわらず、いまだに会派代表者会議を設置しているのは、議会運営に少数会派を参加させるためという理由もある。少数会派を尊重しようという意欲は理解できるが、水面下で行う意味は薄い。

④ 公開（水面下ではない）　「公開と討議」という議会本来の機能を発揮する。

⑤ 全員協議会・委員会協議会＝水面下第3水準　全員協議会や委員会協議会もある。事前に議案内容を知りたい、あるいは所属委員会以外の案件も知っておきたいという議員の意向もある（行政側からすれば事前に議員の感触をつかんでおきたい）。「与党会派」でも質問できる。議案以外のものも対象とできる。公開という議会の特性が蝕まれることが多い。この場合には、事前審査との関係が問われることになる。

このような不透明な水面下での運営は住民を議会から遠ざける[*42]。「与党的な」会派と「野党的な」会派の執行機関への要望は、主要には議場で行えばよい。会期制を採用しているために無理だという声も聞こえてきそうであるが、何が主で何が従かを考えてほしい。どうしても必要であれば、首長と会派の意見交換会を公開で行えばよい。会派間の調整には議会運営委員会がある。政策については、常任委員会・特別委員会で切磋琢磨し調整してよいはずである。議会運営委員会や常任委員会の運営の再構築が必要であろう。それでもなお、会派代表者会議が必要だと議会が認識するのであれば、議会規則に明確に位置づける必要がある。地方自治法でも可能になった（自治法

100⑫)。

5　地方議会における会派間の討議の意義
——公開の場で議論する政策集団へ

　現実に会派は、公明党や日本共産党といった政党会派および、都道府県や大都市で政策論争を行っている議会は別にして政策とはほとんど関係のない仲良しグループなのが一般的である。それにもかかわらず、共通の利害と理念を有する政策集団として登場するのであれば、議会のパワーアップにつながる可能性もある。政策議論を中心に会派が形成されるのであるから、議会の討議を活発化する可能性があるからである。

　会派による政策論争の意義を確認しておこう。住民の意見＝民意が最初から形成されていて、それを議員が代表する場合もある。しかし、代表民主主義である議会や首長は、住民から信託されるだけではなく、住民の意見を創りだす役割がある。すでに指摘したように、代表者が住民に呼びかけることにより、住民は「代表される側として形成される」場合がある（杉田2006）。渾沌とした住民の見解に対して、議員の討議が対立軸を示すことによって、民意が形成されることである。議会における討議が、潜在化している住民の意見を顕在化・表面化させるのに役立つのである。

　地方議会でも、議会の討議によって住民に対してそれぞれの見解の意義や問題点を知らせ、対立点を明確にさせるとともに、そのことによって住民の意見を創りだす効果がある。

　こうした議会の議論を活発化するためには、会派内の討議の活発さが前提となる。会派が持つ政策・提言の優位さを確認することになることはいうまでもない。それ以上に重要なのは、会派内調整を行うことによって、議案をめぐる議会での討議は、論点が明確になることである。つまり、類似の意見は会派内調整でろ過される。議会の会期が限られているために、そのろ過された意見を持つ議員同士の討議となる。重要な論点が浮上するとともに、論

---

*42　全員協議会や会派代表者会議など法定外の会議、したがって公開されない会議にも、30都道府県が出席議員に日当や交通費といった「費用弁償」をしている。2005年度の支給総額は約2400万円だった（『朝日新聞』2007年5月28日付）。

点が絞られるという効果がある。水面下での会派内の討議は、議会の討議を活発化する意味でも重要である。もちろん、「長老」が牛耳る会派も、政策なき会派も想定しているわけではない。

議会における会派による討議の重要性を指摘したとしても、会派による対決型の議会運営を想定しているわけではない。合議制を重視する議会からすれば、会派がその政策をゴリ押しするとすれば会派はむしろ合議にとっての「障害」となる。共通の利害と理念を有する政策集団でありながら、政策のゴリ押しをするわけではない、いかにも矛盾した会派イメージの現実性について以下検討しよう。

6 会派と討議
――ローカル・マニフェストと会派拘束

政策集団としての会派がありながらも議会の討議を重視することを考える上での論点は、とりあえず2点ある。1つは、選挙公約と議会における討議との関係である。ローカル・マニフェストを提出している議員や会派も増加している。従来のような政策なき選挙にくらべれば大きな前進である。マニフェストを厳格に理解すれば、議員によるマニフェストの提出は不可能であるという解釈もある。しかし、国政のマニフェストとローカル・マニフェストを別のものとして理解する。国政のマニフェストは、政権公約と訳されているように、そのマニフェストは政権と直結する。しかし、ローカル・マニフェストのうち首長のものは、政策実現と直結する場合もあるが、議員の場合は直結しないものも多い。議員個人のマニフェストはもとより、多数派に属する議員のマニフェストであっても、その実現が保証されているわけではない。それにもかかわらず、現状において地方選挙を活性化している。

ローカル・マニフェストによる投票は政策による論争を生み出すとともに、首長や議員を拘束することになるからである。議会には法令上執行権も予算の調製（編成）権・提案権もないことを踏まえながらも、議会が有している権限を活用することはできる。数値化は困難ではあるが、条例の制定などの方向づけは可能だからである。

ここで議会の討議の重視とローカル・マニフェストとは矛盾するように感

じる。しかし、そもそもローカル・マニフェストによる選挙は、「おまかせ民主主義」を是認するものではない。さまざまな状況の下で新たに噴出する問題を争点化する役割を議員は担っている。そうした争点を討議することはまずもって可能である。

　それ以上に重要なのは、ローカル・マニフェストを相対的に理解することである。マニフェストというと、実現しなければならない目標だと理解されている。しかし、状況の変化（三位一体改革など）によって、ローカル・マニフェストは修正されなければならないこともある。さらに、討議によって問題点が明確になり別の政策のほうが住民にとって利益になることがわかれば、遮二無二ローカル・マニフェストの目標を実現する意味はない。討議によって、修正を加える柔軟な姿勢こそ（自由）民主主義にとって必要不可欠なものである。もちろんその場合でも、ローカル・マニフェストの根幹にかかわるテーマの修正はより慎重になされるべきである。また、ローカル・マニフェストの修正にあたっては有権者に対して説明責任が求められる。

　政策集団としての会派がありながらも議会の討議を重視する論点のもう1つは、会派による拘束についてである。共通の利害と理念を有する政策集団というと、国会で活動する政党（正確には会派）を想定するだろう。政党が促進する政策は最初から決まっておりそれを実現することに専念している。閣法（内閣が提出する法案）は、閣議決定する前に与党の了承をえなければならず（事前審査）、その了承には党議拘束がかかる。議員は、すでに規制の路線で議論しなければならない。与党と野党の対決型運営となる。

　こうした対決型は会期が限られていることにもよるが、スムーズに議会運営を行いたい行政の意向にも沿っている。一般に党議拘束が強いといわれる議院内閣制を採用しているイギリスでは、内閣主導で決定された案件が議会に提出されると、閣僚職である院内幹事が議員を説得して回る。党議拘束のかけ方は、案件によって強弱がつけられる。ドイツでは、比例代表制なので政党の拘束が強いように思われるが、各議員の自由な討議が行われた後で、表決を前に党議拘束をかけるかどうかの議論が行われる。大統領制だけではなく、議院内閣制であっても政策議論はできる。むしろ、日本の国会が「異常」なのである（岩井　2002：65）。党議拘束のかけ方の問題である。

　ある程度の政策や理念の共通性を持っていることは必要ではあるが、最初

から会派拘束をかける必要はない。むしろ、さまざまな意見を踏まえてよりよい合意を目指す討議にこそ議会の神髄はある。そうだとすれば、自由な討議を行いながら、それを会派で最終的に調整し、会派の見解を一致させる必要がある。会津若松市議会や三重県議会は、議員同士の討議を重視した議会運営を行おうとしている。実際に、討議を重視する議会の会派は討議の中で「溶解している」（目黒章会津若松市議会議員）。

7　会派と首長との距離

　会派が政策集団として議会に登場すれば、当然首長との関係が問われる。もちろん、二元代表制なので議会は議会として首長に対峙しなければならない。議院内閣制のように機関協調主義ではなく、機関競争主義といわれるゆえんである。しかし、議会はつねに一致して首長に対応するわけではない。政策決定も全会一致制をとっているわけでもない。政策集団としての会派は積極的に自らの政策を実現するために活動している。

　そこで、会派は地域政策を提起し決定し監視する。会派が独自に政策提言をする場合は、すでに指摘したように公開が必要である。首長からの提案の場合、首長の政策とのスタンスが問題になる。典型的には、首長と近い政策を実現したい会派（政策類似派）、まったく別の政策を実現したい会派（政策対立派）、そして、それらの中間で、ある分野では首長に近く、ある分野では首長とは異なる政策を実現したい会派（政策便宜派）、これらが想定できる。もちろん、首長の政策に最初からしかもすべてに賛成、あるいは反対ということはありえない。また、任期途中で噴出する論点にも最初から賛成、あるいは反対ということはありえない。

　それぞれの会派の政策に沿って論戦を行えば、首長の公約（ローカル・マニフェスト）を促進する会派（政策類似派）、反対する会派（政策対立派）、分野によって異なる中間派（政策便宜派）となる。これはもちろん政策を有する会派としての判断である。政策もなく、賛成するのは「首長を守る与党だから」、あるいは反対するのは「野党だから」という感覚ではない。これでは従来の政策なき議会に戻ってしまう。あくまで政策を中心に判断する会派が必要である。

その際、首長との異なったスタンスをそれぞれ採用することになる。政策類似派は、首長の公約と会派の政策が類似していることにより、積極的に政策を進める。それぞれの事業をより合理的効率的に推進する視点から活動する。それに対して、政策対立派は首長の公約が住民のためにならないこと、別の政策がより住民のためになることを訴えながらも、首長が提案する政策の実現にあたっての監視の役割も担う。政策便宜派は、政策ごとにそれぞれのスタンスを採用する。

このような指摘は、従来の「与党」「野党」を想定する議会運営と変わらないと感じるかもしれない。しかし、それぞれの会派は、選挙における応援ではなく政策を根拠に首長の政策とかかわる。まさに、消極的な転換だけではなく、次のような政策型へのより大きな転換がある。

1つは、政策を基礎とした会派であることによって、住民にその政策を訴え、住民の意向を踏まえて会派は議会で提案できる。政策を媒介することによって議会は合議体という役割をより発揮できる。類似派にせよ対立派にせよ、さらには便宜派にせよ、住民の意向を踏まえた政策を基軸にしながら議会で論戦することになる。その討議を踏まえて首長サイドは政策を豊富化すればよい。

もう1つは、公約にはない、あるいは公約では順位として低いが重要になった問題を争点化するのは合議体としての議会の役割である。住民の意向を素早く察知する役割は、執行機関への住民参加が充実しているとしても重要である。住民は多様である。行政が審議会委員に充て職として委嘱している「行政から見える住民」、公募制やパブリック・コメントなどに積極的に応じる「もの申す住民」、そして通常はお任せしている「サイレント・マジョリティとしての住民」。これらの3つの層の住民それぞれも多様な意見を有している。こうした住民の意向を顕在化表面化させるとともに、調整するのはやはり議会の役割となる。

そして第三には、地域政策の選択は量や早さにかかわることも多い。地域政治の争点は地方分権によって多様で広範囲なものとなる。すでに指摘したように、それでもゼロサムで二者択一に収斂する争点、具体的には外交や妊娠中絶、ポルノ規制、死刑廃止など基本的人権に関わる争点は地域政治の争点とはなりにくい。地域政治では、量的あるいは時間的な（優先順位）争点

をめぐって争われることが多い。そこでは、二者択一の争点は後影に退き、量的な争点が浮上する。マスタープランや優先順位や予算規模などが争点となる。もちろん、迷惑施設などの施設の配置、市町村合併などの二者択一の争点は存続し続ける。とはいえ、地方政治の争点では、討議による合意に至るかどうかはともかく討議の可能性は高い。

　政策に基づく会派は、首長の政策との距離もおのずと決まってくる。政策に基づく会派だからこそ、首長の提出案件について最初から賛成、あるいは反対の立場はありえない。会派は問題を発見するとともに、それぞれの立場から多角的複眼的に問題を分析し決定できる。

8　全国政党と地方議会の会派

(1)　全国政党と地方議会の会派の関係

　討議を重視する議会は、政策に基づく会派を十分に抱え込むことができることを確認してきた。最後に、地方議会の会派と全国政党との関係について考えておきたい。中央集権時代には、国政の系列での政党配置になる。しかし、地方分権にともなって、国政は国政の争点、地方は地方の争点がある。地方それぞれも地域によって異なった争点がある。

　そうだとすれば、地域の政策を争点化する地域政党（ローカル・パーティ）が登場してもよい。実際に1990年代半ばから各地でさまざまな地域政党が選挙に登場し地方議会で活動している。

　しかし、地方分権時代の地方の政党は、全国政党とは異なるべきだとも簡単にはいえない。たしかに、地方分権時代、全国政党の下部機関であっては、地域それぞれの問題を政策化し争点化することは困難である。それでは、全国政党の中央の政策を実現するだけのものとなるからである。地方分権時代には、地域ごとの争点化が必要である。

　とはいえ、全国政党の党員が、地域で活動すべきではないというのは現実的ではない。全国政党の地域支部で活動している人は、政党員であろうと支援者であろうと、地域のリーダーであることは事実である。同一人物が全国政党のために活動するとともに、地域でも積極的に活動しているからである。

住民も、たとえば甲府市に住み甲府市政をよくするために活動するとともに、山梨県政、さらには国政をよくしようと考え活動しているはずである。こうした3つの舞台の争点は異なっているが、それぞれの権限を意識してそれぞれの舞台で活動することになる。
　このように考えれば、全国政党と異なる別のローカル・パーティの設立を進めることも理解できるし推進したい。とはいえ、全国政党と重複する人々の活動や会派を無視するわけにもいかない。そこで、全国政党を母体とした会派は当然ありうる。しかし、全国政党とまったく同様な会派は、地方分権にはなじまない。かりに、全国政党の名称を活用する場合でも、支部ではなく、たとえば山梨〇〇会（クラブなど）というのが実際には適している。

(2) 地域政党の行方

　地域政党（地方政党）は、それほど新しいものではない。老舗である「沖縄社会大衆党」や「神奈川ネットワーク運動」を想定すればよい。また、1995年統一地方選挙で地域政党が広範に議席をとった。都道府県議会レベルだけを例示すれば、神奈川ネットワーク運動をはじめ、市民新党にいがた、いきいき新潟をつくる県民連合、21世紀をめざす県民連合（滋賀県）、新政会（京都府）、府民の会（大阪府）、福岡県農政連、である。その後も、「杜の市民・県民会議」（宮城県、99年発足）、「市民連合かわさき」（川崎市、99年発足）、「ヴォイスいちはら」（市原市、98年発足）、「農民連合・近畿」（京都府、95年発足）が設立されている。さらに、地域政党と全国政党との関係を模索する動きもある。地域政党を尊重することを前提に、神奈川ネットワーク運動は全国政党所属候補者を推薦し、応援した。いわゆる「政治契約」である。1998年参議院議員選挙では、神奈川選挙区で民主党候補と社民党候補を推薦した。
　このように、1990年代に地域政党設立の動きが加速してきた。これら地域政党は、恒常的に議席を獲得してないものもある。
　今日、再び地域政党が脚光を浴びている。2011年統一地方選挙は、地域政党再生の年といえよう。従来型の地域政党のバージョンアップもあるが、今日脚光を浴びているのは、従来とは異なる地域政党である。
　従来の地域政党は、3つの傾向がある（松谷　1998：209）。沖縄社会大衆党

にみられる地域土着型ローカルパーティ、神奈川ネットワーク運動などにみられる代理人運動（生活クラブ生協型ローカルパーティ）、そして、さまざまなオルタナティブ政党志向型ローカルパーティである。これらは、全国政党とは距離をおくとともに、地域に即した政策を実現すべく議会を中心に活動しているといえる。機関競争主義の作動という視点で見た場合、主題的に明言しているかどうかはともかく、それを否定してはいない。首長が地域政党をつくることはまったく想定されていなかった。

　今日出現している地域政党は、従来のものとは大きく異なる。全国政党と距離をおくことは、地域政党という名称から想定できるように継続している。県議や市町村議を構成員とする「地域政党いわて」（2010年発足）は、従来型の地域政党のバージョンアップといえる。しかし、最近発足した多くの地域政党は、首長が自らの政策実現のために地域政党をつくる。したがって、その地域政党は首長支援を目的に議会運営を行うことになる。大阪府の「大阪維新の会」、名古屋市の「減税日本」、松山市の「松山維新の会」などである。

　すでに検討した議会内閣制の制度化以前でも、運用で首長主導型を目指す運動である。こうした首長が地域政党を結成すること自体、機関競争主義とは相容れない発想である。追認機関としての議会を再び創りだそうという宣言でもある。従来批判されてきた「総与党化」の制度化である。国政の議院内閣制を地方政治でも再現しようという発想である。地方政府において議院内閣制も地方政府形態の1つであることは理解できる。しかし、憲法も想定しているわけでもない。また、その変種である議会内閣制であってもそれに適合する選挙制度にはなっていない。議会の重要な機能である「公開と討議」を軽視する議論へとつらなっている。今日台頭している首長がつくる地域政党は、機関競争主義を作動させるものではない。

　地域課題の争点化をめざし実現する上で、地域政党の結成は重要な契機の1つである。その意味でその結成を高く評価してよい。1つであると指摘したのは、すでに述べたように、地域政党だけが地域を担うわけではないからである。同時に、地域政党は住民自治を推進するために機能しなければならない。このように考えると、首長主導による地域政党設立、そしてそれと連動した首長主導型民主主義の台頭は、機関競争の側面だけではなく、日常的

な住民参加や討議の軽視につらなるという点で問題を内包している。

　とはいえ、首長主導型の地域政党が議会に議席を獲得し、時には多数派となることもあろう。その場合でも、地域政党所属議員が、単なる首長応援団として活動することになれば、自らの議員の役割を放棄したことになる。「政策類似派」でも、しっかりと首長を監視し、別の手法を公開で討議すべきである。その議員は、議会人として活動する責任、住民への説明責任を有している。地域政党の設立は理解できるとしても、それを住民自治の中に組み込まなければならない。

9　自治推進のための緊急な研究課題の1つとしての会派

　三重県議会は、都道府県議会レベルではじめて議会基本条例を制定した[*43]。会派を前提としつつも（三重県議会基本条例5）、議員同士の自由討議を重視する。しかも、単に会派間の意見の対立点を鮮明にするというよりも、合意を形成するところにその目的はある。「議員は、議員間における討議を通じて合意形成を図り、政策立案、政策提言等を積極的に行うものとする」（同15②）のである。議会改革を先駆的に行っている議会が、会派を前提にしながらも合意を目的とした討議を重視することは、今後の議会のあり方を検討する上で興味深い。

　今後の議会の活性化を考える上で、研究が遅れているが非常に重要な、会派について検討してきた。ここで、検討した論点の他にも会派についての検討事項は残っている。たとえば、会派は選挙時になにも語られないにもかかわらず、議会が開催されれば登場する不思議な存在である。議員選挙では政党・会派選挙は行われておらず、当選者がどの会派に入るかは選挙前にわからないことが多い。政策形成上だけではなく、選挙時においても極めて不透明な存在となっている。

　議会に存在している重要な会派について、議員と研究者が研究を進めることが、真摯に議会改革に取り組んでいる議員のためにも、また住民のためにもなると考えている。

[*43]　三重県議会基本条例の意義については、岩名・駒林（2007）、三重県議会議会改革推進会議（2009）、参照。

第5章

議会事務局の充実手法

―― 「議会事務局職員調査」を素材として

1 車の両輪としての議会と事務局

　地方分権時代には、いままで以上に議会が重要な役割を果たさなければならない。機関競争主義の一翼を担う議会の役割の重要性を再確認することが必要である。徐々にではあれ、議会改革は広がりつつある。

　それにもかかわらず、議会費は、一般会計における割合で0.6％程度である。機関競争主義といっても、それでは執行機関にはとても太刀打ちできないといえよう。今日では、議会費の増額による議会の充実とは逆の方向に進み、議員定数の削減と議員報酬の削減が蔓延している。議会は、こぞって定数削減、報酬削減を争っているように思われる。議会改革は、行政改革と同様の論理では語れない。執行機関の行政改革は、公的サービスを効率よく提供することにある。地方議会は、議事機関である。正統に選挙された議員によって構成された唯一の合議体である。

　執行機関とは異なるもう1つのパワー・センターとして活躍できるようにすることこそが議会改革である。このことを十分意識した議会改革が今日必要である。こうした議会を支援する制度は、現状では不十分だといわざるをえない。政務調査費や報酬の議論も必要になるだろう。最も重要な論点の中には、議会事務局の充実がある。

　議会改革をリードする県議会の議会事務局職員から、議会事務局と議会との関係を示唆した指摘があった。議会と執行機関との関係が「車の両輪」といわれていることに対してのコメントである。「いままでは前後の両輪、こ

れからは左右の両輪とあり、これはこれで賛成なのですが、本当に車の両輪か？　という根本的疑問があります。それは、私が県議会事務局に来て議会改革に関係するようになってから、車の両輪は、議会と知事ではなく、『議員と議会事務局』だと思えるからです。それは、政策によっては知事が左に、議会が右にハンドルを切る場合もあるし、両者がともに一緒のスピードとは限りません。特に本県の場合は、議会が前へ進んでいる場合が多いのです。知事と議長がともにハンドルを切り、車は1台ではなく2台であるのではないか、という感じです」。

　議会改革の充実は、議会事務局の充実をともなわなければならない。名実ともに、議会と議会事務局は「車の両輪」として動くことが必要である。議会事務局の充実は議会力アップには欠かせない。議会改革を進める議会のトップランナーには、必ず意欲ある議会事務局長・職員がいる。そこで、議会と議会事務局の強いスクラムを普遍化できる手法を考えたい。

　もちろん、議会事務局の役割は重要になっているにもかかわらず、それを充実させることは、財政危機の中では困難である。また、議会独自の議会事務局職員を採用したり、都道府県ごとなどで一部事務組合等を設置し、そこで議会事務局職員を採用し、それぞれの議会に配置するといった制度改革は、常に提案されている。このことは承知の上で、これらが制度化される以前でも可能な議会事務局体制のあり方を考えたい。議会機能の充実にとって不可欠な議会事務局の現状と課題を、議会事務局職員の意識を踏まえて、探ることにする[*44]。

　結論を先取りすれば、執行機関と一緒になった職員定数管理下のローテーションで淡々と働く職員だけではなく、議会事務局にやる気を感じ、執行機関に戻らなくてもよいという職員が少なくないことが発見できる。さらに、ローテーションの下での議会事務局職員の配属によって、新鮮で有効な情報は議会に入る一方、最終的には議会側ではなく執行機関側につくといった一般に流布されている事務局職員の行動の評価は、妥当であるともいえるが妥当ではないともいえる。したがって、一般化は乱暴であること（同意と非同意はほぼ同数）も確認できる。これらの確認から、現行制度の下での議会事務局の充実手法を提案する。

2　議会事務局の現状と課題
──二元代表制の一極にはなれない議会

(1) 軽視されてきた議会事務局

議会事務局は、議会活動にとっての不可欠な条件である。それにもかかわらず、法制度上も実際上も十分であるとはいえない[*45]。

地方自治法では、「都道府県の議会に事務局を置く」ことになっているが（自治法138①）、市町村では「議会に条例の定めるところにより、事務局を置くことができる」というように、任意制である（同②）。自由度は高められるべきではあるが、議会事務局は、議会と一体的なものだという認識を持つべきである。

事務局の人事権は、「事務局長、書記長、書記その他の職員は、議長がこれを任免する」というように、議長にある（同⑤）。また、「事務局長、書記長、書記その他の常勤の職員の定数は、条例でこれを定める」（同⑥）と独自の定数管理も可能である。しかし、一般に執行機関を含めた定数管理の中に入っているとともに（職員定数条例）、執行機関の職員のローテーションの一環に位置づけられている。議会事務局職員としては速記者の採用以外、

[*44] 筆者は、市町村議会事務局職員と都道府県議会事務局職員を対象にして、無記名アンケート調査（「議会事務局強化のためのアンケート」）を行った。郵送回収である（調査期間：2008年1月16日〜3月31日）。①調査手法は以下の通りである。全国都道府県議会事務局職員には、各課（室）のほぼ中堅を1名ずつ選定するように各都道府県議会事務局長に依頼した。議会事務局職員2063名（職員定数）から各課（室）の総計161名は、全国都道府県議会事務局職員数全体（定数）の7.8%である。市町村については、東京都市議会事務局職員一般研修会（2008年1月16日）に参加した43名（25市、次長・係長・主任等幅広い役職）、および立川市議会（10名）、多摩市議会（9名）、甲府市議会（11名）の事務局職員全員（30名）、さらに山梨県町村議会の各事務局職員（35名〈併任を含む〉）を対象とした（109名）。したがって、サンプル数270となる。②回収数は以下の通りである。都道府県議会事務局職員は107（回収率66.5%）、市町村は85（78.0%）である。全体としては192（71.1%）である。③自由回答欄を、議会改革のさまざまな手法の評価について、および「早く執行機関に戻りたいか」を問うた後に設置している。多くの方の指摘があった、設問と選択肢が理解できるように解説している。自由回答欄は、本書の末尾に掲載している。

なお、本調査では、本章の議会局のローテーションへの評価等の設問のほか、議会改革手法の評価についても同時に聞いている。結論だけを論じれば、議会機能の充実には、議会事務局の充実が不可欠である。幅広い層が議員活動できるための制度の環境整備は、最も重要な改革課題である。同時に、専門的知見の活用、議会事務局職員の定員増、政務調査費の交付、議長の人事権の強化、議会図書室の充実、といった議会事務局、およびそれにつらなるものは改革にとって重要である。なお、報酬の増額は、必要条件とはいえない。

本章で活用した調査票や、自由回答欄（豊富な指摘）などを含めた詳細な検討は、江藤（2009b）、参照。

[*45] 議会事務局の現状の紹介と改革の提案としては、次のようなものがある。野村（1993）、加藤（2005：第5章、1998、2000）。なお、全国市議会議長会（2006）には、議会運営についてはわかりやすく書かれているが、議会事務局についての記載はない。

新規の独自採用は皆無である(最近では速記者採用もなくなっている)。

議会事務局の実際について確認しておこう。すでに指摘したように、都道府県は必置制であるが、市町村は任意制である。都道府県と市議会はすべて設置している。町村では、未設置は8町村である(0.8%、全国町村議会議長会『第54回町村議会実態調査結果の概要』2009年1月)。未設置は、徐々に少なくなっている。

議会事務局職員数は、都道府県議会では平均40.8人で、議員1人当たり0.70人である(表5－1)。議員定数と事務職員定数が同数(以上)なのは東京都議会だけである(議員1人当たりの職員数1.00、2007年7月1日現在)。市議会は、平均8.5人で、議員1人当たり0.28人である。町村議会では、平均2.3人で、議員1人当たり0.15人である。

表5－1　議会事務局数の現状　　　　　　　　　　　　　　　　　(単位：人)

	議員数	議会事務局職員数	議会事務局職員数(平均)	議員1人当たりの職員数
都道府県議会	2,758	1,918	40.8	0.70
市区議会	24,640	6,792	8.5	0.28
町村議会	15,991	2,382	2.3	0.15

注：議員数は、定数ではなく実数である。
出所：第29次地方制度調査会専門小委員会提出資料(総務省「地方公務員定員実態調査」、2006年4月1日現在)。

都道府県議会事務局では、総務課や議事課のほか、ほとんどのところで調査課(政務調査室・政務調査課)が設置されている(議事調査課(それに類似した議事課と調査課の合体)は12県、2010年7月1日現在。なお、三重県議会は調査課ではなく、企画法務課を設置している(毎年衆議院法制局に出向)。調査だけではなく、政策法務を重視して執行機関と対抗しようという姿勢が現れている。

市町村議会事務局職員数では、議事や庶務などの仕事以外の活動、たとえば調査、政策法務といった活動は困難をともなう。なお、町村議会事務局は監査事務局や監査委員事務局を兼務する場合も多い。

議会事務局職員の人事権は議長に属している。とはいえ、その職員の採用

は、執行機関職員として採用された者の中から、執行機関の人事のローテーションの中で配属される。都道府県議会事務局職員の在局期間を参照すれば、最も多いのは、「3年未満」(65.5％)となっている（表5-2参照）。市町村議会議員の場合、もともと事務局内の移動は都道府県議会と異なり、ほとんどない。また、速記業者への委託などにより、速記者の採用はなくなったこともあって、長期在局者は多くはない。なお、執行機関の人事のローテーションの中で議会事務局職員に何度も配属される職員もいる。その場合、「長期」の在局になることに留意されたい。この「長期」在局者の姿勢と活動によって議会運営は大きく変わる。

表5-2　都道府県議会事務局職員の在局期間（2007年7月1日現在）　　（単位：％）

	3年未満	3年以上－5年未満	5年以上－10年未満	10年以上－15年未満	15年以上－20年未満	20年以上	計
構成比	65.5	15.7	9.2	3.6	1.6	4.4	100

出所：全国都道府県議会議長会『第11回都道府県議会提要』2009年1月。

　こうした議会事務局職員の現状から、改革課題が提起されている。職員定数の増員、政策法務担当者の配属、といった質量にかかわる提案である。これらの提案については、財政危機の現状で、執行機関の職員定数の削減が推進され、議会事務局職員の増員は不可能とはいえないまでも困難である。現実的な制度改革が望まれる。

　また、議長の人事権が実際に作動されない中で、議会を支援する議会事務局職員として育つかどうかの論点が浮上する。職員からすれば、執行機関職員として働こうとしたにもかかわらず配属されたという意識、あるいはローテーションの中の単なる1つの部署として働くという意識になることは、当然である。新鮮で有効な情報が議会に流れるとはいえ、「みずからが提供した情報で執行機関が質問質疑等で苦境に陥ることを予見できるときは、自己抑制が働く」のではないかともいわれる。ここから、議会独自の採用が想定できるが、人事の停滞を招きやすい。その場合、保険や年金制度も未整備である。そこで、複数の議会によって共同設置した機関（一部事務機関等）で

の採用と、そこから各議会への出向により解決させようとする制度改革も提案されている。機関競争主義の作動から考えても当然の提案ではある。とはいえ、この「自己抑制」という見解はどの程度妥当なのであろうか。共同機関の設置が提案されていても、それが実現しない状況下で、現状を踏まえた改革を考えることも必要である。

　こうした、議会事務局の現状と改革論を念頭におきつつ、現行の人事制度への評価、これを踏まえて議会事務局制度の問題点と課題を考えることにしよう。

(2) 議会事務局の役割の転換

　自治を担う議会の支援が議会事務局の役割であることは当然である。その議会の役割が変われば、議会事務局の役割も変化する。自治型社会の時代にあっては、議会の役割は大きく変わるし、それを意識した議会は、住民と歩む議会、討議する議会、執行機関と切磋琢磨する議会、に変わりつつある。これに適した議会事務局の役割を確認することが必要である。

　従来は、議事運営にあたる議事機能と、議員報酬、福利厚生事務、管財事務などを扱う総務機能、それに議案などの調査（補佐）機能、といった機能が議会事務局には必要であった。都道府県議会のように、議会事務局職員が少ないとはいえ、相当数いる議会では、それぞれの機能に課を配置している。一般的なのは、総務課、議事課、調査課、図書室（兼務がほとんど）といった機構となっている。市議会の場合、総務課と議事課とともに、調査課が設置されるところもある。町村議会の場合、人数も少ないこともあって、すべての業務を担わなければならないというのが現状である。こうした組織編成もそろそろ議会改革や議会事務局改革にともない徐々に変更になるであろう。

　議会は大きく変わりつつある。それに適合した議会事務局の改変も行われなければならない。総務機能と議事機能中心の議会事務局からの転換である。住民と歩む議会には、積極的に住民の声を聞く議会の制度と運営を創りだすとともに、議会事務局が議会と住民とをつなぐパイプ役を担うことが必要になる。討議する議会には、議事をスムーズに進めるプロとなるとともに、従来の議事運営とは異なる議事運営を行う際の会議規則や申し合わせ事

項の変更を積極的に進める提案をすることも必要になる。同時に、議会事務局は、調査研究を進める手法開発を行い議員に提供したり、アンテナを高くして地方自治の新たな動向を紹介したりする責務を負うことになる。このことは、執行機関と切磋琢磨する議会の充実とも重なっていく。その切磋琢磨には、単なる場当たり的な「質問」ではなく、現状を直視し問題を解決し、住民福祉の向上につながる提案が不可欠である。そして、この現状分析や新たな提案には、調査研究が不可欠である。この支援が重要になってきている。

従来の議会事務局機能は、総務や議事運営を中心対象にしていた、いわば内向きの業務であったのに対して、議会が大きく変わることにより議会事務局も、住民や執行機関、さらには全国的な自治の動向を視野に入れるという外向きの、外を意識した業務を担わざるをえない。議事機能は、会議規則や申し合わせに適合するよう議事を進めることも確かに必要であるが、それら自体を新しい議会に即して再検討し改正を提案する機能もあわせもつ。総務機能は、議員個人の報酬・手当の手続業務や議事堂の管財的役割にとどまらず、自治型社会に適合した議会を創りだすための戦略を練り、議会・議員の議会改革を支援する機能も含む。調査機能は、いままで以上に重要になり、たんなる紹介ではなく積極的に議員提案、委員会提案をサポートするための手法や政策法務機能を担うようになる。

こうした機能を担うために議会事務局自体の組織改革も必要である。議会事務局ではなく、議会局設置の増大もこうした意欲の1つの表れである。東京都議会、神奈川県議会、横浜市議会、川崎市議会、さいたま市議会、平塚市議会はすでに議会局を設置している。課や係の編成を改正することも同様に重要なことである。

3 職員からみた議会事務局改革の課題

(1) 議会事務局職員のローテーションへの評価

議会事務局についての多くの論評は、次のような論理で構成されている。執行機関の人事のローテーションに沿って議会事務局職員が配属される。そのために、「議員に対し的確な情報を提供できるメリットがある」が、他方

で議会事務局職員は「みずからが提供した情報で執行機関が質問質疑等で苦境に陥ることを予見できるときは、自己抑制が働く」、つまり決定的なところで議会を支援することはしない。今回の調査では、議会事務局職員にこれ自体を問うている。これらとともに、議会事務局職員と議会との距離をはかる設問をしている（表5－3参照）。

　まず、議会事務局を希望していたのは市町村と都道府県の総計で20％程度である。希望せずに配属された者が80％となっている（表5－3－1）。議会事務局に配属された際に、執行機関に戻ることが条件として示されたのは20％程度である（表5－3－2）。

　実際勤務してどうなのか。早く戻りたいのか、議会事務局と執行機関とどちらが自分の力を発揮できるものなのか。執行機関に「早く」戻りたいかどうかについては、市町村では、「早く戻らなくてもよい」「早く戻りたくない」をあわせると3分の2であり、「早く戻りたい」（28.2％）を圧倒している（表5－3－3）。それに対して、都道府県では「早く戻りたい」（43.0％）と「早く（は）戻らなくてもよい」（45.8％）と拮抗している。

　自らの力を発揮できるのは執行機関というのが議会事務局のほぼ2倍である（表5－3－4）。市町村では47.1％が執行機関、24.7％が議会事務局、また都道府県では59.8％が執行機関、20.1％が議会事務局となっている。議会事務局への配属希望者が20％程度いること、議会事務局のほうが自分の力を発揮できると感じている者が20％強いることは、強調されてよい。

　職員のほとんどは、議会事務局への配属を念頭におかず公務員採用試験を受けて採用されている。それにもかかわらず、職場体験を積む中で、議会事務局の役割の重要性を認知してきているともいえよう。こうした意識の中で、「早く戻りたい」者だけではなく、「早く戻らなくてもよい」が相当数にいて、「早く（は）戻りたくない」も少数ではあるがいることは、留意してよい。

　現行のローテーション制のメリット・デメリットについての評価を確認しよう。いまのローテーションによって「議員に対し的確な情報を提供できるメリットがある」と思っている者は総計で60％である（表5－3－5）。これに同意しない者も、40％いる。

　また、このローテーションによって「みずからが提供した情報で執行機関

表5-3　議会事務局職員と議会との距離

表5-3-1　議会事務局を希望していましたか　　　　　　　　　　　　　　　（単位：％）

	希望していた	希望していない	無回答
市町村	22.4	76.5	1.2
都道府県	16.8	82.2	0.9
総計	19.3	79.7	1.0

表5-3-2　議会事務局職員となる際に、数年後には執行機関に戻ることが条件として示されましたか（暗黙であっても）

	執行機関に戻ることが条件として示されたか	示されない	無回答
市町村	18.8	81.2	0
都道府県	17.8	82.2	0
総計	18.2	81.8	0

表5-3-3　早く執行機関に戻りたいですか※

	戻りたい	戻らなくてもよい	戻りたくない	どちらとも	無回答
市町村	28.2	62.4	3.5	4.7	1.2
都道府県	43.0	45.8	2.8	1.9	6.5
総計	36.5	53.1	3.1	3.1	4.2

表5-3-4　執行機関と議会事務局、どちらが能力を発揮できますか

	執行機関	議会事務局	どちらとも	無回答
市町村	47.1	24.7	14.1	14.1
都道府県	59.8	20.1	0.9	18.7
総計	54.2	22.4	6.8	16.7

表5-3-5　執行機関の部課と議会事務局との間の人事交流によって、「議員に対し的確な情報を提供できるメリットがある」という意見への賛否

	同意する	同意しない	無回答
市町村	57.6	40.0	2.4
都道府県	59.8	40.2	0
総計	58.9	40.1	1.0

表5-3-6　議会事務局職員は「みずからが提供した情報で執行機関が質問質疑等で苦境に陥ることを予見できるときは、自己抑制が働く」という意見への賛否

	同意する	同意しない	無回答
市町村	51.8	45.9	2.4
都道府県	42.1	55.1	2.8
総計	46.4	51.0	2.6

注：※「早く執行機関に戻りたいですか」という設問への自由回答については270頁を参照。

が質問質疑等で苦境に陥ることを予見できるときは、自己抑制が働く」という意見に半数は同意してはいない（市町村45.9％、都道府県55.1％、表5－3－6）。議会事務局職員の立場で、議会をしっかりと支援しようとする職員は半数いる。

(2) ローテーションの受けとめ方

議会事務局職員は、執行機関の採用試験を受験しそれに合格して採用される。執行機関内の人事ローテーション（一般に3〜4年）の中に、議会事務局も含まれる。希望していなくとも（市町村76.5％、都道府県82.2％）、議会事務局に配属される。もちろん、人事権は議長にあるが、一般に執行機関職員のローテーションの一環として配属される。

まず、「早く執行機関に戻りたい」と回答した者の見解を検討しよう（「戻りたい」かどうかの見解については、後掲資料を参照）。市町村では28.2％、都道府県では43.0％、全体では36.5％であった。「早く」という形容詞が設問には付してある。早く戻りたい理由は、ローテーションの必要性、執行機関での仕事にやりがいを感じる、政治あるいは議会・議員への批判的・消極的見解、に大まかに区分できる。

ローテーションの必要性として、「3年から4年での勤務ローテーションで新たな部署に行き、経験を積むため」「人材は必要だと思うが、ある程度の年数が経過すれば異動は必要」といった意見に端的に現れているように、執行機関の人事ローテーションの中で議会事務局にも配属されているのが当然という指摘が多い。なお、このローテーションの必要性は、市町村では指摘されるものの、都道府県ではほとんど記載されていない。

執行機関での仕事にやりがいを感じるという理由については、「就職するにあたり、『執行機関』に採用されたのであって『事務局』に採用されたという意識があるわけではない。やりたいことは、執行部の現場にある」「本来、行政執行機関の職員を希望して入庁したものであるから」「執行機関の仕事をするために公務員となったから」という意見に端的に現れているように、そもそも自治体職員を希望したのは執行機関で働きたいということである。

また、議会事務局の在局期間の長期化は、職員にとって問題があるという

指摘もある。「地方分権の推進により、自治体の権限や役割が増大してきており、執行機関においては職員の求められるスキルも飛躍的に高まっている一方、議会事務局においてはここ数年、議会の活性化が進められてはいるが、なかなか進んでいないのが現状である。議会事務局に長期間在職するメリットよりもモチベーションの低下やスキルが向上しないなどのデメリットのほうが多いと考えられる」という指摘は、今後の事務局人事を考える上で示唆的である。

「早く戻らなくてもよい」と回答した者の検討に移ろう。市町村では62.4％、都道府県では45.8％、全体では53.1％であった。その理由としては、ローテーションの必要性（もう少しいてもいい）、議会事務局という職場でのやりがい、があげられる。

ローテーションの必要性としては、「執行機関と議会事務局を区別して考えていない。与えられた職務を遂行することが私たちの仕事」「公のために奉仕する仕事にかわりはないから」という意見に端的に現れているように、ローテーションの中で、自分の力を発揮するという見解である。ゆくゆくは、執行機関に戻ることを前提としている。「早く」ではないが、戻るのが当然という認識のもとでの見解である。

積極的に議会事務局という職場でのやりがいを感じることにより、執行機関に戻らなくてもよいと感じる者がいる。「議会を希望していなかったが異動になり働いていると、いろいろと勉強になることが多いので」「昔と違い、議員の立場が今はそんなになくなっているような気がする。議員本人の意識を高めていかなければならないと思う。事務局に何でも言えばOKというようなことにならないよう、少しずつ意識を変えていけるようなフォローを考えていきたいため」。

また、議会事務局にやりがいを感じる者の中には、「議会を変えることができれば、市政全体に変革をもたらすことができるかもしれないから。執行機関にいても市政は変えられないと考える」というように、より進んで積極的に議会から市政を変える視点を持っている者もいる。「執行機関だと、物事の決定が積み上げ式のため、時間がかかるとともに、枝葉末節にこだわるところがある。（その分間違いは少なくなるが）　一方、議会の場合、大局的な見地から検討するところがあるため、非常にスピーディかつ柔軟に物事が

決定するところがある。(その分恐ろしいところもあるが)後は、個人の適性による」というように、議会による地域改革を指摘する者もいる。

執行機関の配属を前提とした公務員採用試験であるにもかかわらず、希望していた者も19.3％、議会事務局のほうが自らの力を発揮できると考える者が22.4％、「早く」戻らなくてもよい者が53.1％いる。議会事務局という職場で視野の広がりがあるのだろう。

4 議会事務局の充実手法
——意欲ある事務局職員を多数派に

議会との車の両輪のもう一方として位置づけられた議会事務局職員の意識調査結果を踏まえて、議会事務局改革の展望の一端を考えてみたい。

さまざまな論者から議会改革が提起されている。定数増や政策法務担当職員の配属等がまず挙げられる。また、新鮮で有用な情報提供というメリットとともに、「自己抑制」というデメリットがあり、この評価から、共同機関の設置の提案がある。

職員の意識からすれば、すべてが「自己抑制」を持つわけではない。また、議会事務局職員としての誇りを持って勤務している職員像が浮かび上がっている。そこで、共同設置の意味は十分理解できるとしても、その設置ができない段階では、議会事務局改革が進まないわけではなく、むしろ議会を支援する議会事務局職員を多数派にすることが必要であろう。

そのためには、まず議長を先頭に議会が執行機関と毅然と対峙することである。議会改革のトップランナーである議会の事務局長は「議員の皆さんが、北海道栗山町議会の場合は、二元代表制のもとでしっかり対当局と渡り合っていると、そこが見えるから議会事務局もぶれない。そこがなければわれわれ公務員は議員が戦っていないのに、事務局が戦うことはありません」と語っている（中尾・江藤 2008：61（中尾修元栗山町議会事務局長の発言））。議会が議会事務局を味方につけ、そのことでまた議会は力をつける。議会事務局職員は、議会が闘っている姿を見て、議会とともに歩む決心をする。そこで充実感を味わう。こうしてスクラムが形成されていく。このように、議会を支援する議会事務局を多数派にすることが必要である。同時に、現行制度

でも可能な議会事務局の充実の手法を考えたい。
　議会改革のトップランナーは、議会事務局が議会と二人三脚となりながら、議会改革を進めている。たとえば、栗山町議会や三重県議会の当面の結論は、県議会と町村議会の特性を有しながらも、基本的な方向は同一である。栗山町議会基本条例では次のようになっている。議会や議員の政策形成・立法機能の強化のために「議会事務局の調査・法務機能」の積極的強化を規定している。しかし、続けて「なお、当分の間は、執行機関の法務機能の活用、職員の併任等を考慮するものとする」と現実的な規定も挿入されている（条例18）。
　三重県議会基本条例では、議会事務局の機能強化を図ることだけではなく、専門的な知識を有する者を、任期を定めるとはいえ独自に採用することも規定している。「議会は、専門的な知識経験等を有する者を任期を定めて議会事務局職員として採用する等議会事務局体制の充実を図ることができる」（条例25②）。
　それでは、議会事務局の共同設置ができない段階でも可能な議会事務局の充実を図る手法を考えたい。まずは、議長の人事権の強化である。具体的な指名は困難だとしても、財政に強い職員等の要望はいまでも可能である（栗山町議会等）。また、相談の上、長期採用も可能である。「戻らなくてもよい」「戻りたくない」職員もいることには十分留意したい。また、政策法務に長けた職員採用のためには、法務担当職員の採用（草津市議会）や法務担当職員の併任（横須賀市議会）といった手法も採用できる。
　なお、議会事務局を職員というレベルだけで考えるのではなく、議会事務局機能と考えれば、外部化も可能である。「議会だより」編集に、NPO等と協働することは十分可能である。
　政策能力を向上させるためには、外部知識の活用もできる。たとえば、公聴会・参考人制度を活用すればよい。議員は研究しつつ討議を行い表決するという姿勢が必要である。公聴会・参考人制度は、委員会を公開すれば、住民とともに調査研究する場となる。
　また、議会アドバイザー（サポーター）制度も活用してよい。宮城県議会改革推進会議は「議会改革に関する提言」を議長に提出した（2004年、ただし実際には実施されていない）。その中で、政策立案を効率的に行うために、社

会科学や自然科学の専門家10名程度を議会のアドバイザーとして委嘱する議員アドバイザー制度が提案された。2名以上の議員が事務局に申し込み、議長承認を経てアドバイザーから専門的な助言を受けることができる。栗山町議会は、議会基本条例にサポーター制度を挿入した（条例16）。議会や議会事務局は、広く英知を結集して活動をするために、町内外から自主的な協力者である「議会サポーター」を募り、その協力をえるという制度である。

さらに、専門的知見の活用や附属機関的なものの設置も考えられる。地方自治法改正（2006年、100条の2）により、議会は学識経験を有する者等に専門的事項にかかる調査をさせることができることになった。この運用によっては従来は困難であった附属機関の役割も果たす。附属機関設置については、総務省は相変わらず「違法状態」という解釈を採用している[*46]。むしろ「自治法上禁止されていなければ自治の問題」という視点を貫くべきであろう。実際に、三重県議会は附属機関設置を議会基本条例に挿入しただけではなく、それを設置した（議会改革諮問会議、2009年）。

そして、議会と大学との協働がある。大学と議会が協働して調査研究することはできる（「『議会改革』をテーマに町議会と大学が協定締結—山梨県昭和町議会＋山梨学院大学」『ガバナンス』2008年7月号、浅川　2009ａ、2009ｂ）。山梨学院大学ローカル・ガバナンス研究センターは、山梨県昭和町議会と協定を結び、研修、調査等を行い、議会の政策立案機能・監視機能の支援を行う（2008年度から）。その中で、複数のゼミが議員と協力し、政策研究を行い、それに基づき議場で「学生議会」を開催し、学生の質問に執行機関が答えた（2008年11月5日）。なお、さいたま市議会も埼玉大学と協定を結び、議会力アップを目指した。

5　全体性が必要な職員の視点

本章では、議会を支援する議会事務局を充実させるための手法を提案してきた。現状を直視しつつ、意欲ある議会事務局職員も少なくないことを踏まえて、そうした職員を増やすこと、および議会事務局を充実させるための制度改革も提案してきた。

本章の主題は、新鮮で有効な情報は議会に入る一方、最終的には議会側で

はなく執行機関側につくといった、一般に流布された事務局職員の行動パターンの評価の妥当性への疑問である。議会改革や執行機関と競争する議会を支援する議会事務局職員も少なくないことを根拠にしている。とはいえ、こうした職員を増加させることを提案したことの裏には、議会への帰属意識が希薄化した職員もいることを前提にしている。

議会改革を進める議会の議会事務局長は、「これはよくあることですが」と断った上で、「執行側幹部と皆さんが議員の陰口を言います。あれは止めにしませんか」と強調している。その議員の個人的な見解なのでしょうとかわすことが必要であり、同調することは、「議会の戦力を低下させること」になるという[*47]。また、別のところで（中尾 2009：42）、事務局職員が慣れてきて、「緊張感が解けてくると居心地が良くなり」もっといてもいいと思う職員もいるという。「ここに大きな落とし穴がある」と述べている。「居心地の良い事務局とは執行部と互角に戦っていない議会」と断言し、「事務局は緊張の連続で」、達成感はあっても居心地が良いかと問われれば、「全く別次元の問題」だと論じている。

議会事務局を充実させるための制度改革を促進する中で、意欲ある、そして「達成感」を持つ議会事務局職員が多数になることが期待されている。執行機関での活動と議会事務局での活動は、住民自治の支援ということでは同じではあるが、それぞれの論理も役割も異なっている。議会事務局は、住民に身近であるとともに、その政策形成主体（議会・議員）に密接に結びついている。住民と政策形成に直接かかわるのである。同時に、執行機関のように階統制の組織で個別分断化されておらず、「生」の地域全体が議会事務局の対象となる。政策形成からはじまり、討議・決定、評価といった地域全体に責任を持つ議会を支援していく。住民との近接性、地域全体にかかわる全体性が議会事務局職員には課せられている。

議会事務局職員の独自研究もはじまっている[*48(144頁)]。議会の重要性は、

[*46] 「法的根拠がなく、設置できないと考える。議事機関である議会の附属機関の決定に縛られるのは屋上屋を架すことになりかねない」（総務省行政課、『毎日新聞』（中部本社版））。それに対して、萩野虔一三重県議会議員は、「地方自治法にも『議会は附属機関を設置できない』とは書かれていない」（同）と反論している。
[*47] 中尾修栗山町議会議会事務局長の講演から〔全国町村議会議長会事務局職員研修、2008年8月7日、シェーンバッハ砂防。講演録は栗山町議会（2009）に収録〕。

徐々にではあれ、認知されてきた。それを支援する議会事務局職員の熱い想いに耳を傾け、議会事務局を充実させる制度改革を推進することは、地域民主主義にとって不可欠である。

---

*48　議会事務局職員のネットワーク組織（議会事務局研究会）が設立された。そこから議会事務局改革の提案（「今後の地方議会改革の方向と実務上の問題、特に議会事務局について」）も行われている。

▶ 第6章

新しい議会を担う議員

―― その資質・能力を問う

1 明確にすべき新たな議員像

　地方自治原則に沿った議会の姿が立ち現れてきている。ようやく今日、新しい議会像は見え始めた（筆者の言葉では協働型議会（江藤　2004））。しかし、新しい議会を担う議員像については、不問にされてきた。それを担う議員像を明確にする時期にきている。すでに、議員の報酬を月給制ではなく、福島県矢祭町議会のように、会議の出席を基準とした日当制にした議会も現れた。議員活動はまさに会議出席であるという思考方法である。後に詳細に検討するが、これも1つの自治の判断だとしても、新しい議会を担う議員像に適合するかどうかは疑問が残る。

　そこで、本章では、新しい議会を担う議員像を考えることにする。議員像が明確ではないことを確認した後で、議員の役割や資質について考える。それを踏まえて次章では、議員活動の範囲の確定、対価（議員報酬）について検討する。なお、議員定数は、対価とともに議論されることが多い。しかし、定数、対価とともにそれぞれ独自の論理を持っている。それにもかかわらず定数を半数にして対価を2倍にするといったいっしょくたにした見解も聞かれる。この論点についても、議員報酬の議論とあわせて次章で検討する。

　また、議員像に影響を与える地方自治法改正が行われた（2008年、議員提出立法）。法定の会議は本会議と委員会であったが、それ以外の会議も会議規則で公式会議とすることができること（自治法100⑫）、および報酬規定を非

常勤の職員と同等な条文から切り離し独自化するとともに名称を議員報酬としたこと（同203）である。これらは、本章および次章で検討する一連のテーマと交差する。この改正は全国都道府県議会議長会が提起した「自治体議会議員の新たな位置付け」の虫食い的な制度化といえる[*49]。

　法改正や「議員の新たな位置付け」の提起など、従来とは異なる動向の到来は、新しい議会運営の結果でもある。新しい議会を担う議員像、およびその条件整備の重要な要素としての議員報酬について、本章・次章で検討することにしたい。

2　曖昧にされてきた議員像

(1) 不確実な議員像

　憲法やそれを具体化した地方自治法などの法令でも議員の位置づけが明記されているわけではない。換言すれば、議会の役割を遂行するのが議員だという理解にすぎない。地方自治法では、被選挙権（自治法19①）、議員の兼職禁止（同92）、兼業禁止（同92の2）、失職（同78・83・127）といった規定はある。それらは議員になる資格を明記したものにすぎない。

　また、いままでは逆に地方自治法の議員報酬の規定によって、議員の身分の誤解を招きやすくなっていた（自治法旧203）。議員は、首長に任免・選任権のある非常勤の特別職と同じ条文の中に位置づけられていたからである。議員は、その報酬を月給制で受け取り、さらに費用弁償、期末手当を受け取ることができる。議員の位置づけを規定しないまま、報酬について、非常勤の特別職と同じ項目に入れていたために、議員を非常勤の特別職として錯覚する可能性は大きかった。そこで、非常勤の職員報酬規定を第203条の2にずらして、議員だけ第203条に残してその名称を議員の「報酬」から「議員報酬」に変更している（2008年自治法改正）。

　そもそも、法令上からみれば、議員は次のような位置づけを有している。
① 　選挙で選出される（憲法93、自治法17）。
② 　一般職ではなく特別職である（非常勤とは規定されているわけではないことを強調しておきたい、地方公務員法3③）。
③ 　議会活動を担う（無規定。本会議、委員会以外の「会議」を会議規則

に基づいて会議として拡大することは可能となった、自治法100⑫、2008年改正）。
- ④　議員報酬が支給されるとともに、それを月給制にすることもできる（自治法203②）。なお、費用弁償や期末手当の支給（同203②③）、議員・会派への政務調査費の支給（同100⑭）も可能である。

　これらを単純につなぎ合わせると次のような2つの議論が展開される。一方の極には、議会の出席、および条例で設置された委員会の調査、政務調査などだけが議員活動であり、それへの対価として議員報酬が支給されるという議論である。この点は、地方自治法の改正があっても継続する。誤解というより一般には認知されている内容である。「現在の地方議議員の職務は、『非常勤の特別職公務員』という位置付けであると解釈されているに過ぎない」と指摘がある（加藤（真）2006b：174）*50。また、地方自治法旧203条の規定の「職務」は法定の会議出席を想定していること、法定外の会議への費用弁償への支出は違法である、という判決（大阪高裁平成16年4月28日、同年9月2日最高裁確定）も出ている（大森　2007b：67-71、2008：350-362）。

　議員報酬規定への改正と並んで、従来の本会議、委員会（常任委員会、議会運営委員会、特別委員会）だけではなく、議会の必要によって会議規則で会議を公式化できることになった*51。法定外会議も会議規則に基づいて公式会議として捉えることができ、議会活動の範囲は広がる。従来、法定外会議において実質的なことが決まる議会も少なからずある。不透明極まりのない議会である。また、議会出席以外の議員は、政党活動や選挙活動に積極的に活動しているだけの議員もいる。そこで、透明性ある法定会議（および会議規則で規定した会議）だけを会議と認定して、それへの参加だけが「職務」であり、それに報酬を支給するという議論である。

---

*49　その提起には、議員の身分を公選職とすること、およびその議員活動にともなって支払いを受ける「地方歳費（仮称）」を保証することがある。これを受けて、第28次地方制度調査会でも議論され、その答申には「引き続き検討する必要がある」としている（2005年）。

*50　誤解の理由は、本章および次章全体で解明している。地方自治法旧203条解釈によれば、この条文は議員報酬の支払いの根拠を明確にしたものであって、議員の役割を規定したものとはいえない。「その他普通地方公共団体の非常勤の職員」とあるように「その他」の次に「の」が入っていないことから、常勤と非常勤を分類した規定ではないと解されている。この法令解釈は文法上も理解できないことはない。しかし、一般には非常勤職と同じ項目に挿入されていることによって、議員を非常勤の特別職と誤解することにもつながる。

*51　「議会は、会議規則の定めるところにより、議案の審査又は議会の運営に関し協議又は調整を行うための場を設けることができる」（自治法100⑫）ことが新規挿入された。

議員を非常勤の職員の条文から独立させても、名称を議員報酬と変えても、基本的に会議出席を議員活動とみなす解釈は現時点では存続する。そうであれば、会議出席を根拠に報酬を支給することになる。
　しかし、月給制や期末手当の支給も条例に基づいて可能であるし、現状では一般的である。これはもう1つの極を形成している。会期中の活動だけではなく、閉会中にも議員は活動しなければならないし、活動しているという発想からのものである。また、会期中でも会議出席だけが議員活動ではなくさまざまな活動を行っているという考え方でもある。これは、いわば専業化された議員像に連なるものである。単に会議出席だけを議員活動とはみなさない思考である。議員報酬への名称変更は、この方向を強めた。
　しかし、このように一方では報酬という用語から想定して会議出席を中心にした議員活動、つまり非常勤のイメージ（法令では非常勤とはどこにも規定されていない）、他方では月給制や期末手当支給から給与を想定した常勤のイメージといった2つのイメージによる議員の位置づけの曖昧性は、意図的に放置されてきたといえなくもない。1946年の第1次地方制度改革により、かつて、議員を含めて名誉職員とされていたすべての職員が、報酬の支給対象となった。この規定が、1947年の地方自治法に挿入されている。その後地方自治法第203条には、1951年の常勤・非常勤という職員区分の概念の導入を経て、1956年に、議員報酬の特例（勤務日数に応じての支払いからの特例（月給制）、および期末手当支給の特例）が制度化された（自治法旧203）。その後は、2008年までこれらの規定の自治法改正は行われていない（都道府県議会制度研究会　2007：39-40、地方自治総合研究所監修・佐藤（英）編著　2005：1083-1105）。議員に対する公費支給としては、議会の会派または議員に対して支給する政務調査費制度が挿入されている（同100⑭、2000年）。
　自治体の事務の複雑多岐化にともなう議員活動の多忙化、出費の増大が、名誉職から報酬支給への転換の理由であった。その後、そうした状況は拡大し、議員の活動量は、従前とはまったく異なってきている。それにもかかわらず、従前の規定をほぼそのまま踏襲している。

(2) 議員像が曖昧にされた理由

　議員の規定が主題化されず、それが不確定のままであるのは、政治的理由

がまず考えられる。地方自治法を所管している自治省（現総務省）は、議会を強化したくはないと考えているがゆえに、議員＝非常勤という誤解を一般化したいという意図があったのではないかと勘ぐりたくもなる。「総務省は議会・議員の強化にかかわることはあまり手を掛けたくない」。総務省の職員が自治体の執行機関に出向する時は、執行機関の重要なポストに就任する。執行機関にいて議会対策をやる。「彼らが議会対策でそれなりに苦労して本省に戻ったときに議会の機能を充実強化しようとは思わない」という指摘もうなずける（大森　2007a：25）。

政治的な理由には、逆のベクトルもある。地方議員を規定する地方自治法や公職選挙法の立法権は、もちろん国会にある。その国会議員の選挙では、それぞれの地域で重要な役割を担うのは地方議員である。この地方議員の地位保全を考えるのは、国会議員にとって死活問題である。無力化させる総務省に対しての歯止めがきく。この２つの政治的ベクトルの均衡が、地方議員像の不確定さを招いたといってよい。

こうした政治的理由の他に、議員の多様性という実態も議員像を不明確にしてきた理由にあげられる。議員の活動時間などはさまざまで、議員の活動一般を推し量ることは容易ではない[52]。また、議員活動の基準として、議員自身の信念重視か（信託型）、それとも後援会などの地域住民の意向重視か（代理型）でも相違があるように、また全住民の代表志向か、あるいは地域代表・分野代表志向かでも相違があるように、議員が考えるミッションも多様である。さまざまな議員の実態から、それを統合する議員像を描くことが困難だった。

しかし、政治的理由や多様な実態による概念化の困難以上に、議員の位置づけが議論されず不明確のままであった理由として、議会が執行機関に対抗

---

[52] 地方議員数が６万人から４万人以下に激減したとしてもこのことは変わらない。都道府県議員の活動と町村議会議員の活動もさまざまである。都道府県の人口も東京都の1000万人を越えるものから、鳥取県の60数万人まで多様であるし、市町村でも横浜市の3650万人を越えるものから、青ヶ島村の200人を切るものまでと多様である。それにもかかわらず、議会権限では相違はない。こうした議員活動の相違も、今後は議論の俎上にのぼるであろう。第28次地方制度調査会は「小規模自治体における議会制度のあり方」の項で「民意の適切な反映、効率的な議会運営等の観点から、少なくとも小規模な自治体については、現行の会期制度を廃し、週１回夜間などに定期的に会議を開くようにするなど、その規模に適した新たな制度を選択できるようにすることを、今後検討すべきである」と答申し、議会の運営を自治体の規模によって区別しようという指摘もある。なお、第29次地方制度調査会答申でも、同趣旨が盛り込まれている。

するもう1つのパワー・センターにはなっていなかったことがあげられる。議員から政策議案提出がほとんどないこと、首長からの議案に対して修正がほとんどないことなど、もう1つのパワー・センターの役割を議会は発揮していなかった。むしろ、中央集権制の下で、執行機関と一体になり、政権党への利益誘導政治の中に取り込まれてきたといっても過言ではない。議会が、政治過程の中で重要な役割を発揮していない現状では、その議会を担う議員についての関心が希薄化するのは当然である。

議員についての曖昧な規定に住民も議員も安住してきた。しかし、地方分権には住民自治が不可欠である。地域民主主義の根幹である議会が大きな役割を発揮しなければならない。それを担う議員像が求められている。そこで、議員像を主題的に検討する。その前にまず、執行機関に対抗するもう1つの機関である議会を担う議員を考える際の論点と視点を明確にすることが必要である。

3　新しい議会を担う議員を考える視点

(1) これからの議員の役割

新しい議会は従来の議会の役割を大きく変える。地域的個別的な要望は、執行機関での住民参加や議会自体が住民参加を促進することによって、議会が受け取る。つまり、議会は個別の議員の集合体としてではなく、制度としての議会として地域的個別的要望を吸収することに比重が移る。

従来のような議員自身が個別的地域的要望を議会、より正確には行政に登場させる必要はなくなる。従来の「口利き」的活動は必要ないし、それを是正する口利き防止条例といった制度は鳥取県を皮切りに浸透してきた（朝日新聞大阪本社編集局「地方は」取材班　2008：227-231）。議会の役割の変化や、行政スタイルの変化にともなって、議員は地域代表としての役割を転換させる時期にきている。個別的地域的要望を受け取った議会は、議会としてそれぞれに対応する責務を負う。この議会の役割は、個別的地域的要望を踏まえた全体的長期的視点での政策提言、討議と決定、執行の監視である。議会は地域ビジョン構想者として登場する。この決定には、説明責任が求められる。政治的争点の集約機能（インプット機能）、討議による政策の決定、二

元代表制の下で首長との公的意思の作成、執行機関に対する監視機能が想定できる（阿部・新藤　2006：47）。

　新しい議会では、議員自体も変わらなければならない。議員は、住民の提言を政策化する調整と提案の能力、地域デザイン構想者としての提案と討議の能力、監視の能力をそれぞれ有して活動することが期待される。こうした活動を行う議員が必要になっている（江藤　2004：45-46）。

　なお、従来期待され、実施されていた議会外活動である苦情や要望等の処理活動は、今日無意味とまではいわないが、それを地域全体の政策提案に活用しなければ、議員の中心的活動とはいえない。なぜならば、執行機関であれ議会であれ、苦情や要望は公的な場で受け入れるシステムがある。もちろん、議員は議会とともに情報を公開する重要なチャンネルとなるし、政策提言を行う住民とともに活動する役割が重要になる。しかし、その提言は従来のような個別的な苦情処理や個別陳情ではない。全体的視点での提案活動に比重が移ってくる。

(2)　議員像を考える原則と論点

　議員の中には環境、福祉、ジェンダー（男女共同参画）といった新しい分野で、政策をリードしてきた者もいる。議員は一般にいわれている以上に活動してきた。しかし、今日の新たな地方分権や議会改革の動向は、従来の議員活動の水準にとどまることを許さない。

　たしかに、今日の議員が新しい議員の特徴を有しているかといえば疑問である。このことは、新しい議会を担う特別の能力を議員は必要としていると即断しているわけではない。議員については、兼職禁止といった法律による職業制限や女性や若者の政治進出を拒む政治文化こそがまずは問題にされなければならない。これらの是正策は早急に必要である。しかし、本章および次章では、それらを踏まえつつ多様な層から議員が選出される必要があることを構想しつつ、議員像を考えることを目的としている。これを主題的に議論する前に、議員の性格に関する従来のモデルから検討することにしよう。

　議員像を考える場合、当然ながら、正統な選挙によって選出された公職者であることが当然視されてきた。憲法でも、地方自治法でもその点を明確にしている。

しかし、当然であると思われるのか、議員と首長の選挙された公職者＝公選職（elected officer (s), élu (s)）の意義や役割をほとんど検討していない。その公選職の意義や役割を括弧で括ったまま（迂回して）、議員像が検討されることになる。その場合でも、議員の役割やそれを担う資質・能力を正面からというよりは、議員の性格（専従職か名誉職か、専門職かボランティアか）に限定して議論されている。議員の役割全体を具体的に検討せず、活動量の増大という一般的傾向から導出した議員の性格についてである。なお、議員像といっても、切り口の相違によってさまざまな像を描くことができる。まずは、それを考える要素を設定することが必要である。本書では、議員像として、新たな議会（協働型議会）を担う議員の役割（活動内容と活動量）とそのための資質・能力を想定している。専従職か名誉職かといった議員の性格をめぐる議論は、議員の役割と資質・能力の一断面に照射したものだと考えている。

すでに指摘したように、議員像といえばむしろ、自治体の事務の複雑多岐化にともなう議員活動の多忙化、出費の増大が、戦前の議員の性格である名誉職からの脱却の理由であり、報酬支給への転換の理由であった。そうだとすれば、議員の性格と報酬とを連結させて議論することは当然である。専従職（専門職）＝報酬支給か、あるいは名誉職＝無報酬かといった議員の性格の議論である。

しかし、世界の国々をみれば、議員の性格と報酬を連結させて議論することが当然ともいえない。むしろ、日本のような月給制を採用することのほうがまれだといってよい。イギリス、アメリカ、ドイツなどの地方議員は実費弁償程度を受け取るだけというところも多い。ここで注意しなければならないことは、自治体の活動量が異なることである。これらの国々の自治体の活動量は日本のそれと比べて限定されたものである。また、夜間開催が多いために職業を持ちつつ議員になることが可能である。こうした２つの条件を無視したままで、諸外国の地方議員が無報酬であることを踏まえて、日本でも地方議員は無報酬にするべきであるという短絡的議論は、あまりにも乱暴である。

ともかく、日本における議員の性格と報酬との連動の枠組みは、実は、議員像というより「自治体の事務の複雑多岐化にともなう議員活動の多忙化、

出費の増大」の見方によるものであって、議員の役割そのものを正面から検討するものではない。名誉職として無報酬というわけにもいかない。しかし、実態に即せば、常勤職として給与を支給するわけにもいかないという、中途半端な位置にあった。

　そこで、一度議員の性格、そして広く考えれば役割や議員像と報酬を切り離して議論することが必要である。それは2つの意味からいえる。1つは、そもそも原理的に考えて議員の性格や役割は報酬額に連動しているわけではないからである。もう1つは、すべての議会では昼間開催しているが、夜間休日開催を模索しようという議会も登場してきたからである。実際に恒常的な夜間休日議会の開催は多くの困難をともなうが、実際に構想したり実施する場合には、無報酬や報酬削減も想定できる。これによって、議員の性格あるいは議員像と報酬を切断することになる。

　議員像を検討する際に、資質や能力を中心に検討することが必要である。その上で、報酬の議論へと進むことができる。しかし、資質や能力からは報酬や対価の議論には直結しない。どのような活動を担わなければならないかといった議員活動が確定されなければならないからである。

　すでに指摘したように、新しい議会を担う議員は、住民の提言を政策化する調整と提案の能力、地域デザイン構想者としての提案と討議の能力、監視の能力をそれぞれ有して活動することが期待される。こうした活動を行う議員が必要になっている。後に検討するように、多様な専門性を市民感覚で調整できる住民こそ議員として登場することが期待されている。市民性と専門性をあわせ持った議員像である。しかし、この指摘は、議員の資質・能力を検討しているが、議員の役割については弱い。

　住民から直接選挙された公職者（＝公選職）の一翼を担う議員の制度的位置から出発し、実際にどのような活動をしなければならないかを検討する。そして、新しい議会を舞台として活動する議員の資質・能力を確定することがまず必要である。また、議員は、一般に報酬という名称から誤解されているが、議会に出席することだけが議員活動ではない。こうした一連の議論を踏まえて、報酬等の公費支給に関する議論へと進むことが順当である。その際、昼間開催か夜間休日開催かといったことも検討の対象となる。また、定数の議論も不可欠である。

なお、これら一連の論点は、真空で議論するわけではない。むしろ、地方分権時代の議員像を確定するという歴史的条件に規定されているという自覚が必要である。そこで、地方分権時代の議員像を考える視点を確定しておこう。

(3) 地方分権時代の議員像を考える視点

議員像を考える論点には、①住民から直接選挙された公職者（＝公選職）の一翼を担う議員の制度的位置、②実際の議員活動・職務、③新しい議会を舞台として活動する議員の資質・能力（以上、本章）、があるし、その外延として、④報酬等の公費支給（昼間開催か夜間休日開催を視野に入れる）、そして、⑤定数（報酬と定数はそれぞれ独自の論理で構成されており、直接関連しないが関連づけて論じられることも多い）（以上、次章）、がある。地方分権という時代状況に即して、これらの論点を考える際の留意点をまず確認しておこう。

そもそも地方政治は、国政とは異なる原則で設計されている。代表民主制を原則とする国政に対して、地方政治には住民自治、さらにはその内実として直接民主制がさまざまに配置されている。国政と地方政治とはまったく異なる原則である。そうした原則が中央集権時代には明示的ではなかった。それが地方分権時代には開花するようになってきたという時代認識の必要性である（江藤　2006）。

また、従来より日本の地方自治体の活動量は豊富であった。しかし、この活動の多くは、中央政府による縛りがかかっていた。地方分権では、地方自治体の自立性を高める方途が模索されている（義務付け・枠付けの見直し）。自立性を高めることは、その決定にかかわる議会の活動量を飛躍的に高める。そこで、その議会を担う議員の活動量も増加するはずである。しかし、厄介なのは議員の活動量の増加の仮説は、議員自身の活動量の増加には直結するわけではないということである。つまり、すでに指摘した地方政治の原則を踏まえれば、それを支援する住民（NPO等）の存在に注目する必要がある。議員活動を支援する住民の活動量の増大により、議員自身の活動量を下げることなど、いわば〈議員＋住民〉連合によって増大する議員の活動を担うことが想定できるからである。

このような視点から一連の論点にスポットを当てると、次のことが浮かび上がる。住民から直接選挙された公職者の確定は必要だとしても、国会議員とは異なることの確認の必要性である。議員バッチを付けることや議場が類似しているとしても、一度議員として選出されると「国民代表」となってしまう国会議員と、常にリコールの「危機」を意識しなければならない地方議員の行動は、本来異なるものでなければならない。

　議員活動・職務の実際の確定については、住民の活動量との関係が問われる。地方分権時代には自治体の自立性が高まり、従来拘束されてきた活動の自立的な決定が重要になる。それを行うのが議会であり、議会の活動量は増大するべきである。一般には議員の活動量の増大に直結するが、住民自治を原則とする地方政治にあっては、住民と議員の関係により、議員の活動量が決まることに留意する必要がある。住民活動による積極的な支援によって議員の活動は相対的に軽減される。

　したがって、議員活動量の増加の仮説が、即座に議員報酬の増加に直結するわけではない。逆に、報酬削減の議論は、議会や議員のパワー・アップの議論を踏まえなければ、地方分権時代にはなじまない。議員報酬の日当制を打ち出した議会がある。それ自体は、議会や議員の多様性として承認できるとしても、地方分権時代の議員としては問題を残している。議員活動をあたかも議会出席（本会議と委員会）と同一視した日当制になっているからである。政策提言を行い、執行を監視する議会の役割を担うには、議員も調査研究が必要なのである。それを議員だけが担うわけではなく、住民の支援を受けながら行うべきである。そうだとすれば調査研究のための条件整備や住民の支援の充実を同時に議論しない提案は、議会を審議機関として位置づけることになる。地方自治法旧第203条第1項（同203②以降を無視して）がそのまま活用されたことになる。執行権優位の自治制度を地方分権時代に再編したものとなるであろう。

　このことは、定数を議論する際にもいえる。住民参加を行政だけではなく議会でも行った場合、議員定数を増加させなくても多様な意見は政治の場で吸収できる。しかし、住民による議会活動支援の充実を無視したままの定数削減は、少数者の決定へと逆転する。テクノクラート信仰ならば、こうした少数者による議会も肯定できよう。しかし、住民自治を強調するのであれ

ば、単なる定数削減は自治の充実と逆行している。

　ここで示した地方分権時代の議員像を考える視点から議員像を考える論点を抽出したい。そこでまず、従来の議論を振り返ることから出発する。

4　忘れ去られた議員像の検討
──従来の議員像の系譜

(1)　**名誉職か専門職か、あるいは…──報酬と直結した議員像**

　一般に、地方議員の性格については名誉職と専従職、あるいは名誉職的なものと専門職的なものとの対比で議論されている。前者の名誉職と専従職との対比は、国会で議論されたものである（1956年5月22日、参議院地方行政委員会）。「県会議員は報酬で生活するものであるか。地方議員の性格は名誉職か、専従職か」（（要旨）小林武治）に対して、当時の国務大臣（太田正孝）は「中間的なところにある」と答えている[*53]。

　なお、東京都が議員報酬を検討するにあたって、議員の職分と性格について「名誉職的なもの」か「専門職的で常勤に近いもの」か、議員の報酬は実費弁償的なものか実質的職務に相応しい適当な待遇にすべきかを、識者に文書でコメントを求めている（東京都　1960）。

　「専門職的なものに近い」という田中二郎、「非専門家たることが原則である」という吉村正といった両極の立場に対して、杉村章三郎は「名誉職的地位と常勤職員の中間にある」と中間的立場を強調する。また、田上穣治は「名誉職的なものといえないが、〔中略〕又必ずしも常勤に近いものではない」、辻清明は「資格要件としての意味では、名誉職よりも有給職といってよいが、行動倫理としては、依然、名誉職的色彩を帯びている」と従来の名誉職的なものか専従職的なものという論点を超えるべきであることを示唆している。

　この議員の性格をめぐる議論では、議員は常勤的に活動すべきか、そうではないかが論点となっている。もちろん自治体の権限の強化にあたって、議員は重要な役割を果たさなければならないという認識は共通しつつも、それを担う時間的な拘束こそが問われている。専門家という場合も専門的に時間を費やさなければならない仕事という意味で使われている。

ただし辻は、名誉職を定義する際に、給与を受けないという側面とともに、「一般の地方公務員のごとく専門の能力によって個々の特殊な行為を担当する場合」とは異なると、「専門の能力」が地方公務員などに見られる「専従職的なもの」には必要なこと、逆にいえば名誉職には不可欠ではないことを示唆している。専従職は専門性を名誉職は専門性が必要ではない（極論すれば市民性）といった構図の提起ともいえる。議員の役割を名誉職的なものか専従職的専門職なものかといった二者択一論は、その後は十分な論争にはなっていない。ただし、時間を費やす議員の職務の具体的内容を検討しないまま、抽象的な議論に推移していた。したがって、論争が低調なことも理解できる。

　名誉職として議員を定義できないのは、名誉職にともなって報酬の支払いが困難になるためである。辻に近い発想から、最近の議論では名誉職ではなくボランティアと専門職を対比させている（宮崎編　2000：10-11）。議員には学識経験が必要という立場は、議員を専門職として描き、生活給に近い保障が必要となる。それに対してさまざまな人々の視点が必要という立場は、議員をボランティアとして描き、最低限の費用弁償を保障した上で、兼職・復職への配慮を主張する。

　この専門職とボランティアとの対比は、今日の議会の現実を念頭におき、議会や議員の多様性を踏まえた１つの類型化であるし、一般に認知されている議論であろう。この議員の性格をめぐる議論では、議員は常勤的に活動すべきか、そうではないかが論点となっている。もちろん自治体の権限の強化にあたって議員は重要な役割を果たさなければないという認識は共通しつつも、ここでもそれを担う時間的な拘束こそが問われている。しかし、その場

＊53　「名誉職的な規定は、昔の地方議会等においてはございましたが、無報酬の名誉職としては、私は今日の経済情勢からみてもできないのではないか。さりとて専従職として常勤的な役人のような立場にいくべきものでもない。従って、いわばその中間的なところにあるのではないかと思います。〔中略〕性質論として専従職と名誉職と対立的なものとすると、名誉職的な色彩が強い。しかし昔のいわゆる名誉職の、ただで働くという意味の名誉職ではないと私は思います。〔中略〕まあ中をとったような性質じゃないかと、こう思うのでございます」。なお、自治庁作成の答弁資料では、名誉職を強調していた（「地方自治法の一部を改正する法律案大臣答弁資料」）。「一体名誉職という観念をどう考えるかということであるが、専従職に対する観念とすれば現行法制の下においては、議員は、一般職員と異なり、決して専従職ではなく、正に名誉職と考えられるべきものである。議員は住民の代表者として、住民の中から選ばれ、常にその福祉の増進の為に活動する議員としては、名誉職たるべきが本来の在り方であると考えている」（『改正地方制度資料』第12部、673頁）。自治省のものが、議員を名誉職化し無力化するものである。それに対して、大臣のものはそれを否定し専業化まではいかないが、無力化に歯止めをかけている。

合でも時間を費やす活動自体の具体的な検討はない。議員活動自体の検討がないまま、時間をどの程度、費やすかの議論は議員活動の多様性の中に拡散する。まさに迷路である。それが不確定であるにもかかわらず、専門職的か名誉職的かを議論しようとしても無理である。こうした一連の議論が明確ではないために、報酬などの公費支給の議論も曖昧となる。

なお、学識経験といった専門性を強調して専門職を捉える議論もある。また、名誉職につらなっているボランティアとして市民性を強調する議論もある。この場合、学識経験といった専門性は、ボランティアあるいはさまざまな視点と対立するものなのか、慎重な議論が必要である。項をあらためて検討しよう。

(2) 市民性か専門性か——両者をあわせ持った議員

議員の性格のうち資質・能力と報酬などの対価とを直結させる議論は、かなり無理な展開である。しかし、冷静に考えれば、学識経験といった本来の意味での専門性と、ボランティア（名誉職）とが対立するわけではない。たとえば、ドイツの市町村議会（バイエルン州ファイツヘッヒハイム町）では、裁判官、公務員、教師、学校長、医師、ホテル従業員、店員、主婦など議員の職業が多様であるとともに、博士号取得者が20議員のうち3名（15%）というように高学歴で、それぞれ専門能力を有している（木佐　1996：41）。

また、イギリスの平均的な地方議員は、中産階級で、教育レベルの高い白人の中年男性である。「このプロフィールは、下院議員についての同様の記述とも、また地方の他の公的活動に参加している人についての記述とも異なるものではない」（Hampton　1991＝1996：163）。

アメリカ合衆国の市町村議会は多様であるが、近郊地域では一般的な傾向としてボランティア議員をあげることはできる。議員の職業はさまざまで、会社員、自営業者もいれば、主婦、退職者もいる。さらには、公務員もいる。報酬は、ほとんどないといってよい。ドイツ、イギリス、アメリカ合衆国の地方議員をめぐる現実からは専門的能力とさまざまな人々の視点は、二者択一ではなく、むしろ地方議員には両者が当然付与されるべきものであることがわかる。

新しい議会を担う議員は、住民の提言を政策化する調整と提案の能力、地

域デザイン構想者としての提案と討議の能力、監視の能力をそれぞれ有して活動する。これらの一連の過程には、市民的感覚という市民性とともに専門的能力を持つ専門性が必要となる。そもそも新しい議会は、住民と協働しながら政策立案し、首長に対して監視や提言を行う。そうだとすれば、議員は住民と協働する市民的感覚と、執行機関と対等にわたりあえる専門的能力を必要とする。

そもそも、専門能力は公務員や研究者などの一部の人々の独占物ではない。抽選によって選ばれた人々による討議が政策形成に影響を与える諸外国の市民パネルの実験や、日本で行われている、抽選によって選ばれた人々が刑事事件の判決にかかわる裁判員制度の導入（2009年）は、いわゆる一般の市民が決定にかかわる能力があることを前提としている。

このように考えれば、議員は市民感覚や専門能力という点では特別な人としては描けず、ただ公的活動に議員として積極的にかかわる意欲、および選挙で当選できるネットワークの獲得可能性からだけで一般の住民と区別されるべきである。むしろ多様な専門性を市民感覚で調整できる住民こそ、議員として登場することが期待されている。市民性と専門性をあわせ持った議員である。ただし、議員は代表制民主制の一機関である議会を担うのであるから、国政の政治家とは異なるとはいえ、地方の政治家である。地方という特性を持った政治家の資質が問われることになる。

5　市民とは異なる議員の資質

(1) 議員を市民から区別する要素
　　――抽選による住民参加や住民投票に議員はどうかかわるか

① 新たな住民参加による議会の正当性の揺らぎ

市民性と専門性をあわせ持った議員を想定している。しかし、選挙時には有していたその市民性が、議員となっても継続するかどうかが重要な論点である。常に議員の交代の恒常化があることとともに、市民性を常に議員に注入し、その感覚を研ぎ澄まさなければならない。住民と日々協働しながらも、議員は最終的に選挙された公職者として責任を持つこと、議員が住民全体の代表として考え行動するためには、情報の共有や議会報告会等が必要で

ある。住民の意向に議員はどう向き合うかが問われている。

　議決という責任の重みを実感することが前提となる。選挙された公職者は、地域経営に絶大な権限を有している。今日、その正統性（誰からも認められること）が揺らぎつつあるとは断言できないまでも、再考の対象として浮上しつつある。住民投票や抽選によって選出された住民による討議を踏まえた意見集約制度（抽選による住民参加）の導入によってである。前者は、新潟県巻町の住民投票以降徐々に増加し、市町村合併の際には飛躍的に増大して一般的になっている。後者は、すでに多くの自治体で試みられるようになったプラーヌンクス・ツェレや、いまだ少数の自治体（神奈川県や藤沢市）だけであるとはいえ試みられはじめているデリバレイティブ・ポール（DP）を想定している（柳瀬　2005）[*54]。

　抽選による住民参加は、行政から顔が見える住民（充て職の審議会委員）や積極的な住民（公募による審議会委員）の意向だけではなく、サイレント・マジョリティ（声なき住民）の意向を政策形成に積極的に取り入れようとするものであるとともに、住民間の討議を重視する制度である。抽選による住民参加は、裁判員制度とは、行政が行っていること、権限がないことという点ではまったく異なるとはいえ、抽選で選ばれた住民が日当という対価を得ながら、特定のテーマで少人数で討議を踏まえるという意味では、裁判員制度のイメージと重なってくる。

　これらの制度の紹介やそれらと議会のかかわりについては終章で触れることになる。ここでは、議員活動との関係を考えることだけに限定する。住民自治を重視すれば、住民投票の結果は無視されるべきものではなく、議会は、その結果を軸にして討議しなければならない。抽選による住民参加は、住民の属性や意見の偏りを是正する手法として活用されている。しかも、しっかりとした討議を通じて、直感にたよる意見表明から逃れることがこの制度の目的である。このように考えれば、住民の総体的相対的な意見表明の可能性を広げている。さらに、住民投票や抽選による住民参加は、参加対象を18歳以上まで引き下げたり、外国人居住者（永住外国人）にまで広げることにより、住民代表という正統性を高めている。これらの新しい仕掛けによる住民の意見表明を踏まえて議員は地域経営にどうかかわるかという論点が浮上する。

② 議会は総体的相対的判断の独占者ではない

　民主主義には、最終的には多数決という手法が採用される。同時に、少数意見の尊重をともなわなければならない。住民の意向の尊重は、多数者の専制になりかねない。たとえば、ゴミの焼却施設の建設では、ほとんどの住民が総論として賛成していても、いざ建設地が特定されると、隣接地の住民は反対しそれ以外の住民は積極的には賛成しないにせよ、黙認となることが多い。また、特定の障害者支援の施策でも、多くの住民には関心を持たれず賛同されにくいといった例もある。多数者の専制を防ぐために、討議によって総体的相対的視点を持つことで、公的観点から重要なことを議決する役割が議会に期待されていた。先の事例でいえば、建設地を変更したり障害者支援策を拡充することは、議会の役割であった。

　住民参加の新しい仕掛けは、多様な住民の意向を集約させる新たな装置であるとともに、総体的相対的判断の独占者という役割を議会からはぎとる。住民投票は、一般には多数者の専制の手法にも使われる。しかし、住民同士の、また住民と議会・首長との情報の共有を前提とした上での、さまざまなレベルの討議を踏まえた住民投票は、断片化された直感に基づく投票とは隔絶する。討議による発見を踏まえた投票である。

　また、抽選による住民参加は、従来表出されることが少なかった住民が登場し、意見表明するだけではなく、住民による討議を通じた公論形成を目的としている。

　このように考えると、総体的相対的な判断は議会の独占物ではなくなる。実際上はともかく、理念上でさえ独占していた議会の役割が新しい仕掛けによって住民と分有されるようになる。住民と議員とが公論をめぐって競争する時代となる。

③ 新しい住民参加の仕掛けにおける議員の役割

　住民参加の新しい仕掛けの採用によって、議員は住民の意向を踏まえて、自らの意見を表明しなければならない。

　まず、住民投票における議員の役割についてである[55(163頁)]。住民自治を

---

[54] デリバレイティブ・ポールの実践については、『ガバナンス』2010年3月号（「『討論型世論調査』（DP）を新総合計画に反映へ」）、参照。

原則とすれば、住民投票は否定されるべきものではない。必要ならば、議会から住民投票の採用を発議すべきである。また、制度設計にあたっては恣意的な作動はないか、多くの住民の意向が表出されているかを監視すべきである。実施時には、情報の共有や、さまざまな場での討議を踏まえた上での投票にならなければ、単なる直感の表出となる。議員は、制度設計とともに、実施にも公平中立の視点から監視を行う。住民投票にあたっては、正統に選挙された議員同士で討議するとともに、最終的には住民投票の結果を踏まえて、再度議員同士で討議し議決することになる。非拘束型住民投票の場合には、住民投票後の議員の表決にあたっては、結果と一致する議員もいれば、一致しない議員もいる。住民投票結果の重みを踏まえて再度議員同士で討議することになる。住民投票の結果は重いとはいえ、即、「正答」とは判断するべきではない。議員には決定の責任が覆いかぶさってくる。

ついで、抽選によって選出された住民による討議を踏まえた意見と議員の関係を考えよう。従来は、サイレント・マジョリティとして扱われた住民が、公論を展開する。それは、討議することによって、個々の意見は広がりと深さを持つということに由来する。多様な意見を踏まえた討議により意見は変化していく。このような過程を通じた意見表明は、意見の単なる集約・累積ではなく、「公的意見」としての資格を持つ。

議員は、この制度の長所や限界を確認しつつも、重要な制度としてその採用を提言することも必要である。公平・中立で行われるかどうかを提言し、監視の役割を果たす。実施されることになれば、それに積極的にかかわることも必要となる。傍聴し積極的に住民の声に耳を傾ける。

ここでも、住民の意向と議員の意向が一致する場合もあれば、一致しない場合もある。どちらが「正答」かは最初から（ア・プリオリ）判断できるものではない。議員は、議会人として熟慮しつつ、議員同士で討議（熟議）する。さらには、すでに公論形成に参加した住民だけではなく、それ以外の住民との意見交換も必要となる。議員に権限を付与したのは、そこに政治家の資質を期待しているからである。

④　議員の最終判断を保障するもの
　　——意欲、責任、総体的相対的な判断力

住民によって表明された意向と異なる議員は、「それにもかかわらず」

(M.ウェーバー)として、自らの判断に基づいて、表決しなければならない。新しい住民参加の仕掛けを通じた住民の意向であっても、議員はそれを尊重しつつも迎合することなく、積極的にそれを踏まえて討議を巻き起こす必要がある。そして、議員は自らの意見とその理由を明確にすること（説明責任）は当然である。これを踏まえて議員の資質を考えることにしよう。

今日脚光を浴びているボランティア政治家は、専門的能力が欠如しているとは断言できない。そもそもボランティア政治家とは、経歴を積もうとしている職業的政治家ではなく、市民的義務として活動している選挙される公職者を指している。そこで、アメリカ合衆国の地方議会の文脈ではあるが、ボランティア政治家の責任性欠如を問題にしている論者もいる（Harrigan 1998：124）。ボランティア政治家は、みずからの判断や信頼する仲間の判断にしたがうのであって、選挙者を意識するわけではない。駆逐されてもかれらは損害を被るわけではなく、その代わりには、別のボランティア議員がつくことになる。

本書で構想する議員にその優位性があるとすれば、責任を持つことだけではない。次項で検討するように、それを含む政治家の資質が問われるからである。選挙に立候補する意欲、地域経営を担う責任感、そして単一争点だけではなく総合計画や予算を含めた地域経営全体の中での政策判断の適確性などである。

もちろん、これらは相対的なものである。住民も参加する意欲があるし、意見表明は責任を有する。さらには、地域経営全体の確認は、すでに指摘した総体的相対的判断とも通じるように、討議によって住民も獲得する。

しかし、議員の4年任期は、議員にとって必要な資質である意欲、責任、判断力をさらに培う期間であるし、そうならなければならない。恒常的な議員活動には、並々ならぬ意欲と責任感が必要である。意欲や責任感をさらに高めるためには、総体的相対的な認識に到達するための判断力の研磨が必要になっている。任期による恒常的活動は、総体的相対的視点からの判断を獲得しやすくする。

---

*55　民主党が提案している条例に基づいて決定権限を付与する議論でも、当然、本文で述べているように、議会や議員は情報の提供の監視や、討議の場の設定を積極的に推進する必要がある。

(2) 政治家としての議員の資質・能力
——情熱、判断力、責任感そしてコミュニケーション能力

　専門性と市民性をあわせ持っているネットワークを有することが議員には必要である。これを政治家の資質という側面から考えていこう。

　議員を含む政治家の資質を考える場合、また常に省みられなければならないのは、現代政治の中で政治家の資質を位置づけたウェーバーの議論の情熱、判断力（冷静な目測能力）、責任感（道徳的な責任ではなく結果に負う責任）の議論である（Weber　1919＝1980：77ff）。もちろん、国会議員や首相、大統領とともに、地方議員を政治家と呼んでよいか、厳格な定義が必要である。とはいえ、政治家に必要な、政治的集約機能や政治統合機能は十分に果たしているとはいえないまでも、果たすことが期待されている。そこで、国政の政治家を対象としたウェーバーの議論を参照してもあながち失当にはならないであろう。

　仕事に突入していく情熱（倫理責任ともつらなる）がまずもって必要である。しかし、これでは、意欲はわかるが…というものである。地域社会を統合し秩序づけ、方向づけなければならないとすれば、事物や人間に距離をおいて観察する冷静な目を持った分析者でなければならないし、その行動に対する結果に責任を負わなければならない。

　情熱も持たず、「名誉」のためだけに議員になっているのではないかという人、自分は正しいのだと自己主張だけをやっていて結果に責任を持たない人（批判だけの議論は無責任に転化）、判断力がなく現状把握がずれていれば、どこかの自治体で通用するものであっても無力となる場合もある。議員は、その議決にどのくらい責任を持っているのであろうか。「異議なし採決」「起立採決」があまりにも多い。議員はその議決の重さに眠れない夜をどのくらいすごしているのだろうか。ウェーバーの議論から議員の現状には多くの示唆を受ける。

　このウェーバーの議論の情熱、判断力、責任感、といった議論はリーダーシップ論へと進化していく。フロアー（指導される人）の議論も視野に入ってくる。これ自体は重要ではあるが、新しい議会を担う議員を考える場合、ウェーバーの議論を参考にできるのはここまでである。

　住民自治が基本であるがゆえに、したがって住民をフロアーとは決して呼

べない。新しい議会を担うには、まず、住民との関係を重視する議員の資質を重視しなければならない。

　情熱は、議員として公職につくためには、その動機が必要であり、それを推進する上での熱き情熱が必要である。また、判断力はそれを政策化し実現する上でも、また他者からの提言の評価にあたっても重要である。結果責任は、巨大な決定権限を有する議員であるがゆえに当然意識してもらいたい事項である。

　しかし、これらは新しい議会を担う議員にとって重要であるが、それぞれ補足が必要である。情熱は独善であってはならない。判断力は、正確さが必要で、限られた条件での判断であることの日々の反省、日々の修正が必要である。さらに、結果責任は、それに至る過程を重視しなければ単なる独善であり自己満足である。

　住民自治を重視する新しい議会の議員は、住民とともに歩まなければならない。そのためには、住民と語り合う中で、その情熱をさらに燃え上がらせるとともに、さまざまな意見を冷静に聞く寛容の精神が不可欠である。また、判断力も住民との議論や調査研究によって、日々の修正が必要である。ここでも寛容の精神が重要である。さらに、結果責任は、住民との議論の中で、それを踏まえつつ責任を持つ。住民への迎合でも、議員自らの独断でもない判断に基づく結果責任である。

　このように考えれば、住民は受動的ではなくもっと積極的に位置づけられるべきであろう。住民と語る中で住民の意向を踏まえた柔軟な判断が議員には求められている。同時に、情熱、判断力、責任感といった議員側での倫理も重要である。住民に迎合することなく、住民と議論し議員自らで判断する。この場合、住民への説明責任が重要なポイントである。

　情熱、判断力、責任感といった議員の資質を、住民自治という視点から再考した。これらの資質は、住民と歩むこと、議員同士の討議によっても、豊富化される。コミュニケーション能力の必要性である。このように、情熱、判断力、責任感、そして議員のコミュニケーション能力こそが住民自治を進める議員の資質である。

(3) 最近の地方政府改革における議員像の揺れ

今日、地方議会や議員に影響を与える地方政府形態の改革が提案されたり、実施されたりしている。新しい議員の創出とどのような関係があるか考えておこう。

① 地方分権改革推進会議は、シティ・マネージャ制導入など多様な政府形態からの選択制の検討を提案している（2004年）。「シティ・マネージャ制等の多様な選択肢の導入を可能とすることについても検討するべき」なのは、今日、「専門的見識に基づく効率的な行財政運営を行う」必要性、および住民自治の拡充観点から「地方公共団体の組織の在り方を自主的に選択する」必要性からである。シティ・マネージャ制は、アメリカ合衆国では中規模の市町村議会で採用され、日々の政策執行は専門的な教育を受けたシティ・マネージャとスタッフが行うものである。専門性を重視するシティ・マネージャによって、議会の討議や議決は市民の視点の重視だけで事足りるわけではない。政策の方向は議会が決定するのであって、その議会は専門性と対立した市民性だけから運営するわけにもいかない。むしろ、執行の専門性の高度化にあたって、議員は市民性とともに専門性をあわせ持たなければならない。

② 地方制度調査会では「議会のあり方」も検討されることになった。「第28次地方制度調査会審議項目及びその論点について」は、議員の性格をめぐる議論に一石を投じている。「女性やサラリーマン等の立候補を容易にするための方策を考えるべきではないか」あるいは「議員の兼職禁止のあり方についてどのように考えるのか」という論点が提示されている。第28次地方制度調査会答申（2005年）では久しぶりに議会改革が大幅に取り上げられた。その中の「幅広い層からの人材確保等」では、前者については「運用上の工夫をすべきである」と、また後者については「検討すべき課題である」と答申している。前者は、さまざまな市民の視点が強調されているようにも読める。しかし、すでに指摘したように市民の視点は専門性と矛盾するわけではない。また、後者の兼職禁止の再検討は、現行では他の議員や請負企業の役員の緩和を意味していないと思われるので、公務員の兼職が想定されているといってよい。公務員の専門性の重視と読めるが、同時にさまざまな職業の市民が議員

を目指すという意味でさまざまな市民の視点の重視と考えられる。

第29次地方制度調査会の審議項目（2007年）でも、「議会制度のあり方」が取り上げられた。議会の団体意思決定機能や監視機能の向上策、議会制度の自由度の拡大、議員定数とともに、「幅広い層が議員活動できるための制度の環境整備」が審議され、同趣旨の答申が提出された（2009年）。

③　「平成の大合併」によって議員定数は大幅に削減された。任期や定数の特例措置はあったとはいえ、数年後に定員は大幅に削減された。そのことによって議員は、従来の地区代表的な活動に変わって、より広い視点から議論し、議会活動することに専念することができる。競争することによる議員の質の向上も想定できる。それにとどまらず、「少数者は意見の一致に到達しやすく、議会が独自の強い意思を持つ可能性が高くなる」（村松・伊藤　1986：181）。首長サイドのパワー・センターと並ぶもう1つのパワー・センターが成立し二元代表制が機能するという。新しい議会が想定している役割に合致する傾向といえる。ただし、ここで提起されているのは「少数の（おそらくは、今よりエリート的な）地方議員」であり（村松・伊藤　1986：180）、新しい議会を担う専門性と市民性をあわせ持った議員像とは異なっている。従来議員が担ってきた地区代表の機能は、さまざまな住民参加制度の充実が担う。地域からの提言を制度化し、そのことによって議会はますます全体的長期的な地域ビジョンを構想することになる。

地方分権改革にともなって、地方議会像とともに地方議員像も議論の対象になっているし、そうしなければならない。地方分権が進めば進むほど地方議会像も議員像も多様であってよい。とはいえ、今日現行の制度である機関競争主義を前提に、それを充実させる議論が必要である。これを踏まえない「真空」での議論は無意味とはいえないまでも、空虚であり生きた議論にはならない。

そこで、本章では機関競争主義を作動させる議会を担う議員像、具体的には、議員の役割とその資質を検討してきた。議員像と報酬を切り離し、議員の資質を主題的に検討してきた。専門性と市民性をあわせ持った議員像である。

とはいえ、地方議員は、自治体の政治家（国政と異なる意味での政治家）である。政治家の素養も身に付けなければならない。情熱、判断力、責任感、そしてコミュニケーション能力である。こうした資質を有する議員が活動する際の条件のすべてとはいえないが、重要な報酬について章をあらためて検討しよう。その際、本章で簡単に触れた議員の役割（活動内容と活動量）についても詳細に検討することになる。

第7章

機関競争主義を作動させる議員報酬と定数
―― 行政改革の論理と議会改革の論理

1　行政改革と異なる議会改革の論理

　議会は、地域民主主義の拠点である。議員の報酬や定数は、自治の問題として捉えられなければならない。多くの議会で行われている、行政改革の論理で行われている報酬削減や定数削減は、表面的には住民の賛同を得るかもしれない。しかし、それでは議会の存在意義も語れず、地域民主主義を発展させることはできない。

　行政改革は、効率よく執行することを目的としている。それに対して、議会改革は、地域民主主義の実現である。それは、住民自治の根幹として住民との意見交換を踏まえて、議員同士で討議することによって、政策提言をするとともに決定を行い、その実施を監視し評価することを目的としている。議会改革を行政改革の論理で行うことは本末転倒である。もちろん、議会費の削減が無意味というわけではない。地域民主主義をどう実現するかを考えた上で、その際コストはどうなのかを、住民とともに考えることが必要である。実現する議会改革の促進こそが行政改革を進めることができる。議会のパワーアップの視点から報酬や定数を検討しよう。

　議会改革を踏まえて報酬や定数を明確にできず、「時流に乗って」報酬削減や定数削減に邁進することは、議会の自殺行為であるし、結局、住民自治にとっての背信行為である。報酬や定数は、住民自治にとっての議会とは何かを考えるよいテーマである。

2 議員活動の狭い解釈が招く議会のパワー・ダウン

(1) 機関競争主義を作動させる議員活動

　機関競争主義を作動させるには、議会のパワーアップが必要なことを強調してきた。住民の中には「議員は年間数日議会に出て、後は何もしないで給与（正確には議員報酬）をもらっている」と思っている住民も少なくない。

　議員活動を考えることは、たしかに議員報酬の議論とも連動する。議員活動の議論をこの水準にとどめることなく、機関競争主義を作動させる議会を構築するために不可欠な議論として捉えることが必要である。

　そもそも、議員は会議に出席さえすればよいわけではない。新しい議員活動を行うための準備も大いに必要である。議員の政策能力を向上させる条件を整備しなければ、議会は活性化しない。

　すでに、議員の活動を狭く解釈する法令上の問題について検討した。このことを踏まえた上で、議員活動を狭く解釈することは、議会のパワー・ダウンを招くことを確認する。

　政策過程全体にわたって、議会は住民参加を促進して合議を通して首長と競争しなければならない。「口利き」活動からの転換が必要である。議員は、すでに検討したように、住民の提言を政策化する調整と提案の能力、地域デザイン構想者としての提案と討議の能力、監視の能力をそれぞれ有して活動することが期待される。

(2) 異なる議員活動の評価

　機関競争主義を作動させる議員活動は、片手間ではできない。いままでも、議員は膨大な時間を議員活動に費やしてきた。都道府県議会議員では、一日平均2時間未満1.3％、2時間以上4時間未満15.5％、4時間以上6時間未満30.4％、6時間以上8時間未満25.4％、8時間以上27.4％、となっている（全国都道府県議会議長会　2007）。年齢が若いほど、当選回数が少ないほど、活動時間が長い傾向がある。市町村議会議員よりも都道府県議会議員のほうが専業化率が高いことを考慮すれば、一般に市町村議会議員はこれよりも議員活動時間が少ないといえよう。ともかく、かなりの時間が議員活動に費や

されているという自己評価である。

そこで、議員活動の中身が問われなければならない。とりあえず、次の活動がイメージできる。会議への出席、議員派遣、自治体の公式行事への参加、議案の精読、一般質問・代表質問の準備、政務調査、政策提言・質問に反映させるための住民の声の聴取、請願の紹介者、等々。

さて、このように考えても議会活動の範囲を確定するのは容易ではない（表7－1）。まず、この「等々」――この解釈が、議員と住民とでは違う（議員活動と選挙・政党活動との関係）。他人の選挙活動は、議員の肩書きで行ったとしても、議員活動とはいえないことは当然である。議員は、自分の選挙活動や自分が所属している政党の政策普及活動などの政党活動は議員活動に含まれると考えることが多い。しかし、住民の常識（といってよいであろう）からすれば、選挙活動や政党活動は議員活動には入らない。

議員活動を考える難しさはこれにとどまらない。なぜならば、ここで列挙した事例も議員活動としては当たり前だとはみなされていないからである。

表7－1　議員の活動実態

活動の類型	事例
議会における議員の権限行使	議長・副議長等の選挙、一般質問等における発言、委員会審査・調査への参加、討論、議案に対する賛否の表明、議案提出・発議、自治体の事務およびその処理にかかる調査・検査、調査派遣等
議会の代表または構成員としての活動	議会代表としての議長の行為、議会広報番組への出演、議会賓客への対応等
自治体が主催・共催する記念式典等への参加	都道府県民の日等の記念行事、防災訓練等の視察・参加、公共施設の開所・開通式、議会の周年記念行事等
会派構成員としての活動	議案等に対する会派の意見調整、議会運営等について会派を代表する役員等としての他会派との協議等
議員としての政策形成活動、地域社会形成活動等	<u>住民集会への参加、事業実施などに向けた説明会への参加、請願・陳情の相談および紹介</u>等

注1：都道府県議会制度研究会　(2007)、を参考に作成。
注2：事例の欄の下線は、政治活動・選挙活動と重なる可能性がある事項である。

議会の会議への参加は議員活動であることは共通認識としても、それ以外は、議員活動とはみなされない場合もあるからである（議員活動と市民活動との関係）。議会への参加、請願の紹介、少し広げて質問・質疑への準備は議員の活動だとしても、それ以外は公共性を担う住民も行っている。

さらにやっかいなのは、そもそも会議への参加という場合の会議とは何かについての問題もあることである（法定会議と法定外会議との関係）。ある新聞では、独自調査を行い「全員協議会や各派代表者会議など地方自治法に定めのない地方議会の『法定外会議』」の出席議員に、日当や交通費を支払う費用弁償をしていることを問題にしている（『朝日新聞』2007年5月28日）。日当の支給は議論する余地はある。しかし、本会議、委員会、議員派遣以外は、議員活動とはみなせない、法律では規定されていない法定外会議に費用弁償を支払うのは違法という論調である。法定外の会議への参加以外、議員活動を認めないことになる。極めて狭く議員活動を捉えている。今日、全員協議会や会派代表者会議など、法定以外の「議案の審査又は議会の運営に関し協議又は調整を行うための場を設けることができる」（自治法100⑫）こととなった。それでも会議出席が議員活動だという発想は同様である。

これらの論点については、議員活動の制度による明確化の中で確認するが、ここでは、議員活動＝会議への出席という解釈の問題点を主題的に考えてみたい。

(3) **議会活動の限定は議会のパワー・ダウンにつながる**

会議への出席だけを主な議員活動として狭く解釈することが実際行われている。福島県矢祭町議会（定数10人）は、議員報酬の月給制を日当制に改める議決を行った（2008年3月31日施行）。定例会や臨時会、委員会、公式行事など年に30日程度の出席に日当3万円を支給するというものである。全国で唯一の日当制の議会となる。日々の議会や議員の活動に不信を持っている住民からすれば、溜飲の下がる思いだろう。たしかに、地方議会に限らず地方自治体の組織や運営も多様であるべきだし、それを地域住民が変えられる権限が必要である。その意味では、日当制は議会改革に一石を投じたものといえる。

しかし、議会と執行機関が切磋琢磨するという二元代表制を前提とする限

り、この日当制には留意すべき点がある。それを踏まえない単なる日当制の導入は、地方議会のパワー・ダウンを招く。矢祭町議会は苦渋の選択だったとしても、それを一般化するわけにもいかない。

　日当制にしても、昼間開催では自営業者や農業者だけが議員とならざるを得ず、議員の多様化とは逆行する。また、矢祭町議会の場合、本会議や委員会、公式行事を含めても30日程度である。執行機関の監視を強化するために、定例会を２回にして会期を延長する議会（三重県議会）や通年開催する議会（北海道白老町議会、北海道福島町議会など）とは大きな落差がある。

　こうした論点以上に危惧されるのは、議会がパワー・ダウンすることである。議員活動を会議出席に狭く解釈することは、調査研究のための条件を整備しないことに連結する。これを行わなければ、議会は執行機関に対抗できない。具体的には、調査研究費（現行の政務調査費等）の透明性を前提とした充実や、議会事務局の充実などがそれである。さらに、住民が政策提言を議員に行い、議員活動を支援する覚悟も必要である。議員を支援する制度をともなわない提案は、議会を審議会として位置づけることになる。現状ではその程度だという評価もある。しかし、それで善とするわけにはいかない。

　議員は、審議会委員等とは異なり、二元代表制の一翼を担う機関で活動する。調査・企画・立案、情報収集・意向調査・住民との意見交換、議案調査・事務調査等――日当制が想定する会議への出席を越えた活動を行わなければならない。

　いまこそ、機関競争主義を作動させ、住民と歩む議会を構築するためには、議員活動のイメージを大きく膨らませる時期にきている。

3　自治を担う議員の活動と報酬

(1)　住民が「高い」と感じている議員報酬を考える前提

　機関競争主義を作動させる議会を担う議員活動について考えてきた。そこで、議員報酬を考えよう。その際には、いくつかの共通認識が必要である。これが定まらないと議員報酬の議論は拡散し収拾がつかず、生産的な議論とならないからである。

　①　**議員活動のイメージ**　機関競争主義を積極的に作動させている議会を

担う議員への報酬の議論であること。執行機関に追随したり、「口利き」を仕事だと思っている議員を想定しているわけではまったくない。
② **平日昼間開催** 通年議会という言葉に顕著なように、議会・議員には恒常的な活動が求められていること。土日や夜間開催も模索されているが、実際、恒常化するには現行では困難で、平日議会を想定しなければならない。
③ **議員の資質** 幅広い層の人が議員になることを善とすること。特定の層（属性）に偏向した議員では、地域経営にも偏りを生じさせることになる。そこで、少なくとも性別、年代、職業、これらは多様であることが望ましい。しかも、住民はさまざまな分野での専門家であり、一部の人が専門性を独占している時代は終わっている。議員は市民性と専門性をあわせ持つ必要がある。

もちろん、ここで提起したものとは異なった認識も可能である。議会活動について、いまだ活性化していない議会、政策提言もしたことのない議会を想定すれば、議員報酬は当然削減すべきだという議論も噴出する。平日開催について、土日や夜間開催ならば別の結論を導きだすことも可能である。さらに、議員の資質について、少数の専門家というイメージでは別の結論が想定できる。まず、この３つの認識を共有して議論を進め、その上で変種も考えておきたい。

(2) **ボランティア議員を推奨する「思考」を考える**

今日、現行の議員報酬を批判してボランティア議員を、という議論が聞かれる。議員報酬は感覚的に高いという理由だけからボランティア化の議論は、あまりに乱暴だとしても、固定化した議員の属性を打開する意図からのものもある。たしかに、例外はあるものの、サラリーマン層が議員になることが困難な状況は、地域民主主義にとって大きな問題である。欠陥だといってもよい（表7-2）。

幅広い層が議員活動できるための環境整備を議論する中で提出された意見の１つに、「ヨーロッパやアメリカの基礎自治体のように 議員は無報酬とし実費だけの支給を受けるものとすべきではないか」（第29次地方制度調査会第15回専門小委員会資料）。ここに、ボランティア議員を提起する理由が収斂さ

表7-2　地方議員の「職業」

自治体	職業　（％）
都道府県 N=2,136	①議員専業　49.9　　②農業　9.1　　③サービス業　9.0 ④卸売・小売業　4.8　　製造業　4.8
市区 N=21,527	①議員専業　31.6　　②農業　16.1　　③サービス業　9.4 ④卸売・小売業　7.0　　⑤製造業　4.8
町村 N=37,635	①農業　40.6　　②卸売・小売業　8.3　　③建築業　7.5 ④サービス業　7.2　　⑤製造業　5.9

注：地方行財政会議（本会議）資料より作成。

れている。多様な人が議員となるためには、ボランティア化が必要だということであり、欧米でもそうなっているという比較からである。

　まず、欧米の議員の実際から考えよう。たしかに、筆者の知る限りでは、欧米の基礎自治体の議員は無報酬で費用弁償程度が多い。多くの議会が夜間に開催されるという運営上のこととともに、基礎自治体は小規模でサービスや権限が限られていることにより、議会がかかわる範囲が狭いことを考慮しなければならない。フランスのように、昼間開催の場合も、開催日数が少なく議会出席にはその分の会社等の給与の補填が行われることも考慮しておこう。こうした多数の基礎自治体の動向とは逆に、大規模な（とはいっても日本では中規模）基礎自治体では、やはり生活できる額の報酬が支払われているところもあるし、支払われていないところでは、支給しようという議論が出ている。単純に、「欧米の…」とは断言できない。

　また、幅広い層が議員になれるためには、議員のボランティア化がベターなのかどうか考えよう。戦前には、地方議員は「名誉職」であった。この名誉職は無報酬を意味する。戦後の地方自治制度改革で、議員の名誉職規定を削除するとともに、報酬を支給しなければならない義務となっている。

　その改正には、議会の役割の増大とそれにともなう議員活動の広がりのためという積極的な理由のほかに、費用弁償等の明確ではない金銭が支給されていたことによる不透明性の是正という消極的な理由があった。後者の議論はともかく、議会活動の重要性の認識が議員活動範囲を広げ、議員報酬支給の規定へと進んだ。

改正理由からは明確ではないが、名誉職規定を削除した意味は、より多くの住民が公民となり（当時ようやく男女普通選挙が実現したばかり）、議員となる条件整備という理由も考えられる。ボランティア化は、現状の議会運営ではそれを主張する人が目指す政治社会とは逆の社会を創りだす危険がある。普通の庶民はまず生活できる賃金が必要である。ボランティア化は、むしろ時間と財がある人だけを議員とすることにつながる。この思考は、財力のある名望家こそ「公正な決定ができる」というかつて聞かれた議論とも共鳴する。かりに、財のない人が議員になるとすれば、議員になって財力を稼ぐことを目的としているとも勘ぐられる。ボランティアの言葉は美しく響くが、その現実は逆に多様な人々を排除する危険がある。

　なお、ボランティア化に消極的な議論をしているが、住民自治の充実を意識しない議員を正当化する論理ではまったくないことは本書全体で理解できるであろう。

(3) 生活給としての議員報酬を基準に

　それでは、生活給としての議員報酬が万能か。それに見合う活動をしているかどうかの評価は度外視するとしても、かなりむずかしい問題に直面する。

　生活給は、意欲ある多様な人材を輩出する可能性をボランティア化よりも備えている。すでに指摘した3つの要素（議員活動のイメージ、平日昼間開催、議員の資質）を考慮すれば、生活給を基準とすることが現実的である。地方分権改革の中で自治体の活動量はさらに増大する。それを積極的に担うとすれば、議会開催は昼間開催となるし、調査研究やさまざまな団体との意見交換も昼間行わなければならないこともある。そして、こうした活動を行う議員に、多様な人がかかわるようにするためには、生活給が必要となる。現行でも多額の費用が支給されている議員もいないわけではない。彼らが十分な議員活動を行っているかどうかは即断できない。とはいえ、理念上は生活給に準じた議員報酬支給に軍配が上がる。

　しかし、議員報酬を生活給を基軸に考えることは、議員の多様化・流動化を疎外することにもなる。

　第一に、立候補しようと思えば、多くの人は会社を辞めなければならず、

当選を繰り返すことを目指す。公選職の休暇制度なども提起されているが、かりに法制化されたとしても、4年間職場を離れた社員を政治という場で研修を積んできた者として快く迎え入れる環境は整っていない。

　第二に、生活給額は年代により異なる。報酬は議員同額である。若年層では高額でも、育ち盛りの子どもがいる議員では少額と感じる。年代によって額を変えるという議論もあるが、平等性から実現できない。また、当選回数によって高額とするという議論も聞かれるが、平等性に反するとともに、経済的利益を求めた多選が横行し議員の多様化・流動化に反する。

　したがって、議員報酬・定数には正答があるわけではない。しかし、考える視点と基準を提示することは今後の議論として有効である。

(4)　議員報酬の根拠の精緻化——会津若松市議会の挑戦

　新しい議会を担う議員の条件整備の1つとして議員報酬を位置づけて、その根拠を理論化した議会がある。会津若松市議会は、議会版政策（会津若松市議会では政策形成）サイクルを打ち出し実践している。そのサイクルの中にはその都度、住民との意見交換会を設置している。その意見交換会で、住民からさまざまに提案された事項をまとめ上げ、そのいくつかを重要事項として確定し、それについて議会として調査研究している。その重要事項のうちの1つに議員報酬・定数を取り上げた。議員同士だけではなく、議員と住民によって設置された検討会を中心に調査研究が進められた。

　議員報酬の理論化は、これで一気に水準が上がった。これらを住民との意見交換や学識経験者との意見交換を踏まえて提案している。「議員報酬・議員定数の削減ありき」ではなく、議会・議員活動の「自己将来像」と「その対価としての議員報酬等の額」の仮説を提示し、それを素材として住民と意見交換する手法である。これによって、議会・議員活動を住民に約束して、その活動の対価としての「議員報酬」を得るということになる。

　議員報酬は、3つの方式から検討されなければならないことを強調する。原価方式、比較方式（同規模自治体との比較）、収益方式（市政への貢献度＝成果の重視）である。比較方式は、議会・議員活動の差を反映していないために、また収益方式は、数値化の困難がともなうために視野には入れるが、検討は原価方式が主になる。それは、議会・議員活動を判定することか

らはじめる。

　こうして算出された議会・議員活動を累積すると8時間を1日で換算し185日の活動日数となる。市長の活動日数が345日（2008年実績）であったことから、市長の月収約108万円に185／345を乗したものを議員の月額報酬の最高額とすることを提案している（質的な差があるため、それにその差を数値化できればそれを乗する）。月額議員報酬は、約54万円となる。住民との意見交換会において議員活動をさらに精査することが指摘され、再検討の結果169日を算出している。会津若松市議会の議員報酬の論理を再確認しておこう。

〔論点1〕議会・議員活動の精緻化。議会・議員活動の範囲を確定することから出発する。

〔論点2〕議会・議員の活動量（時間）を確定する。積算し1日8時間として169日とする。

〔論点3〕首長の活動量（時間）と給料との比較から議員報酬を確定する。首長の勤務実績とそれにともなう給料を基準にして、議員の活動量を比較して議員報酬を割り出している。その額は、年770万円となる。

　この論理は非常に意欲的である。とはいえ、いくつかの問題も内包している。学識経験者としてかかわった筆者のコメントに対する論評も紹介しておこう（会津若松市議会議会制度検討委員会　2010）。この論理を豊富化しているからである。

① 議員活動の積み上げ方式を採用しているために、設定する単価の高低はともかく時給方式と容易に結びつくのではないか、という論評に対する会津若松市議会のコメント。

　議員活動換算日数モデルは、議員活動の範囲という定性的な事項を踏まえて、議員報酬モデル額という定量的な試算を行うための、いわば媒介的な変数として採用したものであるが、このような前提条件のもとで原価方式を採用する場合は、「単価×日数」が基本算式となるため、「時給（日給）方式」的な考え方を内包する結果になるものとあらためて認識している。こうした認識を踏まえ、あらためて、2009（平成21）年10月の中間報告を考察すると、議員活動モデル日数は、上記のとおり、2007（平成19）年度・2008（平成20）年度の議会・議員活

動量を基準とする一方で、「議会・議員活動の将来像」との表現を使用してきたため、「将来において議員報酬を算定するための方式」という理解・解釈は十分可能であり、その意味では、ご指摘のとおり、「会津若松市議会は、時給（日給）方式により議員報酬を算定しようとしている」との理解をされても仕方がなかったと受け止めている。

　そのような指摘を踏まえれば、今般の議員報酬モデル額の試算にあたり、原価方式を採用した意義・理由は、あらためて整理・確認する必要があると考えている。それは、議員報酬の定義は「議員活動という役務の対価」であるところ、「高い」との批判を受けていた議員報酬の根拠や妥当性を説明するためには、役務の内容について、定性（範囲）および定量（活動量）の２面にわたる分析をすることが必要と考えたことにそもそもの第一の意義があったということである。そして、その意義は最終報告の現時点においても変わるところはない。

　したがって、議員活動換算日数モデルおよび原価方式については、議員報酬モデル額を議員活動の範囲および量の２面から説明するための方式であって、今後、将来に向けて、会津若松市議会議員の実際の議員報酬額を、個々具体的に算定するための方式ではない、ということをこの最終報告書の段階で、あらためて確認しようとするものである。以上より、時給（日給）方式を採用する考えはない旨をここで確認するものである。

② 　積み上げ方式は、それぞれの議員活動の積み上げを行う手法とも近接し、議員ごとに異なる報酬額の確定にも至るのではないか、という論評に対する会津若松市議会のコメント。

　中間報告の内容では、指摘のような理解・解釈が十分可能であり、その意味では、中間報告の内容や説明ぶりは十分なものではなかったと受け止めているところであり、あらためて説明したい。

　それは、①で述べたとおり、議員活動換算日数モデルおよび原価方式については、議員報酬モデル額を議員活動の範囲および量の２面から説明するための方式であって、今後、将来に向けて、会津若松市議会議員の実際の議員報酬額を、個々具体的に算定するための方式ではない、ということをあらためて確認しようとするものである。以上より、議員ごとに異なる報酬額を算定する考え方はない旨をここで確認するものである。

③ 　市長の月収との比較から議員報酬を導き出す手法ではなく、別の発想を採用すべきではないか、という論評に対する会津若松市議会のコメント。

> 原価方式は、基本的には、評価対象の要素毎に原価を直接的に求め、積み上げていくことが基本であろうが、実際には、すべてを直接的に算定することは困難であり、その場合には、他のなんらかの項目を採用せざるをえない場合もある（なおその際は当該他の項目とのさまざまな差は適切に補正する必要がある）。こうした中、今般、原価方式の援用にあたっては、市民から質問の多い矢祭町議会日当制モデルおよび市長との給与月額との比較モデルの2つの方法を採用し、議員報酬モデル額を試算したが、市職員の給料月額に基準を置く前者モデルよりは、議員と同じ公選職である市長の給料月額を基礎とするモデルのほうがより説明力が優れているとの判断をしたものである。
>
> これまでの検討経過も含め、現時点では、議員活動の範囲および量を踏まえて、議員報酬モデル額を説明するためには、原価方式に拠らざるをえず、かつ、その中でも、市長給与を基準とする手法を採用したものであるが、原価方式や市長給与比較モデルが「最善の策」という認識ではなく、他の方式（比較方式および収益方式）との比較では相対的に説明能力が優れるという位置づけ、すなわち、「次善の策」との認識で、検討を進めてきたところである。
>
> 議員報酬モデル額のより望ましい導出方法については、議員活動の範囲および量のモデルのあり方も含め、学識経験者の専門的知見の活用や市民との継続的な意見交換を重ねながら、今後とも引き続き検討していきたい。なお、原価方式などの方式は、あくまでも、議員活動や議員報酬に関する市民への説明責任を果たすための説明の道具の1つであって、実際の議員報酬額を個々具体的に算定するための方式ではないことは②と同様である。

④ こうした論評に対して筆者は、次のようなコメントをしている。

　a．最終報告で強調されている全体最適性という視点は重要である。個々にばらばらではなく、それぞれが関係していることを表している。その際には、議会改革の論理は、行政改革の論理とは異なることに留意し、論じるべきである。行政改革は、効率性の追求であり、サービス水準を下げなければ削減は可能ということになる。

　しかし、議会改革の論理は、地域民主主義の実現にある。このような視点を踏まえ、最終報告書に明言していくべきだ。

　b．日数モデルを設定し、議員報酬モデルを算定した。これは日当制や議員ごとに異なる報酬につながらないか心配である。説明では、議員報酬は役務の対価であることを説明するために原価方式をとったものであり、それを日当制や議員ごとの報酬算定につなげるものではないという

が、そうやったらと言われたら困るのではないか。そうならないよう、媒介項が必要ではないか。それは、169日議員活動をするということであれば、夜間だけではできない。昼間やらざるをえないと、普通の会社員は会社を辞めなければならない。そうであれば、まずもって生活給が必要であることを強調すべきである。その際の基準は、市長と議員は直接住民が選んだ公選職であり、同様に責任は重いということから、説明してはどうか。そうしたほうが、単に日当制や議員ごとの報酬にはつなげないという説明だけよりは、強調できるのではないか。

ｃ．モデル日数「169日」が現状の活動で、今後もやっていかなければならない活動であるとして明らかにしたので、実際に議員活動を住民に明らかにすることが必要になると考えられる。北海道福島町議会のように議員自らが目標をたて、その自己評価を明らかにするといった、たとえば「議会・議員白書」のようなものが将来必要になるのではないか。将来住民はそれを見て選挙で判断することになる。

ｄ．モデル日数169日は、今後の地方分権の進展で、増える可能性があるのではないか。そのときに、連動して議員報酬は増えるのか。活動量は増えても報酬は増額しないというのか、または他の条件整備として住民が議員活動を支える方策など考えておく必要があるのではないか。

ｅ．議員報酬は、現行の議員が活動をするために必要であるとの趣旨で記載がされているが、現在の議員のためだけではなく、多くの市民が、普通の市民が議員になるための金額の把握が必要なのではないか。そうでなければ、会社を辞めてまで議員にはならない。この議員報酬モデルは、市民が政治にかかわるという開かれた議会という意義を表していると考えるし、その指摘が必要ではないか。

こうした論評に対して、会津若松市議会では最終的に次のことを確認している。

第一には、議員活動換算日数モデル169日（169日×8時間＝1,352時間）という議員活動量を踏まえれば、その活動は昼間の時間帯で、常勤的に行わなければならないものと考えられ、一般的には、議員活動をしながら、被雇用者とし

て会社に勤務することは不可能と思われる。そうであれば、議員として活動していくためには、議員報酬以外には生活の手だてはないため、議員報酬は、議員活動をしながら生活していけるだけの金額、いわゆる生活給的な水準が必要である、というものである。
　第二は、生活給的な水準が必要だとしても、上記のような報酬水準が必要なのか、という指摘が考えられるが、今回のモデルでは、市長給与を基準として算定している。それは、議員も市長もそれぞれの役割は異なるものの、両者ともに同じ住民の選挙で選ばれる公選職としての位置づけにあり、議員の職責および職務の重要性に鑑みたからである。
　第三は、地域民主主義の実現には、議会および議員の役割が大きく、かつ、永続的な取り組みが求められることに鑑みれば、議員の職責および職務の重要性は、現在、議員を務めている者だけに求められるものではなく、将来、市民の代表として議員になる市民、さらには、その代表を選ぶ側の市民にとっても重要であるはずである。よって、そのような重要な職務（役務）の対価である議員報酬もまた、現在の議員の議員活動を支えるためのものという意味だけではなく、これからの議員（将来の議員）になる市民を支えるために必要なものであり、そのためには、議員報酬以外でも生計を維持しうるような特定の層だけではなく、多様な層の市民が、安心して議員選挙に出られるような一定の議員報酬水準が必要であるという意味をも有するというものである。

　議員報酬についての理論化は、議会として、また学界においても十分な展開をしていない分野であった。今回、会津若松市議会の試みは、それを行うことによって、議会改革、したがって住民自治の条件を一気に展開させたといえる。

4　通年議会と議員活動

(1)　通年・通任議会の意義

　地方分権時代を担う議会・議員活動およびその条件整備の1つである報酬について考えてきた。その中で若干触れてきたことではあるが、新しい議会を構築する上での議会・議員活動や議員報酬をめぐる新しい試み、具体的には通年議会やそれと連動した歳費支給を主題的に考えたい。
　通年議会は、定例会を年1回として会期日数を長期にわたって、たとえば会期を4月1日から翌年3月31日とすると決めて議会運営を行うことであ

る。条例を制定して通年議会を運営しているのは、北海道白老町議会が最初で、その後、宮城県蔵王町議会、北海道福島町議会と続いている。定例会数を2回として、それぞれの会期日数を長くして年間240日程度とした三重県議会も含めてもよいだろう[*56]。

　この通年議会は、「議会の監視機能の更なる充実・強化を図り、議会が主導的・機動的に活動」するためであり（白老町議会通年議会実施要綱）、「議事運営の弾力的、効率的な運用によって議会の機能強化を図る」ためである（三重県議会会期等の見直しに関する検証検討結果報告）。

　このようにいうと、年間を通して、毎日議会が開催されているような印象を受ける読者がいるかもしれない。しかし、制度化された通年議会は、従来の定例会月（一般に3月、6月、9月および12月）に集中して開議する。それならば、従来の議会運営と同じではないかという疑問を持つかもしれない。しかし、新しい議会運営の試みであることは確かである。

① 議会は常に生きている。今日の定例会制では、定例会と定例会の間、議会は死んでいるとは言わないが、存在しない。いつでも対応できる体制をつくった。議会側に開催のイニシアティブがある。

② 機動力と監視力をアップさせる。常に、活動できる体制があると、議会は緊急事態に対応できるとともに監視力もアップさせることができる[*57]。

③ 専決処分という制度的欠陥を運用で是正することができる。議会は生きているのだから、専決処分はありえない。改正された地方自治法でも専決処分は議会が成立しないときや議決しないとき以外、専決処分はありえないとはいえ、実際にはいまだ行われている。

④ 議長に招集権がない制度的欠陥を運用で是正することができる。執行機関とは別の機関である議会の招集権はいまだ首長が持っている。一度招集すれば、議会はその後自主的に開議することができる。会期を4月1日から3月31日と規定した北海道福島町議会では、議会の招集日は決

[*56] 白老町議会は、会議条例で、それ以外の議会は議会基本条例で規定している。
[*57] そもそも、地方自治法制定時、「毎年6回以上」の定例会が義務づけられていた。連合国総合司令部は、地方議会の開催数を増やすことを提案していた。定例会を毎年12回開催した議会もあった（加藤　2005：121）。地方議会の権限をいかすためには、通年での会議の開催が不可欠であるという発想である。

まっているのだから、町長がわざわざ招集する必要はない。

また、定例会方式ではなく、選挙後の最初の議会（臨時議会）が招集されれば、次の選挙まで続く議会とする通年制（通任制とでも呼べる）も提案されている（『読売新聞』2010年10月25日付夕刊）。この通任制は、ここで検討した通年議会の徹底として理解したい。

なお、すでに通年議会に匹敵した活動を行っている三重県議会に対して、そこに設置された附属機関である議会改革諮問会議は、さらなる充実のための方策の1つとして通任制を視野に入れた議会活動を提起している。「1年間の議会活動スケジュールだけでなく、議員任期の4年間を通して具体化を図っていくことが重要となります。／例えば、県内全域で議会報告会や市町議会との交流・連携会議を実施しようとした場合、地理的に広い県域を有する三重県では、1年間で全ての圏域を回るのはかなり難しいのではないかと推察されます。そこで、2～4年間のサイクルで、全域をカバーできるようなスケジュールを検討する必要があるでしょう。／また、これと合わせて、議会活動の中心的な役割を果たす各常任委員会の委員任期を従来の1年間から2～4年間とするなど、議会スケジュールと連動した見直しをすることも重要となります。／さらに、三重県議会が平成17年にまとめた『二元代表制における議会の在り方』最終検討結果報告書の中で、中長期的な視点に立った新しい『政策サイクル』（議会による政策方向の表明（Plan）→政策決定（Decide）→執行の監視・評価（Do－See）→次の政策方向の表明（Plan））を概念的なものからより具体的なものにしていくためには、単年度での議会活動だけでなく、4年間を見据えた議会活動を考慮しておく必要があります」という指摘である（三重県議会議会改革諮問会議　2011）。地域経営に責任を持つ議会を目指すとすれば、任期全体を視野に入れた活動が重要になっている。

(2) **通年議会の誤解**

通年議会では定例会の節目がなくなることで、緊張感がなくなるという見解もある。しかし、現時点の通年議会は従来の定例会月に集中的に審議している。そもそも、機動力や監視力をアップさせた議会は、むしろ執行機関との緊張感を増す。

また、「議会への出席を求められる執行機関について、その職務遂行に支障が生じないように配慮すべきである」という余計なおせっかいも聞かれる（第29次地方制度調査会答申）。執行機関が議場にいるのは、議長が要請しているためであり（自治法121）、通年議会の試みは議員同士の議論を重視するところにその真髄はある。議長による要請は最低限度とすることを条例に明記している議会もある（三重県議会等）。むしろ、執行機関抜きで議会が動き出したら、それこそ執行機関が不安になるのではないだろうか。よい意味での情報交換が必要になってくる。

　通年議会は、機関競争主義を作動させる1つの手法である。もちろん、通年議会はどこの議会でも採用すべきだと断言することが筆者の目的ではない。たとえば、議会改革の最先端を歩む北海道栗山町議会は、通年議会を採用してはいない。定例会を中心に集中して議論するとともに必要に応じて臨時会を開催する。臨時会の開催にあたっても、議員からの招集請求（定数の4分の1）も議長の招集請求（議会運営委員会の議を経て）も議員同士の顔が見える議会だからこそ容易である。また、閉会中にも委員会が競争を行って、積極的に活動している。通年議会を採用する必要を感じないだろう。とはいえ、活動日数は100日近くになっている。形式は異なるが、通年議会の運用ともみられる。

　なお、地方行財政検討会議は「現行の定例会・臨時会の制度とは異なり、長期の会期を定め、その間、定期的かつ予見可能性のある形で会議を開く議会を条例で選択することができるようにする仕組みについて、速やかに制度化を図る」ことを提案している（総務省「地方自治法抜本改正についての考え方（平成22年）」2011年1月26日）。いわば通年制・通任制である。しかし、すでに指摘したような通年制導入の意義とは異なる。単に「多様な層の幅広い住民が議員として活動できるようにするため」だけが目的であり、これは夜間・休日議会につながることには注意を要する。

　また、議会が恒常的に議会主導の政策サイクルに主体的にかかわろうとすれば、従来の定例会制の再検討に当然進むだろう。その新しい議会運営の試みとして通年議会を高く評価しておきたい。

(3) 年俸制の歳費を議会基本条例に——活動とともに成果を評価

　本書では、機関競争主義を前提としている。追認機関に成り下がり、政策提言のしたことのない議会を想定しているわけではない。実際、年間を通して機動的に執行機関を監視し、政策提言をする議会が登場している。

　議員報酬という新たな規定には収まりきらないと考えた福島町議会は、歳費を支給することにした（福島町議会基本条例14）。そもそも、歳費は報酬を年単位の総額で考えるいわば年俸制である。それだけではなく、歳費の支給制度は日当（費用弁償）、政務調査費、期末手当の統合や縮小に進む。福島町議会の場合、現時点では議員報酬を歳費と名称変更しただけであるが、今後大いに議論されるだろう。

　歳費は、通年議会に適合的な支給方法の１つである。現行では、従来の延長であるが、政務調査費、日当、期末手当が歳費にすべて、あるいは部分的に統合されることになれば、自由に活用できる分、住民にその活動実績を公開し評価を経なければならなくなる。

　議員活動の実際は当然公開となる。生活費にはどのくらい必要で、議員活動としてはどのくらいか。どこに視察し、どのような成果があったか、どの研修会に参加して発見は何だったか、書籍の購入はなぜ必要か…。さらには、会費や懇親会の参加——これらは議員活動か。１つひとつ吟味しなければならない。

　住民も、議員報酬、政務調査費、日当、期末手当といった個々の支給では、全体の経費がわかりにくいだけではなく、議員活動総体を捉えることが困難となる。つまり、政務調査費のチェックでは、どこにお金をかけたかという活動実績だけが評価対象になる。歳費の思考では、どのような活動をしたかという成果が評価対象になる。何をしたかではなく、どのような実績を挙げたか——議員にとってはチェックの目がむしろ厳しくなる。

　福島町議会が通年議会や歳費制度を導入したのは、積極的に議会・議員の情報（議会・議員白書）を住民に提供していることと無関係ではない。また、福島町は議員定数や歳費の改正にあたって「議員活動の評価等に関連して町民の意見を聴取する」ことを議会基本条例（14③）に明記している。

　その際、地方自治法における議員報酬の範囲を考えることが必要である。地方自治法の2008年の改正で、議員には報酬ではなく「議員報酬」を支給し

なければならなくなった（自治法203）。条文の字面だけをみると、議員報酬であって歳費は支給できないとも読める。しかし、歳費は機関競争主義の条件の１つである。さらに、法令解釈上は地方分権時代の解釈に適合的だし、そもそも立法の趣旨から選択できる制度である。

議員報酬とした意味は、議員を非常勤と規定する誤解を是正するとともに、通年議会をイメージした歳費だけではなく、日当制などの支給の仕方を考慮したものである。立法趣旨の説明は次の通りである[*58]。

①議員の報酬は、非常勤の職員とは異なる性質を持っていることから、固有の名称として議員報酬とした、②歳費の採用も検討したが、議員には小規模議会の議員も含まれることから（日当制を採用した矢祭町を念頭に置いたものであろう）、「年俸といった性格、色彩を強く帯びるような名称を用いることは必ずしも実態にそぐわない」と考えて、歳費、地方歳費との名称は今回採らなかった。

立法趣旨は、多様な議会・議員活動を想定している。議会への消極的評価から、条文の字面だけで解釈する思考は慎むべきである。条文の文言と異なるというだけの理由からの住民監査請求や住民訴訟の道ではなく、むしろ議会・議員の活動総体を評価する思考こそが必要となる。そのためには、評価できる情報公開を議会・議員が示さなければならない。

5　ボランティア議員の可能性
──支援の充実がポイント

(1) ボランティア議員の可能性

機関競争主義を作動させる議会を担う議員活動を考えてきた。その活動は広範囲になることで、片手間では困難なことを強調した。今後の議員活動の広がりを考えると、夜間休日議会は困難で昼間開催が基本になる。また、住民代表機関という特徴を考慮すれば、性別、年齢、職業等で多様な議員の登

[*58] 第169回国会参議院総務委員会第20号（2008年6月10日、衆議院議員黄川田徹氏の発言）。議員提案であるために議員が答えている。「地方議会、例えば四六時中、通年議会にされるところもあれば、むしろ逆に限定されるところもある。同じような選定要件であるために、逆に代表制のそごが起きてしまう、こういったことも議論をしてきたところでございますが、今回の改正の中にはそれは入っておらないところでございます」（衆議院議員原口一博氏の発言）。

場が望ましい。これらから、報酬を考えるにあたって当面は生活給に近づけることを進めながら、議員活動が社会でよい経験として受け入れられる政治文化の醸成が必要なことを指摘した。

この立論では議員のボランティア化は軽視されている。ボランティア化を推奨する欧米を引き合いに出した議論に対して、自治体の活動量がまったく異なること、および実際には欧米でも生活給を支給している自治体があることを踏まえてボランティア化の提案の根拠が希薄であるという理由から批判した。また、実際ボランティア化を進めれば、自営業や農業者、年金生活者といった階層が議員として固定化しやすいことも、ボランティア化に対する批判の理由であった。

それでは、まったくボランティア化が困難か[*59]。結論を先取りすれば、条件が整備されれば可能性はある。その場合、夜間休日議会を想定している。夜間休日議会が必然的にボランティア化を進めるわけではない。理論上は競争原理を働かせるために高額支給もありうるからである。とはいえ、サラリーマンも議員になるとすれば、報酬を大幅に減額できる可能性は高い。その場合でも、住民が積極的に議会を支援したり、議員の交替を受け入れるという住民側の意欲、および議員を支援する議会側の制度化が必要である。

安易なボランティア化は、議会のパワーダウンを招き、結局は住民への背信行為になる。そこで、機関競争主義を作動させる議会を前提として、ボランティア化の可能性を考えたい。したがって、ボランティア化が主目的であるわけではないことを強調しておきたい。

(2) ボランティア議会の提案と可能性

ボランティア議員の提唱には、ほとんど無視してもよい議論もある。巷でよく聞かれる中には、議員報酬は高いのだからボランティアに、というほとんど感情丸出しの議論がある[*60]。また、議会力アップの議論をしなければ本末転倒になる、「議員報酬目当ての立候補を排除すべき」との議論がある（福島県矢祭町議会）。

夜間休日議会とセットになったボランティア化こそ一考に値する。夜間休日議会ならば、サラリーマン等、従来議員として活動できなかった層を議会は吸収できる可能性を広げるからである。

日本の場合、夜間休日議会の開催が成功しているとはいえない。これまでに、夜間休日議会は、会議規則を改定せず、臨時的・試行的に開催されている。最初は、傍聴者が増大しても、次第に飽きられ減少している。また、自治体職員の時間外手当がかさんできた。千葉県市川市議会、福島県会津若松市議会等では、中止した。
　こうした問題の解決を目指しつつ、夜間休日議会を原則とする会議規則改正の提案がなされてもいる（栃木県矢板市議会、2006年9月、12月議会、ともに否決）。
① 議員に幅広い層（多様な職種）から人材が創出される。
② 市民参加の機運が醸成され、市民力の向上になる。
③ 矢板市議会が議会の機能である監視＋政策＋市民との協働を目指した協働型議会になる。
④ そして議員は兼職であるから、議員報酬は生活給的なものでなくなり、議員報酬を引き下げることが可能である。
⑤ 多くの市民に議会の傍聴機会を広げることになる。
⑥ 矢板市議会が制度としての休日・夜間議会をすることは、日本で最初になり、今後の小規模議会の方向性をつくる指針にもなる。

　これらが提案理由となっている。機関競争主義を作動させるという明確なポリシーを持った夜間休日開催による議会活動は考慮してよい。たとえば、毎週水曜日午後7時から9時開催、50週だとすれば、100時間。あるいは、毎月第1・第3土曜日午前10時から午後5時開催、12か月では、168時間となる。おそらく、日本の市町村議会開催時間には到底およばない。とはいえ、それは委員会開催日数（全議員が参加しているわけではない）を含めた日数であって、この夜間・土曜日開催の場合、一議員の活動日として考えれば、それほど少ないとはいえまい。現状を前提とすれば、恒常的な夜間休日

---

*59　ボランティア化の意味は、無報酬、審議会報酬額程度の支給、交通費などの費用弁償支給といった、月額ではなく、生活給ではないものとして広く考えている。
*60　巷だけではなく、公的な会議での発言もある。「やはり私は基礎自治体の議員は原則無報酬だとはっきり書いていただきたいと思います。勿論、実費は払いますよ。〔中略〕そのように自立した市民が代表として議員になるわけですから、生活保護の人やあるいはブラブラしている学生が議員になるなどということは考えられないことですから、ちゃんと自立した生活報酬を持っているはずですから、無報酬でいいわけです。〔中略〕国会の真似をして地方議員まで全部給料をもらって年金までもらっているというのは見直すべきだと私はかねてから主張しているところでございます」（第29次地方制度調査会第4回総会での国会議員委員の発言）。

議会は可能である。

ただし、それぞれによって活動時間は異なるし、これは会議時間を想定したもので、調査研究等の会議以外の活動時間を度外視している。もっとも重要なことは、機関競争主義の作動という従来の活動とは異なる活動が前提となることである。したがって、今後に期待される議会・議員の活動は、この試算とは異なる。それぞれの自治体ごとに議会の活動時間とその時間設定、そして重要なことは議会運営を議員だけに任せないことの視点を忘れないことである。この視点からボランティア化を進める上での条件整備を考えよう。

(3) ボランティア議会の条件整備――安易な導入に対峙しつつ

① 住民側からの支援

議員もサラリーマンとして仕事をしていることを想定しよう。最先端の仕事をしながら、夜間休日を中心に議会の本会議・委員会に出席する。そのほか議員活動には調査や質問等の準備、研修にも積極的にかかわっていかねばならない。限られた時間でこれらすべてを行うことは、不可能といわないまでも困難だと思われる。そこで、まずもって住民による支援が必要である。住民も汗をかく必要がある。

極論すれば、議会のほかに住民総会のようなものを設定して、住民から議案に関するさまざまな提案を聞く機会を設けることも構想してよい[*6]。

開催される議会報告会に、住民は積極的に参加し政策提言を行う。住民が政策提言を行うならば、住民も日々調査研究を進めていかねばならない。また、議会が設置する審議会にも積極的に参加し、提案を行うことも必要となる。

こうした議会活動支援のほかに、議員個人や会派を支援することも必要である。

さらに、議員を特定の個人に任せるのではなく、議員になる層やすでに議員になった層を広げ、議会活動を多くの住民が認知し、議会運営水準を高めることもできる。現在、議員年金を特定の人に独占させまいとして二期までとした地域的「内規」も、積極的に捉えれば、議員活動を体験できる住民の層を広げることになっている。

② 議会の条件整備——議会事務局機能の充実や政務調査費等の増額

議員活動をサポートする議会の支援制度の充実も条件の1つである。議会事務局職員の大幅増員がまずもってあげられる。また、議会事務局機能を強化するための手法として、専門的知見の活用（自治法100の2）、附属機関の設置、サポート制度（専門家による支援）、大学・研究機関との提携等を積極的に活用する。さらに、研修制度を充実させる。

こうした議会全体としての制度化とともに、意欲ある議員を支援するために調査研究費の増額も必要だろう。

③ 法制度改革——公務休暇等整備

夜間や休日を中心に議会運営を行うとしても、特別に昼間議会を開催したり打ち合わせをしたり、さらには調査研究や準備のために昼間を活用しなければならないこともある[*62]。そこで、昼間常勤として働いている議員を支援する法制度は必要である。たとえば、サラリーマンが議員に立候補するにあたって選挙運動のための10日間の休暇の取得、本会議・委員会出席にあたって雇用者によるその出席への許可の義務化、請求があれば議会活動の準備のために必要な時間を一定の範囲で与えなければならないこと、これらの場合に雇用者はその時間分は無給にすること、こうした法制度の整備も必要である。

ここまで、議員のボランティア化の可能性を探ってきた。多様な人々が議員になる可能性は高い。その意味で、一考に値する。とはいえ、その場合でも、ここで提起したような条件を整備しなければ、機関競争主義から離脱する。ボランティア化とは聞こえは良いが、議会はパワーダウンする。機関競争主義をどのように作動させるか、議会の多様な運営の仕方を住民と考える時期にきている。住民も報酬を住民自治の問題として捉えることが必要である。

[*61] 議会の権限を有している住民総会は、現在町村のみ可能である（自治法94）。議会を置かないことで恒常的なものだけである。議会を置きつつ、重要な案件を多くの住民が集まり議論する仕掛けも必要である。現在、議会か住民総会かの二者択一であるが、住民総会に決定権限を付与しない論として位置づければ現行でも可能である。序章で指摘した、多人数議会と副議決機関モデルとの接合は、策模されてよい。

[*62] 自治体の規模の役割も異なることを前提としつつも、フランスの地方議員の制度を参照している（山﨑 2006：95-115）。

6 議員報酬・政務調査費・費用弁償を考える総合的視点

　議員の「待遇」は住民からは見えにくい。そして、政務調査費や費用弁償が実際には第二、第三報酬の意味を持っているところも少なくない。「現実の地方議会で散見されるような、待遇だけはプロだが、実際の議会活動はボランティア以下という議員の存在」とも揶揄されている（樺島秀吉）。透明性を増すことによって必要のことにはしっかりと交付し必要ではないことは廃止する必要がある。

　報酬（住民からすれば給与）、期末手当のほかに、政務調査費だけではなく、費用弁償、海外視察、議員の親睦団体への補助金、議員OB会への補助金、全国議長会表彰の上乗せ表彰、葬祭料・健康診断の補助、退職功労金等がある。住民はこうしたものが支払われていることをほとんど知らされていない。

　議員への公費支給に対して合意を得る手法を考えたい。神奈川県鎌倉市や藤沢市の議会や議員を監視している団体であるENOSHIMA－V（えのしまファイブ）の報告は次のように指摘する。「政務調査費を調べ始めたのは2001（平成13）年度からでした。以前は議員1人あたり月額37,000円だったのが、2001（平成13）年度から、いっきに80,000円まで引き上げられ2005（平成17）年度には107,000円にもなりました」（http://blog.mag2.com/m/log/0000090417/）。報告書を分析した後に「ここまで読めば政務調査費とはなんとも便利な交付金だと思いませんか？　決して政務調査費交付条例には違反していませんよ。きちんと領収書が添付されていますから」と住民感覚とのズレを指摘している。しかも、「議員は、行政の仕事をチェックする立場でありながら、市民の監視がなければ適正にお金を使うことができないという事は、自らを律する感覚がなく、他を正しくチェックできているとは、とても思えないですね」と議員の自律性の欠如を嘆いている。

　報酬は、毎月支給される。それに、期末手当が支給される。政務調査費や費用弁償には不透明性があり、また海外視察も効果が疑わしいなどの批判がある。住民からの報酬批判の多くは、こうした住民感覚に逆行する議会の「お手盛り」意識に対してである。必要なのは、総体的に議員の報酬、定数、

政務調査費や、その根拠を考え、住民の前に明らかにすることである。

また、地方議員の年金は見えにくい。給与を支給されている知事や市町村長には特別の年金はない（退職金はある。宮城県では特別職の「退職金廃止条例」が可決（2006年3月））。地方議員年金の受給資格は在職12年以上である。

地方議員の年金財政（単年度）は、都道府県、町村が1995年から、市は、1999年から赤字となっている。積立金は、市、町村ともに、2011年度にゼロになる見通しである。市町村合併が、市や町村の年金財政は危機的な状況を招いている。そのために、地方議員の年金制度の改正が行われた。給付水準を引き下げ、掛け金率を引き上げた（2007年4月施行）。

掛け金率は都道府県12％を13％に、市13％を16％に、町村15％を16％に引き上げた。公費負担は都道府県で報酬月額の10％で据えおき、市町村は12％（市1.5％、町村1％引き上げ）となる。ただし、市町村合併の激変緩和措置として公費負担を16.5％とする。給付では、現在の平均年金額、都道府県218万円、市133万円、町村73万円をそれぞれ12.5％引き下げた。在職12年に満たない場合の退職一時金も減額された。

2007年統一地方選挙に出馬せず引退を表明していた市議が任期満了を待たずに、神奈川県相模原市議7名（2007年4月から定員52名）が辞職したことが大きく報道された。辞職した元市議は、議会も開催されない期間であったことを指摘しつつ、年間平均約24万円が減額されるためだったと論評した（『朝日新聞』2007年4月4日付）。このような「駆け込み辞職」は、他の議会でもある（埼玉県深谷市6名など）。議員任期をまっとうするという「公民（市民）」の責務を、経済の論理が浸食した事例である。

地方議員年金制度は、諸外国の国会議員年金制度と同様、不安定な身分に対して、安定した生活を保障するためである。そのために、優秀な人材のリクルートにも役立つ。

ただし、地方議員の年金は、住民からは見えにくいという問題と並んで、そもそも必要かという根本問題もある。地方議員年金は、「地方公務員等共済組合法」の第11章地方議会議員の年金制度に規定され、地方公務員の場合と原則は変わらない。生活給が基本の公務員と、報酬が原則の、したがって位置づけが不明確である議員とを同一に施行させることにもすっきりしない

問題を抱える。いわば専業とする議員を想定すれば年金制度を充実させるべきである。反対に、夜間休日議会開催でサラリーマン層を登場させることになれば、年金制度を廃止させることになる。

　本書の立場からすれば、議員の重要性は理解しつつも職業ではないことにより、大幅な改編が必要である。どのような立場にせよ、年金制度は実際に継続の危機に瀕している。民主党は、地方議員年金制度の廃止を求める提言書をまとめている。在職12年以上で受給資格のある現職議員は、そのまま年金として受けとるか、支払った掛け金の80％を一時金として受けとるかの選択をせまるものである。これを受けて、内閣は2011年通常国会に廃止法案を提出する方針である（地方議会議員年金制度見直しについての総務省の対応方針、2010年12月3日）。

7　議員定数の根拠
——行政改革の論理と議会改革の論理

(1)　議員報酬と議員定数は無関係

　機関競争主義を作動させる議員活動について考えてきた。議員報酬（ときには歳費）の議論は、新しい議会の担う議員活動を充実させるための条件の1つという文脈で議論してきた。時には、議員報酬と本来関係ないはずの議員定数とを関連づけて考える人もいる。議員定数については、すべての議員の報酬額を一定として考え、定数を削減した場合には高額の報酬を、反対に定数を増加させる場合には報酬額を少なく、という議論である。この議論も説得的のように思われるかもしれない。しかし、これはあくまで議会費を一定とすればという議会内部の論理にすぎない。そもそも、定数の論理が明確ではないため、この議論は説得的ではない。そこで、機関競争主義を作動させるための議会の定数を考えることにしたい。

(2)　議員定数の根拠

　議員の定数は、条例で定めることになっている（自治法90①、91①）。しかし、条例で定めるとしながら、人口に比例して上限を設定するという拘束がある（同90②、91②）。ただし、市町村合併の場合、定数の増加が認められる

図7−1　市区町村議員定数の削減と有権者数

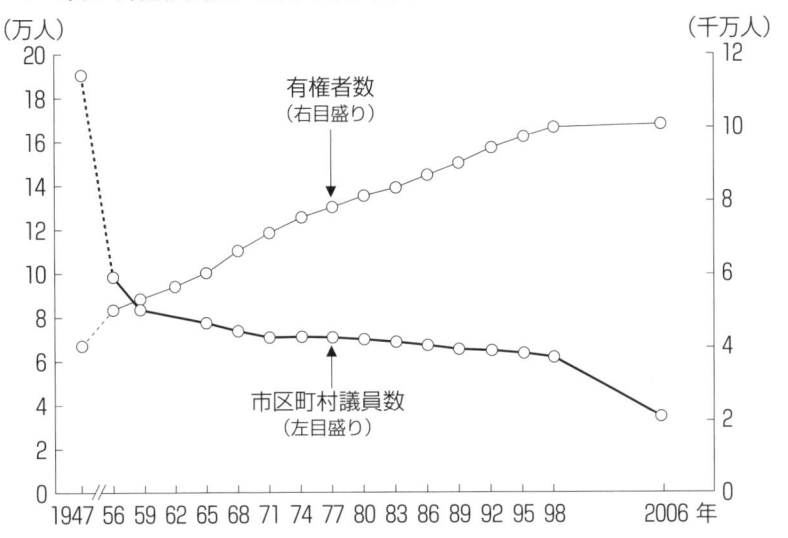

注：朝日新聞特別取材班（2000：115）、に加筆。

（市町村合併特例法8）。

　第29次地方制度調査会答申では、議会制度の自由度の拡大の視点から議員定数の上限を除去する方向を示した。「現在、その上限を人口区分に応じて法定しているところであるが、議会制度の自由度を高めるため、定数の決定は各地方公共団体の自主的な判断に完全に委ねることとし、法定上限を撤廃すべきである」と。当然である。続けて住民の理解も明記されている。「この場合において、各地方議会が議員定数を定めるに当たっては、住民の理解を得られるものとなるよう十分に配慮すべきである」と。当然であるが、いちいち明記しなければいけないものかどうか。

　ともかく、これを受けて議員定数の上限撤廃の改正案が国会に提出された（2010年、継続審議）。こうした上限がないならば、採用した定数の根拠をそれぞれの議会が住民に示さなければならない。すでに、ある程度の標準を地方自治法に書き込む必要があるという意見もある。しかし、それは外からの基準を当てはめるのではなく、それぞれの議会が住民とともに考え創りだすものである。

　たしかに、議員定数の根拠についての定説はない。戦後だけを見ても、有

権者数が大幅に増加しているにもかかわらず、議員数は急激に減少してきた（図7-1）。さらに、「平成の大合併」によって、地方議員は約6万人から4万人を切った（37,466人、2009年12月31日現在）、総務省「地方公共団体の議会の議員及び長の所属党派別人員調」）。まさに激減である。それにもかかわらず、「民主主義の危機」という声は聞こえてこない。それほどまでに議会は、期待されていないのか。機関競争主義を作動させる視点から議員の定数を考えたい。

(3) 恒常的な討議を充実させる人数――議員定数の原則

一方には、議会は多様な意見を吸収し、さまざまな視点から議論する場であるがゆえに、「相当」の人数が必要であるという理解もある。

それに対してもう一方には、定数を削減することが執行機関に対峙できるもう1つのパワーセンターを成立させるという見解もある。合併等による議員定数の大幅削減によって、議員は従来の地区代表からより広い視点から討議する議会活動に専念することができる。競争することによる議員の質の向上も想定されている。

こうした2つの見解がある。多様な意見の集約という点では、住民参加を導入した議会でも可能となる。したがって、多様性を定数拡大に結びつけることは困難である。かりに、多様な意見を吸収するためには相当の人数が必要であるという見解を採用するとしても、多様化が進行している現実ではどのくらいの定数が多様性を吸収できるかは定かではない。

他方、少なければ少ないほどよいか、という論点が浮上する。合議体という議会の前提条件を侵さないとすれば3人（議長もいるので実際は4人）以上ということになる。とはいえ、少数の議員では、執行機関の専門性と類似する。これでは、機動的となっても多様な意見を踏まえて合議する特徴をいかしにくい。

そこで定数を決める基準を確定させなければならない。議会の存在意義を基準とすれば、首長サイドのパワーセンターと並ぶもう1つのパワーセンターを成立させるための討議できる人数となる。そこで、討議できる人数とはどのくらいか。それこそ自治体のポリシーに基づくものである。

定数の基準を便宜上示せば、本会議主義の場合は、人数は少なくてよい。

それに対して、委員会主義を採用している議会は、〔常任委員会数〕×〔討議〕できる人数ということになる。そこで、討議できる人数とはどのくらいかということが問題である。経験則の域をでないが、6～10人程度といえるのではないだろうか。試案として提示すると、本会議中心主義の議会では、10（～15）人程度、委員会中心主義の議会では、6～10人（より厳格にいえば7、8人）×常任委員会数、したがって3常任委員会だとすれば、18～30人（より厳格にいえば21～24人）ぐらいが妥当である[*63]。

　ただし、選挙区選挙を採用している政令指定市や、今後採用しようとする自治体では、地区代表的な意味も含まれるために、その基準よりは増大する可能性はある。都道府県議会議員も、広域自治体であり、選挙区選挙となっている。議員は住民代表と地区代表という両側面を有している。そこで、議員定数はその基準よりは増大することになる。

　逆に、議員が複数の常任委員会に属し積極的に活動できるならば、その重複部分の人数は全体として削減できる。なお、提起した試案は、すべての議会の運営、つまり一院制で、多様な附属機関を設置していない議会を想定している。しかし、たとえば議会が分野ごとに審議会を設置し、その委員との意見交換を頻繁にやるならば、委員会制を採用しているとしても議員数の削減の選択もありうる。

　議員定数に定説があるわけではない。どのような定数にするかは自治の問題である。住民とともに議論し、それぞれの自治体で決定しなければならない。定数や報酬を住民とともに考える議会が、住民からも信頼されることになる。

　そこで、議会力・自治力を低下させることなく、議会運営への住民の積極的参加によって議員定数の削減も可能となることを提示する。これは、地域民主主義の充実を目的としたものである。したがって、今日多くのところで行われている行政改革の論理に基づく議員定数の削減ではまったくないこと

[*63] ワールド・カフェ（少人数での自由な討議空間の創出）を普及している方たち（山口覚・日本ファシリテーション協会など）は、討議できる人数を6人以下と断定している。7人以上になると人は、他者の評価等を気にして自由に意見を述べることはできなくなるという理由からである。議会の場合は、討議はその場だけではなく恒常的（休む議員も想定）であること、自由討議ではあるがその前提として常に住民を意識した発言が必要とされていること、これらによりワールド・カフェの前提としての6人以下よりも多くの人数が議会運営上は妥当する。

に留意していただきたい。

(4) 議会の討議の一部を住民が代替することによる議員定数削減の可能性

　議員定数は、討議できる人数を基準とすべきことを提案してきた。これ自体、科学的な根拠があるわけではないとはいえ、議員定数を議論する出発点になる。

　議員定数削減によって、調査研究機能、したがって政策提言機能・監視機能の低下になってはならない。議員定数の大幅な削減は、議会の存在意義である討議の機能を弱める可能性がある。そこで、議員定数削減を提案するのであれば、その議会の役割を代替することを同時に提案すべきである。調査研究機能は、事務局の充実や、大学・研究機関との連携等で代替できるとはいえないが、補完することはできる。重要なことは、議会の存在意義である討議の充実を損なわない代替措置が可能かどうかである[*64]。

　論点は、住民代表機関としての議会の討議を誰が担うかである。当然議員であるが、その議員を選出して代表させているのは住民である。議員定数削減を強調するのであれば、住民がその機能を担う覚悟があるかどうかである。

　議会を創りだした意義は、住民全員が集まる空間がないという物理的理由もあるが、最も重要なことは討議の充実を目指して人数を制限するためである。そうだとすれば、住民と議員との相違は、選挙に当選したかどうかにある[*65]。むしろ、本書では、住民誰もが意欲があれば議員になれることを強調している。

　現行の地方自治法でも、町村に限ったことであるが、議会に代えて住民総会を設置することはできる（自治法94）。この規定導入の歴史的経緯はともかく、現代的に解釈すれば、住民一人ひとりが政策判断ができるということの確信である。

　このように考えれば、議会・議員活動、とくに議員定数に関していえば、住民が議会の存在意義である議員間討議を補完する覚悟があるかどうかである。本会議中心として、従来の委員会を恒常的な住民参加組織へと改編する。それを住民だけの審議会方式とするか、あるいは議員と住民が参加する

方式とするかは、それぞれの自治体で決めればよい。どちらにせよ、住民が充実した討議を行い、それを踏まえて議員が議会の場で最終的な議決を行う。このような制度を設置した場合、議員定数を削減することは可能である。討議の充実を住民が補完する体制である。アメリカ合衆国の市町村議会では、議会に多くの住民参加組織（市民委員会）を設置し、そこに議員が参加し、その審議内容を毎回議会に報告し、議会全体のものとしている。この制度を日本の特性を踏まえて豊富化すればよい。

(5) 制度導入の留意点

　しかし、この制度にも問題がある。改編した常任委員会に住民が恒常的に参加するとすれば、その正統性が問われる。従来の議員を評議会議員、新たな「常任委員会」に参加する住民を一般議員として選挙で選出する制度設計が可能であれば、問題はない。しかし、現行法体系では困難である。そこで、行政における住民参加の到達点を踏まえて、新たな常任委員会を設置し、そこに住民委員を選出することになる。充て職制（行政が把握できる住民（自治会・町内会会長、PTA会長等））、公募制（意欲ある住民）、住民基本台帳・外国人登録名簿等からの抽選制（サイレント・マジョリティとしての住民）、といった手法を考慮に入れる。選任は議会、正確には議長となる。

　もう1つの問題は、そもそもこうした制度設計は現行法上想定されていないことである。しかし、住民自治を強化するものであり、しかも機関競争主義において首長の権限を侵害するものではない。この場合は、独創的な制度設計が可能である。議員が入らないいわば審議会方式は、すでに三重県議会議会改革諮問会議として設置され活動している。この経験を活かして、個別分野ごとに設置すればよい。また、住民と議員との混合方式も日本ではまだまれである。自治基本条例を議会案として提出し制定した長野県飯田市議会は、その制定にあたって、自治体職員も加えているが、住民と議員が参加した委員会で案を練り上げていった。また、会津若松市議会は、政策討論会の

---

*64　この視点から、議員定数を提案しているものとして、鳥取県智頭町行財政改革審議会答申（会長筆者、2010年8月3日、http://cms.sanin.jp/system/site/upload/live/3085/atc_1282557924.pdf）がある。

*65　本書では、情熱、責任、目測能力およびコミュニケーション能力をあわせ持っているのが議員となるべきであり、その上で議員として活動する意欲と、当選できるネットワークが必要であることを指摘してきた。これは期待であって、誰でもが議員になれることと矛盾するものではない。その判断は住民に委ねられている。

下に議会改革を議論するために議会制度検討委員会を設置している。そのメンバーには議員のほか、公募により選任された住民も参加している。

常任委員会で管轄している分野ごとにこれらの委員会を設置することは可能である。このようにすれば、議員定数削減を進めても議会の討議を充実させることはできる。こうした考慮をせず、削減だけを実施することは自治の破壊である。

8 住民と考える定数と報酬

従来とは異なる議会・議員のあり方を考えれば、議会費の安易な削減は住民自治の充実に逆行していること、議員定数や議員報酬を今後の自治のあり方から考える必要があることを指摘してきた。議会・議員不信の蔓延への対応の意味もあるが、それ以上に、住民と歩む議会運営を創りだすために、議会は今後の議会・議員のあり方を踏まえて、住民から不満の多い議員報酬・定数の根拠を住民に説明する責任がある。

住民も、議員報酬・定数の削減自体を目的化せず、住民自治の充実を展望することが必要になっている。また、議員報酬について検討してきたように、住民自身が議会機能の一部を担うことも想定してよい。議会・議員活動に対する住民の対応によって、議員報酬・定数のあり方も変化するからである。財政難に苦しんでいる自治体、あるいは従来と異なる方向で住民自治を進めようとする自治体では、ぜひ考慮していただきたい視点である。

おさらいの意味で確認すると、議員報酬と定数はそれぞれ独自な論理がある。したがって、定数を半分にして報酬を倍にするといった考え方は、議会内部では通用するかもしれないが、長期的には住民の納得がえられるものではない。

定数とともに批判の多い議員報酬と住民との関係については、すでに検討しているが、再確認しておきたい。行政改革の論理での議員報酬削減は、議会力・自治力を低下させ、またいままで以上に多様な層を議員から遠ざける。多様な層を議員にすること、および議員報酬削減を同時に行うとすれば、夜間休日議会しか想定できない。しかし、活動量が豊富化せざるをえない今後の議会・議員を想定すれば、夜間休日だけで可能か、原則可能だとし

ても、その都度、昼間開催や昼間の調査が不可欠であり、その場合どのような保障が必要か、といった検討課題が山積している。かりに可能だとしても、住民の政策提言の豊富化など住民の支援がここでも必要である。なお、議員報酬は削減できても、議会のパワーアップを図るには、議会事務局の充実や政務調査費制度の充実等、議会費の膨張を念頭におき、冷静に比較をしなければならないことも再度強調しておきたい。

　議員報酬・定数は、議会・議員活動、したがって住民自治と密接に関係していることが再確認できたであろう。住民間で住民自治のイメージを共有することが、いままで以上に必要になっている。これらをめぐって、議会・議員が勇気を持って住民の前に登場することを期待している。同時に、住民自身も、議会・議員活動批判は重要であるとしても、新たな住民自治を語ることを忘れてはならない。また、議員報酬・定数削減を提案するのであれば、住民による支援という「負担」を担う覚悟が必要である。住民による議会・議員批判、議員報酬・定数削減要求を、住民自治を考えるよい機会としたい。

　公費支給では、住民からすれば議員による「お手盛り」である。そこで、住民が納得できる、しかも使われ方が透明性を有するものが必要になる。現行では、「特別職報酬等審議会」（自治省通達、1964年）といった第三者機関に諮問し、答申を受け決定していることになっている。しかし、住民の合意をえるまでにはなっていない[*66]。

　議員定数や報酬を議会内部で議論し、決定することには大きな問題がある。議会とは何か、議員活動とは何かにかかわる自治の問題だからである。そこで、積極的にこれらの事項について住民とともに、議論し決定することが必要である。もちろん、報酬、政務調査費、定数といった財政にかかわる事項は、財政危機の下では、その削減が住民から要求される。議会はいらないとまで言われるかもしれない。こうした事項について住民と議論することを逃げてはならない。

[*66] 「お手盛り」ではないかという批判を考慮して、特別の審議会設置や、公聴会の開催、参考人からの意見聴取、さらには「報酬を増額する条例改正は、これを議決した立法期には実施せず、一般選挙後の議員から適用あるものとし、或いは地方自治法を改正して、当該地方公共団体の選挙人の投票で過半数の同意を得ることを要するものとする等の考慮を払うべきである」などが提案されていた（田上穰治の見解、東京都　1960）。

長野県須坂市議会は、報酬や定数を住民とともに議論し決定しようと試みた。2005年2月に、議員定数および報酬等の議会改革について検討するために、定数等改革検討委員会を設置し、中学校区を単位とする4会場で懇談会を開催した。参加人数の少なさ、委員会の見解が明確でないため議論が分散したといった問題は残されている。しかし、議会の根幹にかかわるが、一般に議会が住民との議論を躊躇する事項について、住民とともに議論して決定しようとする志向は高く評価してよい。

　北海道栗山町議会など議会報告会を定例化した議会では、報酬、政務調査費や定数を毎回住民の前で説明している。こうした自治にかかわる事項を住民とともに考える自治体こそが、自治を発展させることになる。

　なお、会津若松市議会は、議会版の政策形成サイクル（政策研究→政策立案→政策決定→政策執行→政策評価）を構想し実践している。議員報酬・定数について地域経営の重要テーマとして、したがって議会全体の課題として設定した。それについての住民との意見交換を一過性のものとせず、それを政策サイクルの中に位置づけ、検討し、その議会案を住民に説明し住民と討議してより豊富化している。

　起点としての住民との意見交換会がある。2008年8月に開催した第1回「市民との意見交換会」において出された住民からの意見を、政策形成機能・監視機能の向上に活用しようとしている。政策サイクルは、住民の意向が起点となっている。

　とくに、重要なのは、『中間報告』を説明した第4回と、その意見を踏まえ議会からの意見を提起した第5回の意見交換会である。議会として「報告」を提出し、意見交換の素材としている。その結果を踏まえて、さらなる検討が行われていた。意見交換を行うにあたっては次のことが確認されている。

①　一過性に終わらせない住民との意見交換であり、会派や議員個人の見解を述べる場でない。

②　聴取した市民意見を後ろ盾に、議会内での議論・政策形成につなげていくことにあることから、基本的には「市民の意見・要望の意図・真意等をお聞きする」という姿勢で臨む。

③　意見・質問に対して返答等を求められた場合であっても、議会として

の考え方や議論の経過などについて一定の説明責任を果たすよう努めるものとし、執行機関の立場での説得的な説明・答弁等は行わない（会津若松市議会市民との意見交換会開催要領、1998年7月1日議長決裁）。

このように、住民との討議を指向している。

筆者が指摘した市民との意見交換会の参加人数が少ないことについて、次のようなコメントをしている（会津若松市議会議会制度検討委員会　2010）。

「市民との意見交換会は、これまで合計4回（15会場×4回＝のべ60回）開催してきたが、これまでの参加人数は多くはない。しかも、各会場ごとに4回の意見交換会を行っているにもかかわらず、今般の検討モデルに対する理解も必ずしも十分な理解を得られているわけでもない」。

「このテーマは、議会が市民の新たな信頼と理解を得ながら自信を持って活動していくためには極めて重要なテーマであり、難しい内容だからこそ、基軸としている市民との意見交換会（地区別）では今後とも継続して意見交換テーマとしていく必要があると考えており、今後とも、参加人数アップには意を用いていきたいと考えている。また、その他の手法については、分野別意見交換会の活用、さらには、議会・議員活動や議員報酬・定数を考えるためのフォーラムの開催なども含め、市民各界各層から、より多様でより多くの参加をいただける方法を、並行して検討していきたい」というように会津若松市議会は考えている。

住民から批判を浴びる議員報酬・定数・政務調査費について、議会提案を住民に示しながら、堂々と住民と語る議会が増えていくことは、住民と歩む議会の広がりを示す大きな指標である。

9　議員活動を充実させるための制度改革

地方分権によって、地域経営は住民、議会、首長が担わなければならない。そのためには地域ルール（自治基本条例）が必要である。また、議会運営のルールを定める議会基本条例も制定されている。それらの基本条例の中には、議会運営のルールだけではなく、議員の責務や活動も規定しているものもある。

全国都道府県議会議長会による「自治体議会議員の新たな位置付け」の法

制化が実現しない以前でも、あるいはその後でも、より具体的な議会運営や議員の責務・職務などをそれぞれの自治体が考えてよいし、考えるべきである。当該自治体の住民の議会であり議員だからである。議会運営や議員の責務・職務はそれぞれの自治体で豊かなものになる。したがって、自治基本条例や議会条例における議員の規定は不可欠である。

　こうした観点からすれば、自治基本条例の議員規定はいまだ抽象的である。三重県議会基本条例では、全域を視野に合議すること、調査研究に努力しなければならないこと、住民に対する説明責任、さらには政務調査費が明記され、より具体的になっている。しかし、定数や報酬については、その議会基本条例でも規定されていない。その意味では体系的ではない。

　議員の責務（公選職等）、議員の職務、議員の資質・能力、議員定数、議員活動の対価（現行では報酬、政務調査費、費用弁償）などを体系的に規定する必要がある。こうした観点に立てば、栗山町議会基本条例は、議員の職務だけではなく、議員定数や議員報酬を具体的な数を規定せず、別に条例で定めるとだけ規定している。さらにそれらの改正にあたっては「議員活動の評価等に関して町民の意見を聴取するため、参考人制度及び公聴会制度を十分に活用する」（条例21②、22②）という住民と歩む議会からの規定を挿入している。今後は、より体系的な規定が必要である。

　いまだ不十分であるとはいえ、自治基本条例や議会基本条例におけるこうした議員の役割等の規定は、住民が自治の担い手として議会や議員を認知していることの証左である。地方自治法に規定されていなくとも、自治の担い手の1つとして議員を位置づけ規定しようとしている。自治基本条例や議会基本条例による議員規定の充実が今後も必要である。それは、地方自治法における議員規定の充実にも役立つ。ともかく、従来の慣習のままで活動するだけの議員は、住民から無視されることだけは確かである。地方分権やそれを踏まえた自治の運営はそうした議員を許さないからである。

▶ 第8章

自治・議会基本条例を推進する議会
―― その役割と課題

1 自治・議会基本条例制定の状況

　自治基本条例制定は徐々にではあれ全国に広がった。最初の自治基本条例といわれる「ニセコ町まちづくり基本条例」が制定（2000年12月）されたのが、地方分権一括法施行（2000年4月）とほぼ同時期であったことは偶然ではない。地方分権によって、地域経営は住民、議会、首長が担わなければならない。そのためには地域ルールが必要である。それが自治基本条例である。

　自治基本条例には、議会条項は多くはない。しかし、地域ルールなので、住民自治の根幹をなす議会に関する条文は豊富化しなければならない。また、議会は積極的にその策定にかかわる必要がある。自治基本条例に、住民自治の根幹としての議会条項がほとんどないことや、議会がその制定に議決以外ほとんどかかわっていないことはいかにも異常である。今日、自治基本条例とともに議会基本条例が制定されてきている。それは「議会」の基本原則であるために、議会内の運営ルールだと誤解されるかもしれない。もちろん、議会内の運営ルールの基本が明記されてはいる。それ以上に重要なことは、住民と議会との開かれた関係（住民と歩む議会）、執行機関と議会との切磋琢磨の関係（善政競争）を明確にしていることである。議会基本条例は、その意味で「自治」基本条例でもある。自治基本条例が制定されていない自治体では、自治のルールの意味を持ち、それが制定されている自治体では自治のルールを豊富化する意味がある。

本章は、地域ルールである自治基本条例および議会基本条例の意義と課題を探ることを目的としている。そこでまず、自治基本条例の課題、議会の役割を探ることとする（自治基本条例における議会事項の重要性、自治基本条例とは別に議会基本条例を制定する意義、自治基本条例の制定過程における議会の役割）。ついで、議会基本条例の形骸化の危機と、議会基本条例を生ける条例・活かす条例とするために、空洞化の是正策について検討する。

2　自治基本条例と議会をめぐる課題

(1)　自治基本条例と議会基本条例
①　制定されている自治基本条例の「遠慮」を越えて
　　　——確認的事項の挿入

　地域ルールであれば、住民・議会・首長がそれぞれ協働して策定し実践すればよい。ただし、制定された条例の多くは、議会との関係が希薄である。その意味は2つある。1つは、議会に関する条項がほとんどないことである。もう1つは、住民参加による策定は広範に行われてきているが、それに議会がかかわれないことである。

　制定されている自治基本条例のほとんどには、2つの遠慮がある。1つは、自治体に関する組織法である地方自治法や公職選挙法に対する遠慮である。そもそもそれらに規定されている事項はそれだけで規範性があるのだから、条例で再度規定する必要もない（自治法96①の議会の議決事件等）。また、それらの法律で条例に委任している事項については必要ならばすでに個別条例を制定している（委員会設置、定数、議員報酬、自治法96②の議決事件の追加等）。すでに存在している事項について、自治基本条例に再度書き込めば煩雑になるので、書き込む必要はないという見解も理解できる。ただし、自治体の憲法を構想するならば、基本的事項は確認的な規定として、また条例に委任されている事項は創造的な規定として挿入することも考えてよい。住民自治を原則とすれば、最高規範性、体系性、透明性を有した地域ルールは必要である。

　従来の自治体の組織政策は、個々バラバラで体系性に欠けている。政策過程全体を透明にする体系的な組織政策が今日必要である。それによって、住

民は自治体を監視し縛りやすくなる。また、住民が参加する場合にそれがどのような役割やメンバーで行うかを理解することを容易にする。合意を形成するメカニズムや執行のメカニズムを明確にした上で、そのルールに基づいて地域政策を策定することこそが自治である。

　日本の場合、そうした体系的な組織政策の可能性は少ないと考えられてきた。しかし、首長は議会の互選による、あるいは選挙権年齢を18歳とするといった法令とはかけ離れた事項を挿入しなければ、自治基本条例という体系的な組織政策の制定は可能である。その際、次のような基準を採用することができる（神奈川県自治総合研究センター　2004：46-48）。

a. 　確認的な規定。憲法や法令等ですでに規定されている規定のうち、自治の促進とかかわる重要な規定を確認の意味で再度規定する。確認的効果がある。議会にかかわる事項としては、議事機関としての議会に関する規定、基本的な議決権限（条例、予算、基本構想）、執行機関を監視する議会といった事項である。

　　具体的には、「議会は、住民から選ばれた代表である議員によって構成される議事機関として、常に住民の意思を市政に反映させることを目指し、その権限を行使する」、「議会は、執行機関としての市長と相互に牽制と調和の関係を保持することにより、公正で円滑な市政運営を確保する機能を果たす」、といった条文である。

b. 　創設的な規定。それぞれの自治体の新たな規定、および法令が条例に委ねた規定も含むものである。自治の推進から必要だと考えられる規定である。法令が条例に委ねた規定として、議決事件の追加、全員協議会の設置、立法活動支援のための議会事務局の設置（市町村の場合）、会期、議員定数、政治倫理などが想定できる。具体的には、「議会は、地方自治法第96条第１項に定めるもののほか、総合計画の策定等の重要案について、その議決事項とする」、といった条文である。

　　また、法令が直接定めていない規定を条例で定めることはできる。説明責任、住民参加、といった規定である。具体的には、「議会は、住民の信任を受けた議員で構成される合議体として、その活動に関する情報を積極的に提供するとともに、開かれた議会運営に努める」、といった条文である。

従来の自治基本条例をはじめ、多くの組織政策条例が規定しているのは、この創設的な規定である。確認的な規定の条文をわざわざ挿入する必要はなく煩雑になると考えているために、一般には条例に盛り込まれてはいない。しかし、自治にとって必要な事項を盛り込む趣旨は理解できるであろう。

　徐々にではあれ、確認的事項を含んだ自治基本条例が制定されてきている。杉並区自治基本条例（2002年）は、次のように確認的な規定を書き込んでいる。区議会議員の責務や区議会の情報の公開や提供とともに、「区議会は、地方自治法の定めるところにより」という語句を挿入して、議会の役割（区民の直接選挙により選ばれた代表者である議員によって構成される意思決定機関であるとともに、執行機関の区政運営を監視し、および牽制する機能を果たすものとする）（条例8①）や権限（条例の制定改廃、予算、決算の認定等を議決する権限並びに執行機関に対する検査及び監査の請求等の権限を有する）（同8②）、そしてこれらのための「効率的な議会運営」（同9）が規定されている（2009年改正で豊富化）。

　また、多摩市自治基本条例では、「住民の直接選挙による議員で構成された、市の意思決定機関として市議会を設置します」（条例8）「住民の直接選挙により選ばれた、市の代表として、市長を置きます」（同12）という規定もある（2004年）。

　最高規範性、体系性、透明性を追求するのであれば、煩雑さの問題はあるものの地方自治法等に規定されている事項も確認的な規定として挿入することを考えてよい。

②　自治基本条例と議会基本条例――議会内ルールから自治のルールへ

　制定されている自治基本条例の遠慮のもう1つは、議会に対するものである。議会に関する規定があまりにも少ない。二元代表制を想定すれば、執行機関に関連した条項に比べて、議会の条項がないかあまりにも少ないのは奇異に感じられる。自治基本条例がほとんど首長提案によるものであることから、議会に遠慮しているといえよう。そうであるならば、議会は住民とともに積極的に議会にかかわる事項を検討し自治基本条例の中に挿入すべきである。議員提案、および議会による修正もありうる。

　最初から、体系的な自治基本条例を策定する必要もない。明確に行政関連

の基本条例を制定し、その後議会を含めた自治基本条例へと発展させることも可能である。そもそも、現行の自治基本条例はその名はついているものの議会事項は極めて弱い。したがって、徐々に豊富化する手法も採用してよい。なお、自治基本条例の中で抽象的に規定した議会事項を具体的に議会基本条例として制定したり、自治基本条例を制定する以前に議会基本条例を制定してもよい。

　横須賀市議会は市議会会議条例を制定した（2002年）。「市民により直接関係のある議会に関する事項が一本化できますので、市民の議会へのアプローチが容易になるという効果」を期待して制定された（本会議議員提出議案提案説明）。一般に議員定数や定例会の回数は個別条例に、そして会期、会議時間、請願書の記載事項は会議規則に委ねられている。横須賀市議会では、住民が議会の運営を知り、より容易に接近することができるように1つの条例にまとめあげた。さらに、委員会設置は地方自治法に基づき委員会条例として残しながら、内部規定を委員会規則として条例の下に位置づける。会議条例の下に会議規則を、委員会条例の下に委員会規則をおくという、条例―規則の原則的な体系となった。さらに、この会議条例を議会基本条例（2010年）としてバージョンアップしている。後に検討するように、組織に関する事項も明記した現行では独特なものになっている。

　そして、議会の組織と運営の最高規範性を有する議会基本条例が制定された。北海道栗山町議会は、全国初の議会基本条例を制定した（2006年5月18日施行）。それは、議会の合議制の特徴を強調するとともに、住民と歩む議会の実現を目指している。従来の議会運営からすれば、コペルニクス的転換ともいえる。しかも、そうした議会運営のルールを最高規範としての議会基本条例に規定した。

　こうして、議会の組織や運営に関する事項が議会基本条例あるいは自治基本条例に盛り込まれれば、地域ルールが明確になる。従来断片的であった議会の組織や運営の規定が、議会基本条例あるいは自治基本条例の下で一括される。断片的で不透明な議会のルールでは、住民は単なる議員の「とりきめ」＝「内部の決まり」としか感じない。しかし、議会基本条例や自治基本条例が自治を担う議会のルールとして最高規範性、体系性、透明性を有しているならば、住民は自分たちのルールでもあることを認識することになる。

議会運営の基本を条例化したことによって、住民の条例制定の直接請求の対象となる。名実の「実」の部分はともかく、議会基本条例の制定は、議会が住民のものであることを再確認したことでもある。

(2) 議会条項の論点――急展開する議会改革との連動
① 議会条項の3つの論点――議会イメージの転換

栗山町議会基本条例の水準を保ちつつも、それぞれの独自性のある議会基本条例が制定されている。その後、神奈川県湯河原町議会（2006年12月）、伊賀市議会（2007年2月）、北海道今金町議会（2007年3月）などでも、同じ方向での議会基本条例が制定されている。また、市町村レベルだけではなく、三重県議会も議会基本条例を設定した（2006年12月）。次節で詳細に検討するように、従来の議会運営からすれば「コペルニクス的転換」ともいえる議会運営の改革がうねりとなりつつある（江藤　2007a）。また、2007年統一地方選挙では、議会改革がその争点の俎上にのぼった。議会の透明性の向上、議会への住民参加、議会における自由討議なども公約に掲げられるようになった。議会改革は大きなうねりとなりつつある。法制度上の問題は残されているとはいえ、地方制度調査会の答申を踏まえたものか、議員立法によるものか、あるいは地域主権戦略会議によるものかはともかく、徐々にではあれ法改正も行われている。議会運営は転換しつつある。

こうした制度改革を追い風にして、それぞれの議会がその原則を確認し議会改革を進めることが必要になる。すでに改革を真摯に行っている議会もある。しかし、議会改革にあたってやっかいなのは、地方議会像が不確定なことである。地方分権の時代には、それに適した新たな地方議会像が必要である。議会の存在意義をいかす議会の原則として、住民参加を議会に、議員同士の自由討議を行う議会に、そして、執行機関の反問権の付与を含めた機関競争（対立）が活性化した議会に、という改革が認知されてきた。

　a．地方分権には住民に開かれ住民と歩む議会を創りだすこと。委員会・公聴会の積極的な活用、議員が住民と自由に意見交換する場の設置、政策提案である請願や陳情を行った住民の意見を聴く場の設置、重要議案に対する議員の態度の広報による公表、議会報告会の開催、といったことである。すでに指摘していることではあるが再度確認していきたい。

アメリカ合衆国の多くの市議会でみられるように、議会開催中、議員同士の議論の後に住民が質問したり意見交換をする場を設けることは、現状では法令上困難なこともあるが模索してよい（表8－1）。

そもそも、地方自治では住民は、首長や議員の解職、議会の解散といった直接請求権や、条例制定改廃の直接請求権を有している。また、憲法では議会を設置することを明言しているにもかかわらず、町村に限ってではあるが、議会を置かず住民総会を設置することができる。こ

表8－1　議会への住民参加の試み

住民と議会のパターン	事　例	関与者
懇談会型	議員定数や報酬についての懇談会（須坂市議会）地産地消推進条例の策定のための意見交換会やシンポジウム（江刺市議会（当時））	住民、議員、関係者
モニター制度の設置	市議会モニターを制度化し、議員の提案にいかしている（四日市市議会）	住民
提案組織設置（審議会に類似した制度）	政治倫理条例を制定するために、議員政治倫理条例に関する懇談会の設置（新宿区議会）	公募住民、議員、学識経験者
提案組織設置（議会・住民・職員の協働型）	公募市民、学識経験者、議員、課長級市職員で構成されている市民会議の設置（飯田市議会）	公募市民、学識経験者、議員、課長級市職員
委員会での公聴会・参考人制度の活用、全員協議会の活用	委員会における公聴会・参考人制度の活用（自治法109）。全員協議会での住民と議員との自由な討議の提案（第28次地方制度調査会第19回専門小委員会）	住民、議員
住民活動を支援する議会	住民の意向を無視した執行機関に対立して、住民側に立っての政策立案（多摩市議会）	（住民、議員）
住民投票の支援	住民投票にあたって、議員は、自らの主張を、ビラや宣伝カー、立会演説会、さらには「住民投票NEWS」で展開し住民投票において討議を巻き起こした（滋賀県米原町（当時））	（住民、議員）

注：関与者の括弧は非制度としての連合を意味している。

のように考えれば、地方自治は国政の論理とはおのずと異なっている。つまり、住民が地方自治に直接に参加することが前提となっている。議会もこうした地方自治の論理の中に位置づけられなければならない。地方議会の運営は、国会を模写したものであってはならない。

b．合議制の特徴をいかす地方議会像を確立すること。誰もが認める選挙を通じて選出された複数の議員が集い討議することに議会の存在意義がある。討議によって議案のメリット・デメリットを多角的に分析でき、議会が一致した見解を示すこともできる。しかし、従来は中央集権制が続き、行政主導によって自治体は運営されてきた。この環境によって、議会は執行機関に対する議員の一方的な質問の場と化している。

　しかし、環境は大きく変わった。地方分権ではすべての事務が当該自治体の事務となった。そこで、機関競争主義を機能させる必要がある。そのためには、議会としての意思を示さなければならない。従来の質問はあくまで会派、あるいは議員個人によるものである。議会は、議員同士の自由討議を原則に設計されるべきである。首長等の行政職員は、議会に常時出席する必要はない（自治法121）。議長の要請があった時にのみ出席しなければならないだけである。

c．機関競争を作動させるために、監視能力・政策立案能力を高め、自由討議に基づいた議会の意思を踏まえ首長等とも討議（闘議）すること。議会構成員に首長を含めていないために、議会は首長等と討議する場にはならない。しかし、機関競争主義は、本来議会と首長が緊張関係を保ちつつ、よりよい政策を実現するところにその神髄はある。そうだとすれば、議員の質問に対する執行機関の反問権は当然認められてよい。合議制という特徴をいかして、自由討議を行い、それに基づき首長と切磋琢磨する議会である。

　地方分権時代には、それに適合した地方議会像を膨らませる必要がある。提起してきた新たな地方議会像は、従来のものとは大きく異なるとはいえ、単なる空想ではない。その一端はすでに多くの議会で試みられている。従来の地方議会像を払拭し、住民自治の原則から新たな地方議会像を構想し、それに基づいた議会改革は、現実的なものになっている。

②　議会基本条例の体系──栗山町議会基本条例を中心に

　議会基本条例には、法体系上（形式）の意義とともに、理念・運営上（内容）の意義がある（後述するように、後者が前者を促進した）。法体系上の意義として、自治基本条例と同様に、地域ルールを体系的・総合的に明示したことがあげられる。すでに指摘したように、議会運営事項を規則ではなく条例化したこともその１つである。それ以上に重要なことは、地域ルールとして議会の運営を基本条例として体系的・総合的に明記したことである。自治基本条例とともに議会基本条例は組織や運営の「最高規範」として規定されている。一般に、自治基本条例の制定は意義あるものだとしても、議会事項がないか少ないものだった。そこで、議会に関する事項を別途取り出して制定することは、現行の多くの自治基本条例の「穴」を埋める意味で意義あるものである。

　議会基本条例の理念・運営上の意義としては、地方分権時代に適合した議会運営の制度化があげられる。最初に制定された栗山町議会基本条例は、住民と歩む議会、議員同士が討議する議会、執行機関と切磋琢磨する議会といった地方議会の理念（存在意義）を確認するとともにそれぞれの具体的な制度と運営を規定している。そこで、栗山町議会基本条例を素材に議会基本条例の構図を確認したい。なお、栗山町議会は会派制を採用していない。そこで、会派制度が議会基本条例に規定されている三重県議会基本条例もその都度参照することにしたい（伊賀市議会基本条例なども参照）。

　栗山町議会基本条例は、議会を開かれた討議の場として位置づけている。議会は「議員、町長、町民等の交流と自由な討論の広場である」という規定もある（条例２②）。その上で、議会運営の具体的な転換が規定される。詳細は表８－２を参照していただきたい。閉鎖的ではなく、公開はもとより住民に開かれ住民参加を促進する議会（情報公開はもとより、請願・陳情を町民からの政策提案として位置づけ、住民との一般会議や議会報告会などを通しての住民参加）、与党野党関係は存在せず、首長とも切磋琢磨する議会（首長等に反問権を付与、首長提案には資料の提出の義務化、議決事件の追加）、質問の言いっぱなしではなく、議会の存在意義である合議を重視する議会（議員相互間の自由討議の推進）。これらの運営が、具体的に規定されている。

表8-2 議会基本条例の構図―栗山町議会基本条例を中心に―

	議会基本条例の事項	備考
原則	・討議の広場としての議会（自由かっ達な討議をとおして、これら〔自治体事務の立案、決定、執行、評価〕論点、争点を発見、公開することは討論の広場である議会の第一の使命） ・議会運営における最高規範 ・議会に関する日本国憲法、法律および他の法令等の条項を解釈し、運用する場合の解釈基準	・この条例をふまえて別に定める栗山町議会会議規則がある ・議会は「議員、町長、町民等の交流と自由な討論の広場である」とも規定されている
組織	・議員定数は、別に条例で定める ・議員報酬は、別に条例で定める ・議会図書室の設置と町民、町職員への開放 ・議会事務局の調査法務機能の強化（当分の間は、執行機関の法務機能の活用、職員の併任等の考慮）	・議員の選挙権、被選挙権、議会の設置等、自治法に規定があるものは基本的に規定せず
住民参加	・町民や団体との意見交換のための議会主催による一般会議の設置 ・請願、陳情を町民からの政策提案として位置づけ ・重要な議案に対する議員の態度（賛否）を公表 ・年1回の議会報告会の開催を義務化 ・参考人制度および公聴会制度の十分な活用 ・円滑かつ民主的な議会運営等を推進するために議会モニターの設置	
機関競争主義の活性化	・議員の質問に対する町長や町職員の反問権の付与 ・政策形成過程に関する資料の提出の義務化（政策等の発生源、検討した他の政策案等の内容、他の自治体の類似する政策との比較検討、総合計画における根拠または位置づけ、関係ある法令および条例等、政策等の実施にかかわる財源措置、将来にわたる政策等のコスト計算） ・5項目にわたる議決事項の追加（自治法第2条第4項の規定に基づく基本構想および総合計画、栗山町都市計画マスタープラン、栗山町住宅マスタープラン、高齢者保健福祉計画・介護保険事業計画、次世代育成支援行動計画） ・町政の課題に関する調査のために学識経験を有する者等で構成する調査機関の設置	・三重県議会基本条例では、附属機関、調査機関、検討会等の設置が規定されている
自由討議	・議員相互間の自由討議の推進（議長は、町長等に対する本会議等への出席要請を必要最小限にとどめ、議員相互間の討議を中心に運営しなければならない）	・三重県議会基本条例では「会派は、政策立案、政策決定、政策提言等に関し、会派間で調整を行い、合意形成に努めるものとする」

討議は、会派制が採用されている議会では困難であるという指摘もある。しかし、三重県議会基本条例では、会派制を採用するとともに、「会派は、政策立案、政策決定、政策提言等に関し、会派間で調整を行い、合意形成に努めるものとする」と合議を重視している。会派代表者会議を含めて議会の運営は原則すべて公開となっている。会派は、個別利害の代表（口利き活動）から、合意を目指し公共性という縛りの中で活動する主体へと転換する。

さて、栗山町議会基本条例は、新しい議会運営を具体的に規定している。こうした具体的で豊富な議会運営の規定と比べれば、議会の組織については、定数や報酬以外明記されていない（「別に条例で定める」となっている）。議決事件の追加（自治法96②）については規定しているが、地方自治法に列挙されている議決事件（同96①）をわざわざ規定していない[*67]。また、条例設置の委員会の条文はない。ましてや議員の選挙権・被選挙権、条例制定改廃の直接請求や議会解散・議員解職の直接請求についてはまったく触れられていない。これらは、すでに憲法や地方自治法、公職選挙法によって規定されているために、わざわざ明記する必要がないという哲学のもとで制定されているからである（「栗山町議会基本条例のイメージ」http://www.town.kuriyama.hokkaido.jp/parliament/img/image.pdf、参照）。

従来とは異なる議会運営を明確に規定している議会基本条例は、法体系上の意義だけではなく、理念・運営上の意義を有している。より正確には、法体系上の意義は実は理念・運営上の意義と連動している。すでに指摘したように、地方分権時代に適合した新しい議会運営は、内輪のルールである会議規則に収まりきらない。住民と歩む議会は、開かれた討議のもとで制定される条例という形式を必要とする。また、自治基本条例を自治体の憲法とみなすのであれば、それらには住民参加とともに、議会も根幹に据える必要がある。体系的総合的な議会運営は、自治のルールの中に位置づけられなければ

[*67] すでに本文で指摘したように、従来、地方自治法第96条は「制限列挙」であり、「これ以外の事項についての団体意思の決定は、長その他の執行機関が、自己の権限内の事項につき行う」と解釈されてきた（長野 1995：284）。機関委任事務があった時代ならいざ知らず、地方分権時代にはすべての領域に議会はかかわれる。地域経営の一翼を担う機関だからである。その意味で、「基本構想に係る基本計画に関すること」を議決すべき事件とした福島県月舘町（2000年）をはじめ、地方自治法第96条第2項に基づいて議決事件を追加した議会は地方分権時代への一歩を踏み出した。

ならない。そうだとすれば、議会内の運営だけではなく、住民と議会の関係、議会と執行機関との関係も明確にされなければならない。こうした法体系と理念・運営との関係は、法と政治、あるいは制度と運動のダイナミズムの表れである。

(3) 成長する議会基本条例
① 議会改革の正の連鎖を創りだす

多くの議会は眠っていた。しかし、ようやく、議会改革が広範に行われようとしている。いままで、議会は「負の連鎖」に陥っていたともいえよう。

たとえば、山梨県議会では、知事提出議案の否決ゼロ、質問も不活発、政策条例の議案提出ゼロ、議長の交代回数全国一、政務調査費は領収書も添付せず使い切り、海外視察もしっかりと実施、という状況であった。山梨県議会は眠っているというより、起きるのが怖いかのようであった。最近では徐々にではあれ改革が行われつつあるが、負の連鎖に入っていたといってよい。

栗山町議会の場合、住民報告会から議会改革は急展開した。年に一度、議員は、会派や個々の議員としてではなく、議会として住民の前に出て報告し、住民からの意見や質問に対応する。そこでは、当然議会としてそれぞれの課題にどう対応したかを説明しなければならない。ほとんどすべての議会で行われているように、単なる議員個人や会派からの一方通行的な質問の場に化していたのでは、議会としての行動を住民に説明できない。議員や会派の質問に対して、執行機関はどのように対応し、それに対して議会はどのように行動したかを当然答えなければならない。そうだとすれば、執行機関との切磋琢磨をしなければならない。監視機能に加え、政策立案機能を発揮しなければならないことは当然である。そして、執行機関と対等に渡り合うには、議員や会派からの一方通行的な質問ではなく、双方向の討議（闘議）が必要である。そのためには、執行機関からの反問がぜひとも必要である。また、それぞれの課題に議会はどのように議論したかを当然答えなければならない。「言いっぱなし」の質問では許される訳はない。そこでは、議員同士の自由討議が必要となる。まさに「正の連鎖」が生まれた。

住民参加を導入した議会、議員同士の自由討議を行う議会、執行機関の反

問権の付与を含めた機関競争が活性化した議会、という議会の存在意義を再確認して、それに向けた改革を行うことで議会改革は急展開してきた。住民参加を議会に導入すれば、住民の質問や意見に対して議会として対応しなければならない。議員の資質が問われる。また、議員同士の自由討議では、議員は積極的にかかわらなければならない。ここでも議員の資質が問われる。また、反問権を有する執行機関との切磋琢磨では、それこそ議員の資質が問われる。これが議会改革の「正の連鎖」である。

② 豊富化する議会基本条例

地方分権の時代、正確には地方分権に向かう時代には、地域に即した政策を形成し実践する必要がある。住民自治に基づいた新しい議会を模索し実践している議会もある。議会基本条例を制定して、地方分権に適した議会運営を行っている議会は着実に広がっている。

もちろん、その動向は一様ではない。栗山町議会や三重県議会の議会基本条例のように、大きなインパクトを与えるものもある。注目されればされるほど議会は強力になっていく。また、高い水準にもかかわらず、制定時期が遅いためだけの理由でマスコミ等では大きくは取り上げられてはいないところもある。注目度をもって自治の水準をはかることはまったくできない。なお、短い条文の中にもキラリと光るものもある。たとえば、島根県邑南町議会基本条例では「議員は、閉会中に議長を経由して町長に対し、文書により質問を行い、文書による回答を求めることができる」（条例5③）と議員の文書質問権を挿入している。

また、従来は、明確には位置づけられていない事項を規定しているものもある。実際の議会運営では重要な役割を果たしている会派を議会基本条例が規定する意味は大きい。「議会の会派（以下「会派」という）は、基本的な政策又は政策の理念を共有する議員集団として、地域の実情と町民の意見に基づいて、活力ある地域づくりと町民福祉の向上を図るための政策の形成に積極的に取り組むよう努めなければならない」（神奈川県湯河原町議会基本条例8①）。会派を「基本的な政策又は政策の理念を共有する議員集団」と明確に規定している。さらに、会派は公約実現を目指すとともに、合意形成に努めることも明確にされている[*68（219頁）]。「会派は、各議員が町民の信託を受けて選ばれたことを認識し、各議員の選挙公約又は政策に関する意見を尊重する

とともに、政策の是非等を検討する場合には議員間の合意形成を図るよう努めなければならない」（同8②）。議会基本条例の内容は、ますます豊富化してきている。

　地方分権の理念は、住民福祉の向上が住民自治に委ねられることである。その住民自治の組織と運営も住民が選択する必要がある。議会基本条例の制定は、それぞれの地域に適した住民代表機関としての議会を創りだしていく契機となる。

　こうした新たな議会運営を議会基本条例に規定することが広がりつつあるとはいえ、小規模で会派がない議会だからできるといった「冷ややかな」指摘もある。しかし、三重県議会をはじめとした会派を有する大規模議会でも新しい議会運営を明記しているところもある。その指摘は、結局やる気のない議会の弁解である。また、新しい議会への改革を進めないためのアリバイとして、法体系上だけを整えることもできる。それでさえ、住民に対して体系的に示された議会運営により住民は議会を監視するとともに、議会に参加できる。こうした住民の動向によって、議会改革は進む場合もある。

　なお、横須賀市議会基本条例は、地方自治法が条例に委任した、議員定数（自治法91①）、定例会数（同102②）、委員会設置（同109～110）といった議会の組織にかかわる事項を規定し、以前制定されていた会議条例の〈条例―規則〉体系を創りだすという趣旨をいかした議会基本条例となっている。議会基本条例は、議会運営条例と揶揄される場合もあった。ようやく、議会の組織・運営に関する条例となった。横須賀市議会基本条例は、調査研究機関の設置（条例21）、議会改革推進のための議会制度検討会（同26）など、意欲的な条項も盛り込まれている。しかし、住民自治を進める上で必要な住民参加については、「議会は、市民との懇談会、議会報告会等の市民との意見交換の場を多様に設け、市民からの政策提案の機会の拡大を図るものとする」程度の弱い規定である（同13）。

　議会基本条例の制定は、自治に対する住民や議員の想いの成果である。制定されている多様で豊富な議会基本条例を参考にしつつも、地域ごとにそれぞれの自治のあり方を議論しながら特徴ある議会基本条例が制定されることになるであろう。議会基本条例は、自治の結晶の1つである。それぞれの「自治の色」に染まることが期待されている。

(4) 自治基本条例の制定過程における議会の役割
── 住民と歩む議会の課題

　自治基本条例を制定するにあたって、議会は大いに活躍することが期待されている。地域ルールは自治の根幹であるがゆえに、自治を担うアクター（主体）の1つとしての議会が積極的にかかわる必要がある。議会は、自治の理念、自治体の組織や運営を定める多様な議決権を持っている。基本構想の議決権は、議会がまちづくりの将来を展望することの必要性を明言している。同時に、自治の理念、自治体の組織や運営を定める条例にかかわることが求められる。

　議会が地域ルール制定に積極的にかかわるのはこうした一般的意義においてだけではない。まず、議会が積極的に政策提案をすべきだという期待がある。その期待に応えることが比較的容易な条例である。一般に規制条例は適法性を判定する場合、かなり困難な作業をともなう（江藤　2005）。そこで、自治体の組織や運営理念を明確にし、それに基づいて組織や運営に関してその具体的な内容を規定するのは住民代表機関である議会の第一義的な役割であると同時に、容易だと考えられる。

　また、すでに指摘したように、従来の多くの自治基本条例には議会に関する規定があまりにも少ない。議会は、積極的に議会に関する条項にかかわる必要がある。議会事項は、議会の専権事項ではまったくないが、そのために

---

*68　会派については、選挙の際も明確ではなく、議会運営でも住民にはわかりにくい。そこで、議会基本条例で明確に規定する意味は大きい。「基本的な政策又は政策の理念を共有する議員集団」という会派の規定や、合意形成を目指す会派の役割の規定といった画期的なものがある。会派の規定については、検討を要するものもないわけではない。単に、「議会活動を行うため」として会派が結成できるといった、政策や理念の共有という性格が欠落しているものや、「合意形成」には全く触れられていないものもないわけではない。また、会派を任意の集団としてではなく義務化した議会もある（「議員は…会派を結成するものとする」（会津若松市議会基本条例4①、この条例は附属機関の設置や常任委員会の役割なども規定しているかなり包括的なものである）。民主主義の根幹にかかわる会派の義務化を議員だけの議決で制定できるかどうかの問題を残している。ただし、会津若松市議会の場合、住民と歩む討議する議会を実践しているため、会派制を採用した上で合意を創りだし住民に責任を持つ議会となっている。結果的に、従来曖昧だった会派を意識し討議できる議会を意識した条例だと理解できる。この他にも、検討を要する規定のある議会基本条例がないわけではない。たとえば、「条例に定めるもののほか、必要な事項については、議会運営委員会が別に定める」という「委任」がある（邑南町議会基本条例16）。開かれた議会では、細則は基本条例に基づいた規則に委任するのが順当であろう。また、反問権を「質疑、質問の論点整理」に限定しているところもある（北名古屋市議会基本条例7）。執行機関と切磋琢磨するという議会のイメージとは異なる。検討を必要とする事項をいくつか列挙したが、議会基本条例を制定した意義を蝕むものではない。制定した意欲と意志で、よりよい議会基本条例に改正すればよい。議会基本条例は、活用されることによってそれぞれの議会に適したものになる。問題をあげつらうよりは、制定する意欲と意志を評価する段階だと思う。

は、議員提案を行ったり、首長から提案された条例案に対して、議員によって修正案を提出する必要がある。

　議会の条項を含めた自治基本条例の制定に対して、議会は、内容上で主導性（イニシアティブ）を発揮することが期待されている。同時に、政策過程においても指導性を発揮できる。議会は、合議体である。住民のさまざまな意見を調整する役割を担わなければならない。

　「四日市市市民自治基本条例（理念条例）」の制定（2005年2月）のように（『自治体法務研究』2005年冬号（第3号））、自治基本条例を議員提案によって制定することもできる。この動きは、四日市市議会議員有志の勉強会「市政研究会」からはじまった。そこで練られた案が、議長の諮問機関として設置されている全議員で構成されている「市政活性化推進等議員懇談会」に提案された。それを踏まえて、「自治基本条例調査特別委員会」を議会内に設置した。この委員会に「市議会モニター制度」が導入された。市民42名に市議会モニターとして委嘱し、このモニターが特別委員会の傍聴をする。そのモニターの意見聴取などを行うとともに、特別委員会以外の委員、学識経験者、若手職員といった人たちからの意見も反映させながら条例案はまとめられた。こうした住民参加を重視するとともに、各地区市民センターには傍聴案内を掲示したり、「FMよっかいち」の番組等によって市民に呼びかけることも議会は行った。

　また、飯田市議会は、自治基本条例を住民と一緒につくることにこだわった。「わがまちの"憲法"を考える市民会議」を議会が設置した（2004年5月）。公募市民8名および学識経験者、議員、課長級市職員の24名で構成されている。議会が市民会議を設置するのも、また議長が市職員に委嘱状を出すといった従来の法体系に慣れ親しんだ者ならば、「違法」ともとれる積極的な試みを実践している。

　市民会議は、案文の条例骨子を含む最終報告をまとめて議会に提出した（2004年12月）。それを受けて議会は、その報告書を「議会だより　臨時号」で全戸に配布した。議会は成文作業を進めていたが、住民の周知や意見集約が不十分であると判断し、2005年3月に予定していた制定を断念した。

　その後、10月から市内20地区で行政側と一緒に市政懇談会を開催し周知をはかった。2006年1月までに市議会は条例素案を策定し、「議会だより」を

全戸配布し、2月から全議員が分担して市民集会で説明する。こうして原案がまとめられ、パブリック・コメントを議会として行った（2006年6月15日〜7月10日）。住民を巻き込んだ自治基本条例制定のあり方を試みたといえよう。住民からの意見に対して議会の考え方をその質問者に回答するとともに、議会のホームページに掲載した。こうして、2006年9月議会で、自治基本条例は全会一致で可決された（『ガバナンス』2006年11月号）。

　さらに、市民提案を尊重して議員によって自治基本条例案の修正案を提出し可決することもできる。多摩市は、当時としては画期的だったワークショップ手法とパートナーシップ協定といった手法で自治基本条例を制定しようと考えていた。その提案に基づき行政素案は練られていく。しかし、提案した市民は納得せず、その後も行政と粘り強く意見調整を行っている。その過程で議会は、勉強会等を開催し、行政に圧力をかけていく。その過程での修正も行われたが（「です」「ます」調への修正）、議案が提出されても市民提案とはかけ離れていると感じた議員たちを中心に、議員による修正案が提案され可決されることになる。最高規範としての位置づけ（多摩市自治基本条例2）、「市長」の設置・市長の権限（同12・13）、国・都との距離（同15）、等の修正である。

　議会が自治基本条例に主導的にかかわることとともに、首長主導の制定過程にかかわることもまずは必要である。甲府市では、全員公募による「甲府市自治基本条例をつくる会」が設置された。また、それを支援する「甲府市自治基本条例制定研究会」も設置された。両者の協力の中で市民案が練られていく。議会は、制定研究会会長の講演を二度企画した。また、「つくる会」運営委員会との懇談会を行った。その中で、議会事項を議会は練り上げ、市長に提案している（ただし議案としてではない）。自治基本条例制定に議会が主導的にかかわったわけではないが、議会としてかかわる第一歩である。多くの議会でもここから出発することは容易である。

　地方分権では、条例、予算など議会の議決がますます重要となる。地域ルールの最高規範である自治基本条例には議会事項を積極的に挿入すべきである。詳細は議会基本条例として別途制定してもよい。

　議会は、地域ルールである自治基本条例に議会事項を挿入したり、議会基本条例を制定したり、その過程に積極的にかかわる必要がある。しかし、自

治基本条例を議会だけが主導的に制定すべきだとも、また議会事項を議会だけが立案できる、あるいはすべきだと主張したいわけでもない。同様に、議会基本条例も議会だけのものではない。自治の組織や運営ルールを自治基本条例や議会基本条例として条例化するのは、住民の条例制定の直接請求の対象にする意味もある。

　自治を担うアクターはもちろん議会・議員だけではないからである。地域ルールは、そのうちどれが主導的になるかどうかはともかく、住民、議会・議員、首長という三者が積極的にかかわる必要がある。住民、議会・議員、首長がそれぞれの権限や役割の違いを踏まえて独自性を発揮しつつ、協力することにより地域がより輝く。こうした動向に議会や議員は乗り遅れていると評価されている。しかし、議会や議員が地域経営の中で重要な役割を発揮する可能性は無限にあるといってよい。議会の新しい制度設計はようやく開拓されようとしている段階だからであり、意欲ある議員や議員も育ってきているからである。

3　住民議会の充実に向けた議会基本条例の課題
　　——空洞化を超える手法

(1)　議会基本条例と政治

　議会基本条例の制定が全国に広がりつつあるが[*69]、これらの議会基本条例の中には、具体性のない議会運営の宣言もないわけではない。しかし、それでさえも、地方自治法を金科玉条とする解釈思考からは大きな転換が行われている。というのは、「議会は、会議規則を設けなければならない」（自治法120）とあり、地方自治法の論理では議会運営を定めるにあたっては「議会規則」であって、「議会条例」ではない。この発想を転換させて、自治法には規定されていない議会基本条例を制定することによって＜条例—規則＞という一般的な法体系の構造をつくり出した意味はある。

　議会基本条例が今日脚光を浴びているのは、その条例に従来と異なる議会運営を体系的・総合的に規定しているからである。それは、住民と歩む議会、議員同士が討議する議会、執行機関と切磋琢磨する議会である。議会基本条例はそれらを明確にしている。新しい議会運営は、「内輪のルール」で

ある会議（議会）規則では収まりきらない。地方分権時代は、会議規則を再考せざるをえない。

　こうした議会運営の転換は、地方分権時代の地域経営を担う議会に適合的である。そもそも、地方分権改革において、議会改革は最も遅れているといわれている。その改革の水準を一気に引き上げたのが、栗山町議会基本条例などに結実している議会運営なのである。

　栗山町議会基本条例を中心に分権時代の議会運営を模索してきたが、栗山町議会の改革は一朝一夕に達成されたわけではない。栗山町は、福祉のまちづくりを早い時期から行ってきた。また、議会の住民報告会も早い時期から行っている。こうした自治の基礎があることによって、基本条例は制定された。この制定は、分権時代の地域経営のルールの必要性や、フォーラムとしての議会の意味の再確認が基礎となっている。

　また、三重県議会も早い時期から議会改革のさまざまな提案を行い実践してきた（岩名・駒林 2007、三重県議会議会改革推進会議 2009）。議会に関わる諸問題検討委員会の設置（1995年）、議会改革検討委員会の設置（1996年）、二元代表制における議会の在り方検討会の設置（2003年、最終報告2005年「新しい政策サイクル」の提起）、議会基本条例研究会の設置（2005年）、議会基本条例素案の発表とパブリックコメントの実施（2006年）などである。これを踏まえて議会基本条例が制定された。議員発議の政策条例でも、都道府県合計49件のうち3件（2004年9月1日〜2006年8月31日）は三重県議会のものである（リサイクル製品利用推進条例の一部を改正する条例、地域産業振興条例、三重の森林づくり条例）。また、すでに指摘したように議会によるパブリックコメントも行っている（9県のうちの1つ）。議案聴取会・全員協議会の一般傍聴を認めることの実施、「議会運営用語解説」の作成と傍聴者への配布、といった開かれた議会を実践してきた。

　栗山町議会基本条例は、今日の議会運営の1つの水準を示している。多くの議会は、これを参考に今後の議会運営を考えてもらいたい。しかし、目指

---

*69　議会基本条例という名称の条例は、栗山町議会基本条例以前にも制定されている（須賀川市、2004年）。それは、議員定数、定例会回数、会議も議会基本条例に規定しているという意欲的なものである。ただし、運営の規定自体は、会議規則の条例化である（規則ではなく条例化した意味は大きい）。そこで、議会運営の大転換を明確にした栗山町議会基本条例を初とした。

すは、理想的ではあるが活用できない条例を制定することではない。日々の自治活動に照らした地域経営のルールを制定することである。そして、これらの議会基本条例の制定は、いままで創りだしてきたルールを後戻りさせない意思を示したものである。栗山町議会や三重県議会の動向はそのことを教えている。まさに、生ける条例の実践である。

とはいえ、議会改革がここまでには進んでいない議会に、議会基本条例を制定する資格がないわけではない。重要なことは、どのような議会にするかを議員同士、そして住民と意見交換するなかで明確にして、議会改革マニフェストとしての議会基本条例を制定することである。重要なことは、条例を活かすことであって制定すればよいということではない。

自治の一翼を担う議会という観点から、議会基本条例の意義と課題について考えたい。そこで、本節ではまず議会基本条例についてすでに解説した栗山町議会を素材として概観し、議会基本条例の意義を確認する。次いで、議会基本条例を地域ルールの中に位置づけて考えることにしたい。住民と歩む議会を強調するとしても、自治を担うのは議会だけではない。住民、議会、首長等の関係を定めている自治基本条例との関係が問われなければならないからである。その際、制定されている自治基本条例の内容だけではなく、地域ルールというより広い視点から考える。その上で、制度を活かすのも殺すのも、実際の運動であり政治であることを強調することにしたい。

(2) 地域ルールにおける議会基本条例の位置

地域ルールを考えれば、たしかに議会の組織や運営は第一級の位置を占める。その意味では、議会基本条例がその他の地域ルールから独自に制定される意義は大きい。しかし、日本の場合、議会基本条例の制定の意義はもっと複雑である。地域ルールの根幹には自治基本条例があるが、そこには議会・議員規定が極端に少ない。最初の自治基本条例は、ニセコ町まちづくり基本条例（2000年）といわれているが、議会条項はなかった。その後、徐々にではあれ、議会や議員の規定が挿入されてきている。

早い時期に議会・議員条項を自治基本条例に挿入したのは杉並区自治基本条例（2002年）である。それでも、32条中3条分にすぎない。議員提案によって制定された四日市市自治基本条例でも、杉並区自治基本条例の議会・

議員規定に議長の責務規定が加わった程度である（2005年、25条中4条分）。改正されたニセコ町まちづくり基本条例（改正：2007年）には、いままでなかった議会・議員規定が挿入されている。議会の権限、将来展望や住民の意見聴取などの議会の責務、定数などの組織、討議を基本とすることや反問権の付与による機関競争の議会運営の宣言、会議の公開原則、会期外の調査研究、議長が招集する政策会議の設置、議員の公職者の位置づけと政策提案の責務、といったかなり体系的なものである。57条中8条が議会・議員に関する条文となっている。ようやく、自治基本条例の中に議会・議員の規定の挿入が認知されてきた。

　日本国憲法の場合、補則を除いた99条のうち国会の規定は24条分、約4分の1である。日本国憲法を持ち出すまでもなく、国家統治のルールでは、国民主権や基本的人権の尊重に続いて、「国権の最高機関」（および「唯一の立法機関」）である国会（議会）が規定されるのは至極当然である（日本の場合、平和主義も規定）。それに続いて内閣、司法等々となる構図は理解できる（地方自治規定も含む）。地方自治法でもほぼ同様な構成になっている。第2編の普通地方公共団体では通則、住民（規定、権利・義務）、条例及び規則（権限）、選挙（公職者の選出。ただし、その多くの条文（自治法20～73）は公職選挙法に移動したため削除）、直接請求（公職者のリコールや条例制定改廃）の後が議会（第6章）となっている。その後に執行機関（第7章）が続いている。

　国家統治のルールであれ、自治体の組織や運営に関する法律（自治法）であれ、議会条項が非常に重要な位置にあることが了解できる。地域ルールであり自治体の憲法といわれる自治基本条例は、同様に議会・議員の条項も挿入しなければならない。もちろん、歴史的現実的には困難な要因もあった。自治基本条例案は首長から提出されるものがほとんどであった。議会への遠慮が議会規定を省くか一般的な規定にとどめる要因になっていたのである。

　また、自治基本条例に議会・議員の条項が挿入されなかった理由として、地方自治法への遠慮があった。自治体の「組織や運営」について自治法に詳細に規定されており、禁止されていなくとも「できる」と書かれていなければ、躊躇していたからである。そもそも、自治体は憲法によって条例制定を直接に授権されている。その権限に基づいて、自治体は条例を制定すること

ができる。その「最高規範」として自治基本条例を制定できることは至極当然である。もちろん、憲法上、自治体の組織や運営は法律（自治法等）で定めることになっている。しかし、これには「地方自治の本旨」という拘束がある。自治体は、地方自治を促進するために条例を制定する。条例は、地方自治法等の下位の法体系ではありえない。さらに、こうした視点で、地方自治法を読み解くことである。地方自治法に規定されていなくとも、禁止されていなければ、自治体の組織や運営についても地方自治を促進するのであれば条例制定に問題はない*70。

　それぞれの自治体は、創造的に地域ルールを創りだすことが必要だし、それができる歴史的環境は整ってきた。そこで３つの留意点を確認しておこう。

　第一は、地域ルールの体系性総合性の範囲についてである。地域ルールには自治の理念、住民の権利や責務、議会や執行機関の役割などを規定することが一般的である。たとえば、地域ルールの１つに、終章で検討するアメリカ合衆国の市憲章がある。そこには、市の権限（行政という意味での「市」ではなく市政府としての「市」）、市議会の権限と仕事、市長、市職員（法務官、書記等、市支配人）の権限と仕事、地区委員会の権限（大都市における自治体内分権）、行政各部の組織・権限・仕事、財務手続、選挙、イニシアティブ・レファレンダム、一般規定、憲章の改廃手続、経過規定、などの項目があげられている（全米市民連盟（NCL）「市憲章モデル」）。このように、選挙、イニシアティブ・レファレンダムまでもが規定されている。

　地域ルールの体系性総合性を強調するのであれば、今後これらの規定の挿入も考えてよいだろう。地域ルールには、住民主権が当然であるとしても議会が重要な役割を果たすことを明確に規定する必要がある。議会事項はいままで軽視されてきたとしても、今後は重要で第一義的な規定として挿入されなければならない。議会に関しては、議会の設置、議員定数、会期、議会権限（議決権・調査権など）、議会の組織、議会運営の原則（自由討議、表決等）、住民との関係（情報提供、住民参加等）、などが想定できる。この他に議会・議員関連として、選挙権・被選挙権、条例制定の直接請求や議会解散・議員解職の直接請求なども必要である。それに執行機関との関係が加わる。

しかし、日本の場合、議会の権限や組織の多くは地方自治法に、選挙は公職選挙法に規定されている。体系的総合的な自治基本条例を制定しようとした場合、条文の多さ（基本条例を策定しそれ以外の分野別基本条例を制定することも考えられる）の問題とともに、次の留意点に接続する。

　第二の留意点は、地方自治法や公選法ですでに規定されている事項の扱いである。すでに指摘したように、法令とはかけ離れた事項を挿入しなければ、体系的総合的な自治基本条例の制定は可能である。その際、創設的な規定（それぞれの自治体の新たな規定、および法令が条例に委ねた規定も含む）はもちろん、憲法や地方自治法等で規定されていても自治体にとって重要な事項を確認的な規定として挿入することもできる*71。

　第三の留意点は、自治基本条例と議会基本条例との関係である。地域ルールの最高規範である自治基本条例には議会事項を積極的に挿入すべきである。詳細は議会基本条例として別途制定してもよい。議会は、地域ルールである自治基本条例に議会事項を挿入したり、議会基本条例を制定したり、その過程に積極的にかかわる必要がある。その過程で、自治基本条例制定以前でも議会基本条例が制定される場合も当然ある。逆に、行政基本条例を先行させた自治体もある（北海道）。なお、自治基本条例を議会だけが主導的に制定すべきだとも、また議会事項を議会だけが立案できる、あるいはすべきだと主張したいわけでもない。自治基本条例も議会基本条例も日本では緒についたばかりである。試行錯誤の段階であり、さまざまな制定過程があってよい。

(3) 自治基本条例・議会基本条例の政治

① 生ける条例・活かす条例か作文条例か——換骨奪胎を超えて

　議会基本条例の制定は、まずもって従来の議会の運営は規則によるという

---

*70　そもそも、その地方自治法は、自治体の組織の運営を規定しているが、それは「地方自治の本旨」に基づいている。第29次地方制度調査会第11回専門小委員会では次のような議論が展開されている。「〔自治法で〕禁止されていないものは自由にやっていいのかどうかというのは、私もちょっとよくわかりませんけれども」という質問に対して、行政課長は「具体的には、個別に考えなければいけませんけれども、一般論としてはそういうことになります」と回答している（議事録参照）。ただし、権限に関する事項については慎重な解釈が必要である（江藤　2010b）。

*71　確認的な規定は奇異に感じられるかもしれないが、たとえば憲法と自治法との関係もそうなっている。議会の設置（憲法93①、自治法89）や、議員や首長の選挙（憲法93②、自治法17）は憲法に規定されているが、再度地方自治法でも規定されている。

旧態依然とした思考方法からの転換ではある。地方分権の時代には、議会はいままで以上に重要な役割を果たさなければならない。いわば従来型議会とは異なる新しい議会が不可欠である。その方向を具体的に盛り込んだ議会基本条例が必要となっている。

栗山町議会の場合、議会基本条例を制定する以前にもすでにほとんどの事項を実践していた。議会改革を討議し実践する中で、その議会改革を後戻りさせないために議会基本条例を制定した。より正確には、市町村合併や財政危機など栗山町の今後の方向を行財政改革委員会などで議論し、その議論をより充実させるための議会ルールが必要になった。住民参加を充実させ、執行機関に対抗する議会のパワーアップのためのルールであった。議員はこの理念と運営を血肉化し、議会運営を行っている。その運営によって、たとえば議会報告会を続けることで、住民自身も議会報告会を当然だと思い、そこで財政問題など自治の根幹のテーマが議論されるようになっている。まさに「生ける条例」（神原勝）である。

しかし、いままで実践してきた議会運営のバージョンアップを目指した議会基本条例以外のものもある。従来は旧来型議会運営をやっていたが、議会基本条例を制定しようという意欲とその議論の中で新しい議会を創りだすことも可能だからである。議会基本条例制定を機に、議会運営を総点検し、新しい議会に転換することで自治を創りだす、いわば活かす条例となる。

しかし、「生ける条例」「活かす条例」を目指す理念と運動とは逆に、「作文条例」となる可能性もある。筆者が経験した自治基本条例策定においても、現時点では作文条例となっているものもある。全員公募で参加した市民が１年半議論し、住民自身がPI（パブリック・インボルブメント）や、住民アンケート調査（住民の１％以上）を実施して条例素案を練り上げた。それを尊重して首長提案となり、議会は可決した。条例素案を練り上げている市民は、議会とも３回意見交換を行っている。そうして制定された自治基本条例について職員研修もやらず（関係職員がいた部署で２回だけ）、市民に対する広報活動はやらず（住民の要請で広報に数回連載しただけ）、そもそもその理念に即して既存条例の検討もしていない。

この条例は、自治基本条例の理念に「参画と協働」などを背伸びして書き込んだこと、首長のマニフェストに書かれていたために急いで制定したこと

によって、結果的に作文条例になってしまった。住民どころか職員にさえ認知されていない。作文条例は問題であるとはいえ、自治基本条例で規定されている理念と事項は、政策立案・決定・実施・監視にとって基軸である。作文条例から「忘れ去られた条例」にしないためにも、さらには活かす条例にするためにも、その重要性を理解する者がその意義を主張し続けることが必要である。

なお、今後は栗山町議会基本条例の水準で他自治体でも議会基本条例が制定されることになる。注意することは、そのポリシーが血肉化していなければ、従来型の議会運営の延長にすぎないこともあることである。換骨奪胎の可能性である。

栗山町議会は新しい議会の方向を議会基本条例に明確にした。たとえば、住民と歩む議会として、住民との一般会議の設置、町民からの政策提案としての請願・陳情の位置づけ、議会報告会の義務化、参考人制度および公聴会制度の十分な活用、議会モニターの設置が明記されている。これらは住民が議会に参加する重要な権利でありチャンネルである。しかし、これら会議等が開催され実行されたとしても、議会（したがって議員）自体が積極的に受けとめなければ、従来の「聞き置く」と同様なものとして機能するに過ぎない。

また、議員同士が討議する議会として、議員相互間の自由討議の推進がある。オープンマインドを有しない議員がそれぞれ独白をしていたのでは、合意にも至らないし、合意に至らなくとも問題点をあぶりだすという討議本来の意味をなさない。

さらに、執行機関と切磋琢磨する議会として、議員質問に対する首長や職員の反問権の付与、政策形成過程に関する資料の提出の義務化、栗山町独自の５項目にわたる具体的な議決事項の追加がある。反問権は、台本がないことで意味をなす。学芸会・朗読会と称される、議員と執行機関との事前のすり合わせがある議会には、反問権が明示されているとしてもその意味をなさない。資料提出の義務化や議決事件の追加も、議会としてしっかりと討議し議案に責任を持たなければ、結局従来の修正も否決もない単なる「正統化機関」「追認機関」の議会にすぎなくなる。

換骨奪胎化の危険は常にある。制度の空洞化とその克服の問題として再度

考えたい。
　②　制度化の運動と制度の空洞化、およびそれを超える視点と運動
　議会基本条例は、自然に制定されるわけではなく、制定にあたっては強い意志が必要である。従来の権力関係を実質的に変える議会基本条例であればあるほど、制定にあたっては旧来の権力関係に甘んじてきた勢力はそれを潰そうとするか、意味のないものに修正させようとする。
　したがって、制定過程が重要となる。議員同士が強い想いで地域を考え、そのルールを確立したいと思っているか、議員同士が討議し、よりよい合意を創りだそうとしているか、といった議会の意志がまず問われる。その上で、本来議会は議員のものではなく、住民のものである。住民自治に即した議会を住民とともに考えることが必要である。住民自治を進める議員間連合、議会と住民間連合を創りだし、中央集権制の下で創られてきた強力な執行機関体制に対抗していくことになる。
　たとえば、三重県議会基本条例の制定にあたって、知事は議会基本条例が地方自治法に違反することを強調した。議会基本条例（素案）について知事から提出された論点はどれも議会の強化への反対を宣言したものだった[*72]。三重県議会は新しい政策サイクルを打ちだし、政策提言をする議会を模索し実践してきた。それをさらにパワーアップするための議会基本条例だと、知事には映ったのであろう。憲法や地方自治法の範囲内でという文言を前文に入れることになったが、従来の地方自治法等の解釈から一歩も二歩も前進させている。議会改革は着実に進んでいた。その議会基本条例の制定は「12年の改革の集大成」である（三重県議会議会改革推進会議　2009、「議会基本条例という名の約束」『朝日新聞三重県版』2007年1月1日〜10日付（とくに攻防は4日、5日付））。議会改革のパワーが議会基本条例に結実したといってよい。
　議会基本条例が制定されれば、充実した議会運営が達成されるというものでもない。むしろ、制度は空洞化へ向かうのが歴史の現実である。その制度の空洞化を超える視点を確立することが必要である。篠原一は次のように制度化→空洞化→制度化という論理を提示している。「制度は空洞化し、参加制度に参加する（participate in participation）ことを自己目的とするようになりかねない。そしてこの制度の空洞化から再び運動化のきざしがあらわれることは、他の市民参加制度が本質的に運動化への契機を持っていることと

まったく同様であり、この点でも制度化のみが万能薬ではないことは十分留意しておく必要があろう」（篠原　1977：134）。神原勝は、これを「運動化と制度化の無窮動」という言葉で受けている（神原　2008：121-123）。

制度の「空洞化」は、ふたたび運動化へ進むという住民への信頼は重要である。新たな運動化へ向かう住民を信頼しつつも、運動化を刺激する施策も重要である。「空洞化」の現状と理由を見定め、制度をより充実させるための施策である。

住民運動を起点とし、それを認知した審議会の提言を首長・行政が積極的に促進して制度化されたものとして中野区住区協議会と地域センターがある（江藤　1998、細木　2002）。それは、住民参加の制度的条件を整備したものとして評価できる。しかし、それも問題を内包していた。住区協議会のパラドクス（住区協議会が係わる地域問題の多様化・複雑化→組織の膨大化・細分化→長時間化→参加意欲の後退→高齢化）といわれる事態である。

制度化によって当初の活気は薄らぎ、当初の理念は空洞化することは歴史上よく見られることである。地域センター・住区協議会を制度化するにあたってすでに「制度化にともなう空洞化」は危惧されていた。制度化にあたっての住民への説明資料の中に住区協議会の問題点として空洞化をはじめとした問題点の列挙と解決の方向が提示されている。つまり「住民参加は、行政における意思決定過程や間接民主主義に対する不信感から出発しているともいえる。いわば制度に内在する硬直性への反発が参加のエネルギーとなっている。したがって、住民参加が制度化されると同時にダイナミズムを失い、それがもつ活力が半減してしまうという、宿命をもっている」という視点から、いくつかの活性化策を例示している（区長決定「地域センターと住区協議会を全区的に進めるための方針」1976年10月30日）。

縮小再生産あるいは衰退が「宿命」であるとしても、制度を再活性化させる施策も考えられていた。都市計画マスタープラン作成や公共施設の検討に

---

*72　①現行の憲法および自治法の範囲内の条例であるのかどうか。また、知事の権限を侵害することがないのかどうか。②二元代表制、政策立案、政策決定、監視、評価が意味するところは何か。その定義を明らかにすべきではないか。③最高法規性を有するものなのかどうか。④付属機関、調査機関、検討会等の設置は、改正地方自治法において認められた「専門的知見の活用」の範囲内なのかどうか。⑤「三重県議会の基本理念と基本方向を定める決議」（2003年10月10日決議）でも触れられている現下の厳しい行財政事情を踏まえた簡素・効率化の視点が、反映されているかどうか。

地域センター・住区協議会がかかわる施策である。制度の空洞化に対して住民参加制度の活性化のための「起爆材」「触媒」の戦略が読みとれる。問題は、空洞化を排除することではなく、空洞化を認識し、それをとどめたり、さらなる充実へと転換させる戦略である。こうした戦略を住民と自治体が常に練り上げることができるかどうかは、制度化後の自治の展開にとっての試金石だといってよい。

　議会運営にも空洞化は進行する。議会の場合は、空洞化といってもその制度がなくなるわけでもないし、権限を持ち続けている。その意味では、住区協議会のようなその制度自体が政治的争点となるものではない。空洞化にも、その違いはある。議会の空洞化とは、新しい議会を目指し運営をしていた議会が、その軌道から逸脱することを意味している。

　議会が、住民に関心を持たせる「起爆材」「触媒」の戦略を持つことはたしかに重要である。栗山町議会は、議会基本条例制定にあたって臨時議会報告会を開催して、住民とともに議会改革を考えた。また、その時々に必要だと思われるテーマで住民と意見交換をする一般会議を開催している。定期的に行われる議会報告会でも、地域の争点を提出して住民とともに議論することにしている。議会に関心を持たせるという意味での「起爆剤」「触媒」の要素はある。

　しかし、そうした議会側からの空洞化への対抗策以上に重要なのは、そもそも制度の空洞化の再充実化への起点を住民に託していることである。議会報告会は、議会基本条例に「少なくとも年1回」開催することを規定して定例化・義務化されている。停滞した議会運営を住民は許さない。こうした住民に託する恒常的な制度がなければ、議会運営の水準は当該議会の議員に委ねられることになってしまう。栗山町議会は、その議会基本条例の中に議会運営の後退を住民の力で早めに是正する仕組みをしっかりと導入している。新しい議会運営を後退させないために議会基本条例を制定したという栗山町議会の想いは、空洞化を住民から是正する制度を挿入したことにも表れている。

4　自治を推進する自治・議会基本条例

　自治基本条例・議会基本条例はますます重要になっている。自治型社会には、地域ルールを明確にする必要があるからである。それぞれの自治体では、住民自身が策定する必要がある。地域ルールの基本は、自治基本条例であり、議会基本条例（そして本書では論じてはいない行政基本条例）である。アリバイとして、流行への便乗、形式だけ、といった揶揄も聞こえている。とはいえ、さまざまな問題を含みつつも、それらの制定は自治型社会への大きな一歩といってよい。自治基本条例の制定数を確認するのは困難ではあるが、議会基本条例制定数とほぼ同じかそれ以上であろう。

　これらを「活かす条例」とするためには、日々住民、議会・議員、首長等の努力が不可欠である。これらの制定は、自治が「オノズからオサマる」から「ミズからオサめる」へと転換する息吹だと理解したい。

　今日、こうした地道な成果としての自治基本条例制定の動きとは別に、自治基本条例は新たな脚光を浴びせられている。すでに序章で紹介したように、地方政府形態の多様性の提案に付随して提起されている。さまざまな地方政府形態（基本構造モデル）をそれぞれの自治体が選択する場合の手続きの1つとして浮上している。地方政府形態の選択にあたって議会の議決（特別多数の導入）、住民投票とともに、通常の条例の上位に位置づく基本条例（自治憲章）による規定が提案されている。この場合でも、制定にあたって議会の議決か住民投票かが論点となる。自治基本条例がバージョンアップする契機の1つとなる。

　自治基本条例をめぐりさまざまなスポットが当てられている。どれも従来の中央集権時代の「自治」とは異なる新たな自治の模索である。自治基本条例の充実を確認するとともに、従来とは異なる住民自治に基づいた設計が必要となっている。そこで、新たな住民自治を考える中で、再度自治基本条例・議会基本条例の役割を考えることにしよう。

▶ 終 章

新しい住民自治論に基づく議会

―― 住民自治を促進する法と条例の活用術

1 住民自治の新たな次元

　住民自治を実現する制度を構想することが本書を締めくくる終章の課題である。住民投票の活用、住民参加における抽選制の採用、白紙からの議論といった住民自治をめぐる最近のトピックスを考慮すれば、住民自治が従来のものとは大きく転換していることは容易に推測がつく。それは、地方分権改革と無縁ではない。地方分権改革が単なる地方自治体への権限・税源移譲（団体自治）だけではなく、住民自治の充実に向けた改革を目指しているならば当然ともいえる。地方議会改革もこの文脈、つまり住民自治を促進する議会という視点での改革が必要である。

　機関委任事務の廃止によって当該自治体が行う事務のすべてがその自治体の事務となった第一次地方分権改革、および三位一体改革によって財政的な自由度を高める方向を打ち出したその後の地方分権改革を踏まえれば、自治体の事務や財源をどのように決めるかという地域のルールの制度化へと進まざるをえない。これが、第二次地方分権改革である。そのためには、まずもって自治体の組織や運営、公職者（首長や議員）の選出の仕方の自主性・自律性を拡大することが必要となる。地方自治法や公職選挙法等による自治体の多くの規制を抜本的に見直すことである。また、住民や自治体からの自主性・自律性を拡大する運動やそれに基づく制度化を促進することでもある。

　このように考えれば、住民自治を促進する制度を再確認し、さらなる制度

化を構想することが当然必要となる。本章の課題は、そのための法や条例の現状を把握し、さらなる住民自治の可能性を探ることにある。とはいえ、住民自治の展開は、その原則の再確認も迫っている。具体的には、代表民主制と直接民主制との関係、住民の権利と責務の関係といった論点が浮上している。まずこれらの論点を考えた上で、住民自治を促進する法と条例を構想したい。

2　住民自治の新しい原則
——〈代表民主制の補完としての直接民主制〉観からの脱却

(1)　新住民自治の構想
①　直接民主制は補完か

住民自治を考える上で、選挙がまずもって想定されるが、今日むしろそれ以外の住民参加が脚光を浴びているといってもよい。代表民主制と直接民主制の関係を地方自治という舞台で考えることが必要である。代表民主制を中心に設計されている国政とは異なり、地方政治ではむしろ直接民主制を重視した設計をしなければならない。ここで、当為（「しなければならない」: Sollen）を強調しているのは、現実がそうなってはいないことの確認とともに、地方政治の論理を考慮すれば当然そのようになることを指摘したいためでもある。

そもそも、機関委任事務をはじめとした中央集権制の下では住民自治は理念としては重要ではあったが、作動させることは容易ではなかった。しかし、地方分権改革によって、従来はコップの中の嵐としてしかみられなかった住民自治の内実が問われることになる。いわば直接民主制を代表民主制の単なる補完とみる考えと、逆に直接民主制こそ根幹だとする考えが対峙している。結論を先取りすれば、地方自治体は直接民主制と代表民主制との融合（その融合の仕方は代表民主制を含み込んだ直接民主制）である。それは、代表民主制を直接民主制に接木するのではない。討議の重要性を強調する代表民主制の意義を発揮させつつ、日々の住民参加や住民による決定を強調する直接民主制の意義を重視する。地方分権改革は、地方行政に偏重してきた地方政府の運営に対して、新たに地方政治（地方自治体における政治）の重

要性を認知させることでもある。

　直接民主制を重視した地方政治という観念は、国政の論理に慣れた読者ならば違和感があるかもしれない。マスコミからの情報や、国会を模写した実際の議会運営を考慮すれば、地方政治を国政と同様の国民代表制の論理（代表民主制が基本で、4年あるいは6年の任期ごとに選挙という制度で国民主権を発揮できる）で考えることは理解できる。

　直接民主制を代表民主制の単なる補完だとする考えは、地方自治の組織と運営の解釈にとって有力な行政法学者の解釈とも関連がある。それによれば、代表民主制が基本であって、法定の直接民主制はあくまで代表民主制を「補完しその欠陥を矯正する例外的制度」である（原田　2005：76）[73]。この議論は、直接民主制を住民投票に矮小化した上で、その直接民主制では議会や首長の責任が曖昧となり、「制度の基本」を揺るがすことになるし、「目先の利害やムードに左右されがちな住民投票」では総合行政の維持や「健全な地方自治の発展」は困難となる、と批判する。つまり、「間接民主制の補完としての直接民主制」論である。

　また、地方自治法解釈に大きな影響を与えている論者は、「普通地方公共団体の運営は、基本的には住民多数の意思を反映して選任された者によるべきもの（間接民主制）であるから、当局者の施政が適切でなく、民意を反映しないとして、直接請求制度によってその是正を行うとしても、それには自ら一定の限度があるべき」であるという。間接（代表）民主制が基本であることを強調し、ことさら直接請求制度に対する制限の合理性を指摘する。これは、「間接民主制の補完としての直接民主制」論に属する（松本　2002：205）。

　なお、最近の「地域主権」を目指した改革提案でも、直接民主制を代表民主制の補完という考え方が再確認されている。「代表民主制を補完する直接民主制的手法の充実」（総務省「地方自治法抜本改正についての考え方（平成22年）」2011年1月26日）の視点である。

　しかし、国政の論理を離れて、憲法や地方自治法の論理や実際の制度や運

---

[73] 旧版では、代表民主制は、物理的ないし技術的に直接民主制が困難となったことのほかに、テクノクラートに信託するほうが適切だという観念が広がったことがあげられるという（原田　1995：81-82）。前者を消極的理由と呼ぶなら、後者は積極的理由といえよう。

動を解読すればするほど、こうした補完や例外としての直接民主制という消極的理解を問題とせざるをえない。地方政治の場では、住民が自治体の政策決定に国政（中央政治）以上に積極的にかかわることが想定されている。この点の解釈次第で、住民自治の内実は大きく変わる。

② 直接民主制を根幹とした地方自治論
　地方政治には、国政とは異なる直接民主制の制度が積極的に導入されている。この意味や歴史的経緯を考慮すれば、地方政治は代表民主制の補完に矮小化できない論理構成となっていることが理解できる。
　まず第一に、国会の二院制に対して地方議会は一院制を採用している。国会は、衆議院と参議院によるチェック・アンド・バランスを想定している。世界の国会では、一院制の方が多いが、民主主義制度を早めに導入したいわゆる先進諸国では、北欧などを除いて二院制を採用している国が多い。議院内閣制だけではなく、アメリカ合衆国などの大統領制であっても二院制なのは、それぞれの院が異なった利害を代表し、それぞれが他の院を牽制することが期待されているからである。それに対して、地方議会は一院制である。地方自治体で二元代表制（機関対立主義）を採用していることで、議会と首長のチェック・アンド・バランスが可能となり議会の暴走を抑制できることが考えられる。より重要なことは、自治体が住民に身近であり、住民がその活動をチェックできるからである。
　それだからこそ第二に、直接民主主義の系列のさまざまな制度が自治体に導入されている。もちろん、国政でも直接民主主義の系列の制度はある。国会が発議する憲法改正の国民投票がある。自治体レベルでは、立法（条例制定）にかかわったり、公職者を解職させるなどの多様な直接請求が制度化されている。さらに町村では、議会を置かずに有権者による住民総会を設置することができる（自治法94）。憲法で議会を設置することが明記され（憲法93）、地方自治法でもそれを再確認している（自治法89）にもかかわらず、その地方自治法で住民総会という例外を認めている。通常は憲法違反とみなされる条項が、憲法の趣旨に沿っているから違憲ではないと解釈されているからである。なお、条例に基づいて今日脚光を浴びている住民投票も行うことができる。

第三に、そもそも日本国憲法第95条は、地域の重要事項の決定を議会にも委ねてはいない。首長にはなおさらである。1つの自治体に関する法律を国会が制定したければ、両院を通過させるだけではできない。当該地域の住民による投票で過半数を獲得しなければならない。1949年から1951年までの18都市15本（改正含まず）の法律が制定された。その中には首都建設法のように反対が約4割という住民投票結果だったものもある（1950年）。今日では死文化されているこの条文（憲法95）は、国政とは異なり地方政治が直接民主主義を重視していることを示している。重要事項は、住民自身が決定することが基本なのである。

　このように、一院制としての議会を住民がチェックすること、さらには立法（条例制定）にも公職者の選出・解職にも住民が直接かかわれること、これらを想定すれば住民、議会、首長という三者間関係を前提とした地方政治、住民主導の政治が地方政治であるといえる。国政の場合、制度として国民主権は選挙の際にのみ機能するだけであるのに対して、地方政治の場合、住民が積極的に政治に参加する構成となっていることは強調されてよい。

　このような直接民主制を強調する理解は今日突然に現れたものではない。すでに指摘したように、憲法や地方自治法に埋め込まれたさまざまな制度を解読することによってだけではなく、歴史的経過を踏まえれば、直接民主制を代表民主制の単なる補完とする理解は採用できない。

　戦後の日本の地方自治制度にアメリカ合衆国の地方制度の理念がすべてとはいえないまでもその神髄が導入されたことは、アメリカ流の自治とはなにかを問うことになる。「住民の、住民による、住民のための統治」であり、それは、「地域住民による自治（local community autonomy）」たるアメリカ流の「地方自治（local self-government）なのである」（小滝　2005：163）。

　こうした当時の雰囲気を伝えるものとして『新地方制度の解説』（ニュース社、1946年）がある。序文は大村清一内務大臣、第1章は鈴木俊一内務省行政課長、第2章以下は同局事務官の金丸三郎、藤井貞夫、奥野誠亮の三氏に依頼し、自治研究会が編集したものである。

　「自治の重要な要素は住民自らの手によって自治を運営することである。ただ常時多数の住民全部が、その運営にあたることが困難なので、その代表者を通じてこれをあたるようにさせるにすぎない。しかも代表機関の少なく

とも最高の責任者は住民自ら選ぶことがその本旨からすれば当然であり、またこれらの代表者に代表者たるに相応しくない事態が生じたならば、これを更新するためのなんらかの方法があってしかるべきである。これが住民による地方団体の首長の直接公選ならびに自治立法、事務監査及び市町村長等の解職及び市町村議会等の解散の請求権を認めた理由である。このように市町村行政等に直接参与する方法を認めることによって、常時市町村等の自治の運営に対する自覚と責任を喚起せしめ、そしてまた自治に対する関心を深くすることによって、真に住民による自治の本当の姿が現れるであろう。従来の団体自治に偏った地方自治の観念が、むしろその本来の姿である住民自治の観念の確立によって均衡のある発達を期待できると思われる」（鈴木俊一執筆部分、現代文にしている—引用者注）（自治研究会　1946：25）[*74]。

　直接民主制が根幹であって、代表民主制は便宜的なものであること、だからこそ条例の制定改廃請求（「自治立法」と明確に呼んでいる）、代表者の解職請求、議会の解散請求が制度化されたこと、そして「本来の姿である住民自治の観念」が自治にとっては重要であることが喝破されている。

　このような、条例の制定改廃の直接請求や、首長・議員の解職や議会の解散の直接請求、町村における住民総会、特別法の住民投票などの直接民主制があるとともに、次の要素を考慮して、直接民主制は補完どころか根幹を占めているという主張もある。議会や首長が住民の要求を満たし、住民が代表機関を常にコントロールできる条件を整備していること（首長・議員の解職や議会の解散の直接請求や条例の制定改廃請求とともに、直接選挙と選挙の際の公約が条件となる。ただし、直接選挙においては住民の意思を鏡のように反映する社会学的代表制が必要だが今日そうなってはいない）。そして、そもそも主体はそこに住む住民であり、国政の国民とは異なること（外国籍住民も選挙権を有する可能性がある）。これらは現在十分には展開されていないとはいえ原理としては存在している（杉原　2002：159-165, 180-188）。

　杉原泰雄は、これらの要素を根拠に「直接民主制の代替物」として代表民主制を位置づけている。「『人民主権〔有権者総体としての市民を統治権の所有者とする原理、人民による、人民のための政治の原理—引用者注〕』を原理としているから、地方公共団体においては、住民による政治の基準〔条例等—引用者注〕の決定（代表制をとる場合、その代表制は住民による基準の決定を保障

する『直接民主制の代替物』としての内実をもつものでなければならない）および住民によるその執行の担当者の選任と統制が求められる」（傍点原著者—引用者注）。代表民主制を直接民主制の代替物だという理解は、政策過程における直接民主制の役割を高めることの理論的根拠になる（杉原　2002：52）[*75]。

　最近では、議会基本条例案に「直接民主制の代替物としての代表民主制」の発想を挿入する議会も現れた。徳島県鳴門市議会は、議会基本条例の前文の中で「間接民主制の議会を民主主義の本来の形態である直接民主制により近づけるため」、議会の公開、議会と住民との接点の充実、政策立案能力の向上、自治体事務の監督の強化をはかることを目指すことを宣言している（2011年6月可決、議会事務局の常勤の特別職での採用規定をめぐって、その後徳島県自治紛争処理委員の調停を受け、修正の上、同年12月に再提出された）。ただし、鳴門市議会基本条例案は本書で強調した新しい議会像を明確にしていない。現段階では理念も不十分であり、公開性の原則から考えても問題を残している。

　直接民主制が根幹だというこの理解は、今後の住民自治を考える場合、従来の直接民主制を軽視したり消極的に理解する議論に対して、新たな視点を提供しているといえよう。

③　新しい住民自治論

　直接民主制が否定されてはいないにせよ、消極的理解であったり、代表民主制を単に補完するものであるという理解に対して、むしろ代表民主制は直接民主制の代替物であること、住民自治にとって直接民主制は不可欠であることを強調する議論を紹介してきた。

　そもそも、選挙後の4年間には選挙時には登場しない課題が重要となることもあるし、また実際の選挙は争点を明確にした政策型選挙にはなっていない。こうした消極的理由だけではなく、住民の提言を聴くほうが地域課題の発見に役立つという積極的な理由から代表民主制には限界があり、直接民主

[*74] 序文を執筆した大村内務大臣の国会答弁は、この著書の主旨とはまったく逆で、明治憲法下の地方制度と日本国憲法下の地方制度は変わらないというものであった（衆議院憲法改正特別委員会、1946年7月6日）。それに対して、憲法問題担当の金森徳次郎国務大臣は、それらが明確に異なることを強調した（貴族院憲法改正特別委員会、1946年9月25日）。自治立法研究会編（2000）参照。

[*75] 同様の立場から、「直接民主制の補完的存在としての間接民主制」を主張する自治立法研究会編（2000）、参照。

制は政策過程においては重要なのである。

　代表民主制を直接民主制の代替物とする理解は、一歩進んで直接民主制が住民自治の根幹であり、代表機関は常に住民のコントロールの下に置かれることを強調する。これは、消極的に理解されてきた直接民主制を強調することでは意義あるものではある。しかし、制度設計にあたって住民と代表機関との関係が主題化され、代表機関の中での勢力均衡（執行機関と議事機関のチェック・アンド・バランス）や議員間、住民と議員間の討議が軽視される構図となりやすい。

　そこで、代表民主制論、あるいは補完論や例外論が蓄積してきた代表機関における討議や権力制限的要素を引き継ぎながら、直接民主制重視の議論とつなぐことが必要である。直接民主制と代表民主制の融合、あるいは代表民主制を含みこんだ直接民主制である。とりあえず、この住民自治論を新しい住民自治論、いわば新住民自治論と呼ぶ。こうした視点から本書では、地方議会の役割や制度を検討してきた。住民から切断された議会の役割の拡充論も、また議会の役割を軽視する行政への住民参加の充実論も採用していない。

　この新住民自治は、議会が住民に開放されているとともに、イニシアティブやレファレンダムが制度化されているイメージである。たとえば、アメリカ合衆国の地方議会の議場自体が開放型議会となっている。高校の教室を想定するとよい。前に市長を中心に議員が座り、生徒席に住民が座る。議会自体を住民に開放し、直接議会を住民参加の場とする方式である。議員の討議の途中で傍聴者が手を上げて質問し意見を述べる時間が設けられている議会もある。首長や議員は聞きっぱなしというわけではなく、意見表明を行った者に質問もする。日本の傍聴（傍らで聴く）とは大きく異なっている。このように、アメリカ合衆国の地方議会の多くは、議会の開催時に住民の意見を聞く時間を設けたり、議会自体がパブリック・ヒヤリングを行うことが一般的である。こうした開放型議会とともに、イニシアティブやレファレンダムが制度化されている自治体もある。議会自体が代表民主制だけで機能するわけではない。

　この新住民自治論の射程を確認しておこう。とはいえ、この理解はいまだ一般的ではない。そして、こうした理解を妨げている現実は巨大である。し

かし、原理と運動によって少しずつ切り拓かれようとしている。その動向を探る前に、住民自治に関するいくつかの論点を確認しておこう。

(2) 統治から協治・協働へ——新住民自治を促進する協働の原則

① 住民自治の新たな状況を考える視点

　従来の行政主導の統治のシステムに対して代表民主制を含み込んだ直接民主制を重視した住民自治、新住民自治を強調した。新住民自治の充実は、今後の課題であるが、歴史的に見れば新住民自治の系列と考えられる制度が形成されてもいた。今日、住民自治は協治あるいは協働という用語で説明されている。それは、住民自治がさまざまに解釈されてきたこと、団体自治に偏重した住民自治という消極的理解であったこと、従来とは異なる住民自治の可能性が到来してきたこと、これらの理由からである。いわば、行政主導の統治とは異なり、名実ともに住民自治によって地域づくりを行う必要性が強調されている。

　その際、パートナーシップあるいはコラボレーションのような対等・平等を原則とする主体間の関係を強調する議論とともに、コプロダクションとしての協働を提起してきた（江藤　2000）。コプロダクションは、それぞれの行為者の対等・平等関係を重視しつつも、協力することによって従来よりもよい政策の形成と実践が生み出されることである。ようするに、協働を主体間の対等・平等関係に限定せず、その主体それぞれが協力することによって、新たな何かを生み出すという視点を含めて理解している。

　そこで、協働を行う主体には何を想定するかという問題は残されている。行政と住民の協働、あるいは公と民の協働といった用語が流布している。住民が行う協働の主体を行政だけに限定する必要はなく、むしろ地方議会なども含み込んだ自治体との協働がまずもって想定される。また、自治体との協働だけではなく、NPO、企業と自治体との関係も協働の範囲と考えられる。そして、これらの基底には〈住民―住民〉関係とも呼べる住民の自発的・自立的活動があり、これも協働の射程には入っている。

② 協働、「新しい公共」、ローカル・ガバナンス

　協働とともに、「新しい公共」やローカル・ガバナンスといった用語も今日流布している。これらは、新住民自治論とも重なり合う。そこで、これら

について確認しよう。筆者は、協働は公共をめぐる担い手論であり、その場合の担う対象は公共サービスだけではなく政策形成にまで含み込んでいると考えている。多くの協働論は、一般に公共サービスに限定して用いられている。その際、押し付けられる公共サービスを回避する意味で、「参加（参画）と協働」とセットにして用いる場合が多い。しかし、本書では参加（参画）は従来とは異なる水準で展開されていること、多義的であり誤解を招くこと（篠原　1977）、さらにはコプロダクションとして協働を把握する場合、政策形成も含み込むこと、これらから公共サービスの供給主体論に限定して用いてはいない。

　「新しい公共」論は、今日多様に用いられている。「新しい公共宣言」（2010年）も提出された。従来とは異なる公共の担い手を探る重要な鍵概念となる。とはいえ、この「新しい公共」（新しい公共空間）論の中には、公共サービス供給主体論に限定する議論も見受けられる。さらには、その延長で行政の論理で従来の公共サービスを住民に「押し付ける」根拠としてこの用語を用いる場合もある。しかし、今村都南雄が指摘するように、官の独占物から、自治体、住民、NPO、企業（および国会）が公共の担い手を宣言する重要性とともに、市民的公共性を射程に入れた議論を展開しなければならないだろう。次の視点は重要である。「そもそも公共サービスの公共性はどこに由来するのか。この出発点からの仕切り直しをしなければならなくなる。公共空間の概念について［中略］それはもともと〈市民的公共性〉の文脈にフィットする概念であり、その再構成をはかるさいにおいても〈市民的公共性〉の含意をどこまで浸透させることができるかが肝要である」（今村　2002：12）。

　このように考えると、協働論は「新しい公共」論と重なり合う。とはいえ、「新しい公共」論では主題的に議論されてはいないが、公共（性）論の文脈で考えるとすれば、公共の中身（テーマ）について（およびその変遷）についても検討の対象にしなければならない。この点は、協働論の射程には入っていない。

　なお、ローカル・ガバナンス論も今日盛んに議論される用語である。これも公共をめぐる担い手論といえる。1990年代初頭に注目されだしたガバナンス論は、政治の領域は後景に退き（国家の退却）、公共サービスの担い手をめぐる議論に終始していたといってよい。より正確に言えば、選挙によって

選出された公職者を回避した上での市民社会のアクター間、あるいはそれらと行政との調整手法が主題化されてきた。これも政治ではあるが、その正統性が問題となる。そこで、ガバナンスの第二世代はa.ガバナンスにおけるアクターは相互依存関係にあること、b.アクター間の相互作用は常に交渉を通じて行われること、c.アクター間の交渉において何らかのルールや規範が存在していること、d.ガバナンス・ネットワークは基本的に自己統制的であること、e.アクター間の交渉は公共性の高い目的を達成するために行われること、といった共通項は用いながらも、選挙された公職者（公選職）、およびそれによって構成される議会の役割も議論の対象に入る（小暮 2009）。

『ガバナンス百科事典』（Bevir 2007）のローカル・ガバナンスの項（Linze Schaap 執筆）の最初の段落は次のようなものである。「ローカル・ガバナンスは、政策形成やサービス提供の制度としての分権化という欧米の民主主義の一般的展開を反映したものである」。政府は、社会の組織がそれぞれの目的を達成するためにますます、他の組織に依存するようになっている。政府とそのさまざまな機関は、もはや公共財の配分の唯一の政策決定者ではない。ガバナンス、特にローカル・ガバナンスは、政府組織と民間組織との共同、共同の政策形成、サービス提供の共同、等々として特徴づけられる。ローカル・ガバナンスは、地方政府と共存している。

この認識は、公共をめぐる担い手論を公共サービス供給主体論に限定せず、政策決定にまで広げている。ただ、この議論では、政治の視点は多様である。ローカル・ガバナンス・モデルが持つ民主主義的正統性の種類がローカル・ガバナンスが解決する重要課題だと明言している（Bevir 2007：534）。ここでは、選挙される公職者が議論の対象として再登場していることが了解できればよい。

このように考えると、協働、新しい公共、ローカル・ガバナンスは、関係があるどころか重なり合う、あるいは軌を一にしているとまでいえる。再度整理すると、公共をめぐる議論にはその内容を吟味する方向と（足立 2009：序章）、その担い手を議論する方向があり、後者はさらに公共サービス主体論と政策決定論を含んでいる。前者の公共の内容は時代によって異なり、それぞれアクターが決めればよいという構えである。その内容は時代の

方向を指し示し、参加するアクターの属性や性格により確定されてくるがゆえに、視野に入れるべきであろう。しかし、協働、新しい公共、ローカル・ガバナンスの議論では一般にはその内容については、対象外である。

担い手論はこれらの協働、新しい公共、ローカル・ガバナンス（協治）には共通している。とはいえ、公共サービス供給主体論に限定せず[*76]、政策形成・決定の議論に含み込む必要がある。そうだとすれば、議会が重要なアクターとして登場することは当然であり、従来とは異なる議会の役割を模索することが緊急の課題として浮上してくる。本書はこうした文脈を意識している。

なお、協働に対する批判が想定できる。そもそも、住民が主権者なのだから協治や協働などありえない、行政は公職者として従えばよいという根源的なものであり、協働を担う住民は自発性を強調されるが、それは政治や行政に誘導されたものであって参加の強制ではないのか、という疑義である。これらの批判や疑義に答える中で、協働の意義を再確認しておこう。

③　公僕との協働はありえないか

住民が雇った行政職員あるいはその集合体である行政組織と協働する必要はない。「雇い主は雇われ人を意のままに使うことが本分なのであって、彼らと『協働』する必要などまったくない」という批判がある（新藤　2003：9-10)[*77]。たしかに、住民が主権者であるがゆえに、議員や首長、さらには執行機関の職員は公僕として従えばよい。しかし、これは原則あるいは理念であり、住民が一丸となって公僕を監視したり活用する制度を想定できなければ、住民が「国民」と同様に抽象化され、一般化されるようになり、結局は行政主導の運営となってしまう。

そこで、協働（ローカル・ガバナンスや新しい公共）によって、原則あるいは理念と現実をつなぐことが必要である。住民は、選挙を通して主権の一端を行使する。4年に一度ではなく日々主権者である。つまり、地域を担う主体がそれぞれその能力を発揮して地域経営に取り組めばよい。専門性を有する職員、市民性を有する住民、議論する能力を有する議員、それぞれが自分の役割を自覚し協力することにより、地域経営にあたる。職員や議員は、その中で市民性を養うことになるし、住民は職員が有する専門性を活用することになる。実際のワークショップなどで、職員や議員の発言で住民の意見

がまとまり提言が充実することもある。逆に、誘導があれば、そうした職員や議員を問題にすればよい。現実場面で、職員や議員は、その場の住民の意向にだけ沿う必要はない。三者が協力しながらよりよい提言を仕上げる姿勢こそが重要である。

④　協働は住民を誘導する参加にすぎないか

協働の基礎である自発性が実は政治や行政によって動員へと絡めとられていく危惧が指摘される。今日の政治状況から参加を考えると、現状のシステムの担い手としての役割を強調する「ナショナリズム」の方向、そしてそれとは異なる別の方策がある。「現状とは別様なあり方を求めて行動しようとする諸個人を、抑制するのではなく、むしろそれを『自発性』として承認した上で、その行動の方向を現状の社会システムに適合的なように水路づける方策」として、参加やボランティアが肯定される。現代の政治秩序に適合的なものが、参加やボランティアとして肯定されているにすぎない。そもそも、既存の政治秩序に適合しない暴走族はもとより、宗教団体、政治団体、さらには女性やマイノリティの権利擁護、原発やゴミ処分場建設反対などは、参加やボランティアとは呼ばないではないかという（中野　1999）。

また、住民はかつて福祉の権利の主体であったが、消費の主体を経て、小さな政府論と連動して、「積極的に福祉を支える『自己実現』の主体へと鋳直された」。その際、自己実現は「ある種のモラルに支えられ」、それに適しないものは不適格者としてのレッテルを張られる。つまり、参加型福祉社会への参加が強要され、それに参加しない者への道徳性が問題とされるという危惧からの批判である（渋谷　1999）。

戦前の軍国主義をつくり出した動員は、むしろ国民の自発的参加を起点としていたこと、さらにその動員が規範となり動員されない人々を強制するとともに「非国民」として排除した歴史を考えれば、この視点は常に顧みなけ

---

*76　公共サービス供給主体論は、地方自治の文脈では、地方行政改革論に収斂することが多い。これも1つの新しい公共論ではあるが、順序を間違えると、単なる行政の論理でのアウトソーシングの意味しか持たず、住民自治の拡充にはつながらない。松原（2010）は、〈コミュニティの再構築支援→（マネジメント支援→）ボランティア活動の支援→コミュニティビジネス等の支援→雇用の担い手の支援→行革の担い手〉という順序を強調し、「この順序を間違えると、NPO（市民活動）とは違ったものができてしまう」と指摘している。

*77　松下圭一も同様の視点から、住民と行政職員は緊張関係にあり、「『協働』という概念がおかしい」と主張している（松下　2005：13）。

ればならない。しかし、こうした批判によって何が生み出されるのであろうか。協治や協働が積極的に肯定する参加が動員につながる危惧があるからといってそれらを提起せず、行政主導で政策が形成され、公的サービスに対して受動的に、つまり消費者として登場する従来の住民像を現状のまま肯定するわけにもいかない。そこで、これらの批判を考慮しながら、住民自治を進めることの意義の確認と制度化を模索する必要がある。

　協働は、あくまで行政に奪われていた政策過程のさまざまな権限を住民が奪還すること、エンパワーすることにある。従来、中央政府の機関や自治体の決定に委ねることではなく、個々の住民の個性をいかすために、住民自らが決定するという住民自治の理念を現実化することである。そこでは、次節で検討するように、住民自治の制度を確立することが必要となる。この点を軽視することになれば、そもそも住民が客体として扱われてきた伝統的統治システムを認めることになる。その転換を、協働を目指すことによって打開しようとしている。

　協働を担う住民は自発性を強調されるが、それは政治や行政に誘導されたもの、参加への強制だという批判にはあたらない。むしろ、そうした批判が想定する事態に陥らないために開放的な討議の場を設定しようとしている。住民と自治体／行政の対峙（〈住民―行政〉関係）は、行政が住民の声を個別的に聞くだけになりやすい。そうだとすれば、住民が主体となるように政策過程を変えるために、まずもって住民自身が討議し提言する場を設定し、それを自治体が支援する仕組みを模索することが必要となる（〈住民―住民〉関係の構築）。

　もちろん、住民が参加することは、時には「多数者の専制」を招くことも視野に入れなければならない。まず、人権は憲法で保障されているだけではなく、協働に基づく新たな権利を生み出せばよい。地域をよりよくするためには、議会や行政の責務の他に、住民の責務も明記することもある。排他的な政治文化の危惧もないわけではない。しかし、それは権利を基礎としているのであって、かりに参加に否定的であったり参加しないからといって罰則を規定するわけではない。協働を重視しながらも、参加しない住民が不利益を被らないことを条例化することも考えてよい。多摩市自治基本条例の市民案第4条第4項は「市民は、まちづくりに参画しないことを理由に不利益を

受けることはありません」と規定している（実際の条例では削除）。さらに重要なことは、協働は対等・平等な主体間の関係を前提にしていることである。多様性の中に一致を見い出す政治文化（合意の政治）の醸成が協働の課題である。

　自治体は、中央政府とは異なる原理で構成されている。権力機関という中央政府と共通の性格を持ちつつも、自治組織という性格も有している。自治体を考える場合、ライオンを檻に入れるような近代憲法の原理とは異なる発想を有することが必要である。

3　住民自治を実現する法と条例

(1)　法と条例の4つの層における住民自治

　住民自治にとって直接民主制は補完を超えた積極的意味があること、つまり新住民自治を強調してきた。すでに指摘した協働への批判を踏まえながら、新住民自治のさまざまな制度を探っておこう。

　直接民主制を代表民主制の補完（補完論）、あるいは例外（例外論）としての見解では「直接請求制度は、代表者に対する住民の監視を選挙の時だけの瞬間的な"点"の監督から、代表者の在任期間を通じて行われる恒常的な"線"の監督とする」（原田　2005：76）。本書の立場は、補完論や例外論の比喩をもじっていえば、面としての住民が討議する場、直接民主制の場があり、中心の点である選挙を住民が行うとともに、時に線としての法定の直接請求制度を活用する、というイメージであろうか。

　いやむしろ、住民自治に関するそれ以外の制度を考慮すれば、富士山をイメージするとよいであろう。5合目までは、住民が地域のまちづくりについて議論し行動する場が設定される。"床屋政談"からはじまり、町内会・自治会、商店会、PTA、婦人会、青年会、NPO、社会運動での討議、さらには政党組織や政治家の後援会などが含まれる。こうした住民による多様な討議の場（市民社会領域における討議）を基礎に、5合目から8合目までは条例や要綱に基づく自治体の住民参加組織が手厚く配置される。頂上に公職選挙法に基づく二元代表制の選挙があり、その二元代表制を作動させるための組織や運営を規定する法律と条例がある。それを法律や条例に基づく直接請

求の制度が取り囲んでいる。

　代表民主制が重要であるとしても、それはあくまで直接民主制と併存したもの、つまり代表民主制を含み込んだ直接民主制である。代表民主制を活性化させるためにも、それ以外の住民自治を活性化させることが必要である。その際、最近の民主主義論（市民社会論）の展開は大いに活用できる（篠原2004、川崎・杉田編　2006：第9章・第10章、田村　2008）[*78]。それによれば、住民による提言は代表民主制が無視、あるいは軽視する重要な地域課題を発見でき、それが代表民主制に影響を与える。ようするに、これらは代表民主制以外のさまざまな住民自治の充実がまずもって必要であり、そこでの討議や提案が代表民主制に影響を与え活性化させ、よりよい地域経営が可能となるという。その場合、地域のさまざまな課題を代表民主制に直接投げ込む住民投票などの充実を強調する参加民主主義論と、代表民主制とは異なる場での住民によるさまざまな討議を踏まえた発見を強調する討議民主主義論があるように、力点の相違はある。どちらにせよ、それらは正統性を持った権威的決定を代表民主制が十分に行うためには、それ以外の住民自治による参加や討議の必要性を強調する。

　この視点から、住民自治の制度を確認するとすれば、憲法や地方自治法等の法令とともに、それぞれの自治体が独自に開発した制度の検討が不可欠である。新住民自治論から、住民自治の法令と条例を考えることにしよう。住民自治の法令と条例を考える場合、地方自治法を中心とする法令と、それぞれの自治体で制定された条例を別途検討することが一般的であった。本章では、住民が自治の担い手であることを強調し、住民が活用しやすい視点から考えるために、住民自治の前提を踏まえて、住民自治の基礎（本来は提言する組織ではないが時として地域課題を発見し提案、市民社会領域における討議の場と提案）、政治領域における討議の場（代表民主制とは異なるが住民自身が討議し提言する制度）、参加民主主義の場（代表民主制に直接影響を与える制度）、代表民主制の場、という4つの層を設定し、それぞれの層において法令や条例を一括検討することにしたい（表終-1参照）。ただし、これらの層は相対的なものである。たとえば、討議民主主義は討議を重視するが、参加を無視しているわけではない。参加民主主義の系列でも、たとえば住民投票の過程に討議を組み込むことは重要である。

なお、こうした住民自治の充実は、公共サービスの担い手としての住民というもう１つの側面を強調することになる。コミュニティ施設や公の施設の管理運営（指定管理者制度の導入）、アダプト（里親）制度の導入など、その側面の展開には目を見張るものがある。それは、近年のNPOの充実、自治会・町内会やPTAの奮闘など「ご近所の底力」に基づいている。従来、行政が担ってきた公共サービスを住民が独自で行うもの、行政独自で行うもの、住民と行政が協力し協働で行うもの、これらを切り分ける作業でもある。その上で、住民やNPOを支援する制度も生まれている。たとえば、大和市新しい公共を創造する市民活動推進条例（2002年）などがある。本章では、政策過程を中心に住民自治を議論している。この住民自治のもう１つの側面は、その都度検討の対象に含めているが主題的には別途検討したい。

(2) 住民自治の層から見た法と条例
① 自主的な地域組織による住民自治──住民自治の基礎
　地域の公共的課題の解決を担っているが、自治体が直接かかわっていない組織の活動である。道路、河川、公園の清掃、雪かき、高齢者の話し相手、子どもに対する読み聞かせ、お祭り、商店街活性化、といった公共的な課題に独自にかかわっている地域組織は多い。

　これらの活動にさまざまな理由により限界があると、それを自治体に提言することも少なからずある。財源的な支援の要請（補助金）、およびカーブミラーや公園整備といった社会資本整備の要請などである。一般には、行政に持ち込まれるが、議員やその後援会（相談所）、政党組織（支部）に持ち込まれ、そこから行政に提案されるチャンネルもある。住民が地域のまちづくりについて討議する場が設定される。町内会・自治会、商店会、PTA、婦人会、青年会、NPO、社会運動での討議、さらには政党組織や政治家の後援会などが含まれる。

　これらの組織は地域課題解決に向けての伝統があるがゆえに、逆に行政からの要請もある。例えば、自治会・町内会への広報誌の配布をはじめとした

＊78　討議デモクラシーが強調する討議は、何も市民社会にだけ必要なわけではなく、代表民主制における討議の重要性にもスポットをあてなければならない（木下　2001）。

表終-1　住民自治をめぐる法と条例

代表民主制（二元代表制の選挙、組織、運営）		首長	議会
		選挙（憲法93、自治法17）	選挙（憲法93、自治法17）
		＜組織及び運営＞ （憲法、自治法、条例）	＜組織及び運営＞ （憲法、自治法、条例）
参加民主主義	直接請求（リコール）	首長の解職請求（自治法81） 主要公務員の解職請求（自治法86） 教育委員等の解職請求（地教行法8等） 議会の解散請求（自治法76） 解職請求（自治法80）	
	直接請求及び訴訟、請願	条例の制定改廃請求（自治法74） 事務監査請求（自治法75） 住民監査請求（自治法242） 住民訴訟（自治法242の2） 請願（憲法16、請願法、自治法124） 市町村合併の直接請求（合併特例法4） 政策提案制度（和光市（10人以上の連署）） 予算1％のNPOへの補助提案制度（市川市） オンブズパーソン（中野区、川崎市）	
	住民投票	特別法の住民投票（憲法95） 市町村合併の住民投票（特例法、条例） 争点型住民投票（巻町） 常設型住民投票（箕面市、高浜市（条例の制定改廃請求に議決に不満がある場合に3分の1以上の連署で住民投票条項も挿入））	
政治領域の討議	審議会	都市計画地方審議会（自治法138の4・202の3） その他の審議会・委員会（条例、要綱）	
	その他の住民自治の制度	市民参加による都市計画マスタープラン（都市計画法18の2） テーマ別住民提言組織（基本構想：三鷹市、条例制定：多摩市）（公募制、抽選制の導入） 常設型提言組織（100人委員会） 地域ごとの協議会・地域審議会・地域協議会（神戸市、市町村合併特例法） 新しい公共を創造する市民活動（大和市） ワークショップ パブリック・コメント（PC） シンポジウム、フォーラム 住民説明会 市民モニター 意見・アイディア等の募集・首長への手紙 ヒヤリング アンケート	

住民自治の基礎	地域組織による提言	市民による手づくり白書運動（日野市民、あきる野市民） 自治会・町内会による提言 PTA、青年会、婦人会等による提言 商工会、商店会、青年会議所（JC）による提言 社会運動（住民運動、市民運動） 後援会 政党組織
住民自治の前提	情報公開、説明会・縦覧、意見の申し出、聴聞、公聴会	<u>直接請求に関する要旨の公表、結果の公表（自治法74・75・80・81・86）</u> <u>財政状況の公表（自治法243の3）</u> <u>地方公営企業の事務状況の公表（地方公営企業法40の2）</u> <u>選挙運動に関する収入及び支出の報告書の公表（公職選挙法192）</u> <u>防災計画の公表（災害対策基本法34）</u> <u>説明会・縦覧、意見の申し出、聴聞、公聴会（公共用地の取得に関する特別措置法30、公職選挙法23、都市計画法16・17、土地収用法23、住居表示に関する法律5の2、建築基準法72、自治法109・110）</u> 情報公開条例 資産公開条例

注：下線部は、憲法や法令によるもの。条例の事例は、特徴的なもののみ記載している。今日、豊富な蓄積がある。
出所：筆者作成

行政情報の伝達の依頼、公園管理・道路の清掃、資源ゴミの分別収集などの依頼である。

② 多様で新しい住民組織による住民自治
　　──政治領域の討議の層を中心に

　住民参加は新しい段階にある。都市計画法においては、都市計画マスタープラン策定にあたって住民参加が必要条件となった。地方自治法や市町村合併特例法も、地域ごとの住民参加組織（地域審議会や地域協議会の設置）の必要性から設置を可能とする改正も行われた。法令で規定しなくても、というよりも法令に規定される以前から市町村では住民自治の制度の模索ははじまっており、十分な経験の蓄積がある（財団法人地方自治研究機構　2007）。

　そこで、討議を重視する討議民主主義を促進する制度を考えたい。本来討議民主主義は、この政治領域ではなく市民社会領域で活発に作動することが期待されている。とはいえ、この政治領域で再生させることも重要である。次項で検討する参加民主主義とこの討議民主主義は密接に関連している。まず、住民自治の新たな動向を確認した後で、討議民主主義の層の動向と課題を考えたい。

ワークショップ、パブリック・コメント（PC）、シンポジウム・フォーラムの開催、住民説明会、市民モニター、意見・アイディア等の募集・首長への手紙、ヒヤリング、アンケートなどはもはや一般的になってきた。

個別施策への参加だけではなく、基本構想策定への参加、行政改革大綱策定への参加、事務事業評価への参加といった分野の広がりも重視してよい。また、課題設定、政策立案、政策決定、政策実施、政策評価の場面それぞれでの住民自治は充実してきた。情報公開は住民自治の前提となっている。

a. 課題設定・政策立案

住民自治の基礎で取り上げた自治会・町内会からの提言に加えて、従来から条例等で設定されている地域ごとの協議会、および市町村合併特例法や地方自治法で規定された地域審議会・地域協議会からの提言も重視されている。住民運動や NPO による抵抗型提言や政策提言も課題設定や政策立案にとって重要である。

また、基本構想や総合計画といった包括的なものから、都市計画、福祉、環境、行政改革といったテーマまでさまざまであることも今日の特徴である。自治基本条例といった条例をめぐってもさかんに活用されている。

しかし、それ以上に手法が従来とは大きく異なっている。小規模で意見を出やすくしたワークショップ手法も導入されている。行政が用意した「たたき台」からの議論やそれに拘束された議論ではなく、自由に、いわば白紙から議論し提言できる。さらに、「言いっぱなし」「出しっぱなし」ではなく、提言は尊重されるようになっている。住民参加組織と首長とのパートナーシップ協定の締結も珍しいものではなくなった。住民組織と行政の責務が明確にされ、住民による提言は、尊重され政策にいかされることになる。その中でも、札幌市の試みは、大規模というだけではなく、討議の重要性を再発見する場でもあった。「さっぽろ夢ストリート市民1000人ワークショップ」（2003年11月14、15日）では、ワークショップ前と後での参加者の選好調査をした。たとえば、「人と環境に重視した交通政策への転換を強力に推進すべき」は5.2ポイント増加した。「政策転換の考え方には賛成するが、経済活動などに支障が生じない方法を」は5.2ポイント減少となっている（石塚　2004：100-120）。

ワークショップによって、住民が討議して自らの意見を相対化して提言する試みを行った。公募制に基づいて討議を重視する手法である。

住民自身が決定するとはいえないまでも、権限としてはかなり住民側にシフトしてきたといえる。住民の開放性、討議の重視、行政職員のサポート役への転換、といったことが起きている。

b. 政策決定

政策形成にあたっては、住民の側に権限がシフトしてきたとはいえ、決定権限は議会や首長にある。そして、最近では住民投票も脚光を浴びてきた。この分野については項を改めて検討しよう。

c. 政策実施

公共サービスを行政だけが担うわけではないことは、今日一般に承認されている。NPO、自治会・町内会、企業、住民との協働といわれる事態である。大まかにいえば、公的な事業を、住民が独自に担う領域、住民と行政が協働して行う領域、行政が中心になって行う領域がある。特に、住民と行政が協働して行う領域では、住民は指定管理者としてかかわったり、アダプター（里親）としてかかわることになる。

d. 政策評価

政策評価、その中でも事務事業評価は多くの市町村で実施されている。その評価結果は、公開され、それに基づく意見提出を制度化している。そもそも、政策評価にあたって、アンケートなどによる住民満足度調査を行うことも多く、住民の意向を反映した評価を行うことになっている。さらに、政策評価は行政内部だけではなく、外部評価委員会を設置し、公募委員も加えているところもある。外部監査制度やオンブズマン制度の導入も政策評価に加えてよい。

以上のように、政策サイクル全体の中で、つまり課題設定・政策立案、政策決定、政策実施、政策評価の場面それぞれの段階で住民自治は充実してきた。これらの住民自治の制度の中では、討議を重視するものは、課題設定・政策立案と政策評価の場面であろう。これらの場合を中心に討議民主主義の課題を考えることにしたい。

まず、参加した住民の代表性にかかわる問題である。環境基本計画策定委員や外部評価委員など専門性を必要とする場合は、首長による委嘱が多く、

公募人数は少なくなる。住民の意向を踏まえることが困難ではないか、という疑義も出てくるだろう。それに対して、公募制を大規模に採用した場合、住民の意向はある程度反映される。公募制の意義は、新たな人材の発掘ができること、政策の実効性が高まること、そして政策決定の透明性が増大することがあげられている。しかし、最終決定者は議会や首長なので、行政による「聞きおく」という従来の住民参加とどのように区別できるのか、あるいは人材固定化といった問題も浮上している。そもそも、その提言であっても、住民全体からすれば少数者による意見（少数意見という意味ではない）にすぎないという問題もある。

次に、ミッション（課題）の範囲にかかわる問題である。環境や福祉といった単一のミッションの場合、議論も提言も具体的になる傾向がある。ミッションが明確であり、それに関心を持ち、かかわっている住民が参加するからである。今日、地域の公共的課題全般に対して広く提言できる恒常的な組織も制度化されている。志木市民委員会、日向市まちづくり100人委員会などである。志木市の場合、部会を持ち、それが庁内の部局編成に沿っており、市民予算案を作成し、公開の場で行政案と擦り合わせを行い、意見交換をする。日向市の場合、8つの分科会を持ち、それぞれ自主的な研究活動に基づき市に提言を行い、市から回答を受けている。これらは、次第に参加人数の減少がみられる。コンセプトが抽象的で求心力に欠け、長期にわたり意思を継続することが困難であり、行政の支援を受けることで審議会でも、NPOでもないという中途半端な印象を受けることになる（佐藤・高橋・増原・森　2005：第2章）[79]。

おそらく、これらの解決の制度設計にあたっての正答はなく、政治過程の中でダイナミックに解決されるものであろう。まず、住民の代表性については、たとえば、三鷹市の基本構想策定過程では、全員公募による住民の提言を行政は尊重して行政計画を練り上げ、議会の議決を得ている。また、多摩市の自治基本条例制定にあたっては、住民は行政とぶつかる。公募による住民の提言に対して、行政は大幅に修正して首長案を練り上げた。反発した住民が、今度は議員と協力しながら、議員が首長提案に修正を加え、住民の立場からの議決を行う。

三鷹市では、総合計画とその他の計画が市長の任期と連動していない問題

を克服するために、2011年の首長選挙における市長マニフェストと連動させる策定作業を進めている。その際、従来から策定にあたって活用されてきた市民会議・審議会の「公募等による市民委員枠」の選任では抽選制を導入する。住民基本台帳から抽出した住民に委員になる意思があるかどうかを確認することによって選任する。また、選挙後には、抽選制により選出された住民による市民討議方式も採用する。これは、ドイツのプラーヌングス・ツェレを日本流に改編したものである（『ガバナンス』2010年4月号：31-34、篠藤2006）。

　また、藤沢市では総合計画策定にあたって「討論型世論調査」（デリバレイティブ・ポール：DP）を採用している。総合計画策定にあたっては、審議会、公募委員で構成される100人委員会・地域経営会議とともに、「討論型世論調査」を設置している。無作為抽出した住民3000人にアンケートと討論会への参加要請を行い、回答者1217人のうち討論会参加希望者・保留者に討論資料を送付し、約300人が討論会に参加した。DPには、住民間討議によって熟慮した住民の意識が確認できる、サイレントマジョリティの意見を発見できる、同意を求めないことから多数意見に影響を受けない住民意見を把握できる、といったメリットがある（『ガバナンス』2010年3月号：40-41）[80]。

　また、ミッションについては、それが包括的で継続的な場合、具体的な成果が得られないと人数の減少を招き、当初の目的を達成するのが困難になる。しかも、その提言の実現を要求すれば、議会の屋上屋とも捉えられかねない。制度化による形骸化を防ぐ意味で、提言型NPOの育成やそれらの提言をいかす手法を考えることのほうが現実的だろう。なお、予算化と連動させることによる恒常化も考えられる。また、実効性ある提案は、住民参加組

---

[79] 首長のリーダーシップの下で設定され、条例等による制度的な保障がない場合、首長の交代によって存続に関して「致命傷になるおそれがある」とも指摘している（佐藤・高橋・増原・森　2005：59）。
[80] デリバレイティブ・ポール：DPは厳格な手法で行われている。日本版プラーヌングス・ツェレの開発とは対照的である。DPの詳細は、柳瀬（2005）、藤沢市の総合計画におけるDPの位置づけについて、臼井建智「市民主体の総合計画策定とまちづくり」（未刊行）を参照した（ヒヤリング時に臼井氏にいただいた。この場で感謝申し上げたい）。
[81] 独居老人宅に黄色いハンカチが立つと、郵便配達職員がその家によって、その依頼を受け必要な物品や薬を購入し届ける「ひまわりシステム」の発祥の地であり、集落で会費を集めるとそれに見合った補助金を町が交付し、それを原資として地域活動、といっても単なる親睦会ではなく、お茶や羊羹の生産・販売、喫茶店の経営など生産にかかる地域活動を行うゼロ分の1村づくり運動を展開している自治体である（日本地域と科学の出会い館　1997、岡田・平塚・杉万・河原　2000、参照）。

織を形骸化させない手法の1つである。鳥取県智頭町は住民による地域活性化手法を開発している自治体として有名である[*81(257頁)]。この智頭町は、百人委員会を設置し（2007年）、その委員は総合センターを活用し、議員や多くの住民の傍聴の下で、町長にその成果を提言する。この提言は、翌年度の予算の編成の重要な基礎となるものである。ミッションが明確であることにより、恒常化される。

こうした住民自治組織の討議を充実させるためには、いくつかの条件が必要である。十分な討議ができるように正確な情報が与えられるだけではなく、異なる立場に立つ人の意見も公平に提供されること、討議を効果的に行うためには小規模による討議を組み込むこと、数をそろえるためだけの討議とせず、意見の変更が望ましい雰囲気をつくること（篠藤　2006：94）[*82]。さらには、議事録の作成や先駆事例の紹介・資料提供といった支援があること、これらの条件整備が必要になっている。

③　条例制定の直接請求制度、リコール、住民投票——参加民主主義の層

住民自治の新たな動向を探りながら討議を重視する制度の動向と課題を探ってきた。これらの制度の活性化を前提として、政策過程に住民の提案が直接影響を与えることを志向する参加民主主義の制度と課題を考えよう。

条例の制定改廃の直接請求制度は従来からも活用されている。今日では、条例に基づき直接に政策提言を行う政策提案制度も確立してきた。地方自治法では、有権者の50分の1以上の連署により、条例の制定改廃の請求ができる（自治法74①）。地方税等が対象から外されていること（その改正は日程にのぼっている）、署名が多く集まっても、議会で否決されればその過程は終結する、といった問題はある。ただ、最近では有権者の過半数近くを集めた条例案を否決すると、次回の選挙で否決した多くの議員が落選し、結局その主旨をいかした条例案が制定されるという政治的効果は生まれている（徳島市住民投票条例など）。また、政策提言と住民投票を連動させる動向もある。

住民投票といえば、リコールにともなうものが一般に理解されてきたが、最近では政策過程に住民投票を組み込むものもある。条例に基づく住民投票の活性化だけではなく、市町村合併にあたっては法律で住民投票を位置づけた。市町村合併特例法では、合併協議会の設置の直接請求を有権者の50分の

1以上と条例制定の直接請求と同様な条件にしている。しかし、議会が否決した場合、条例の制定改廃請求ではそれで終わるが、この場合、住民が再度6分の1以上の連署で請求すれば、今度は住民投票に付され、その結果は議会が議決したものとみなされる（市町村合併特例法2010年改正でも継続）。こうした動向は、今後条例改廃の直接請求にも影響を与えることになるであろう。

　原子力発電所建設をめぐる住民投票を条例に基づいて行ったのは1996年であった（新潟県巻町）。それ以降、ゴミ処分場建設などの単一争点型の住民投票は広がった。市町村合併をめぐる住民投票を条例に基づいて行う市町村も増大してきた。その後、常設型住民投票条例制定も広がっている。住民投票の第三の波といえる。たとえば、杉並区自治基本条例は、首長や議員（定数の12分の1以上の賛成）が住民投票を発議できるだけではなく、住民が住民投票を請求できる（18歳以上の住民の50分の1以上）。

　なお、条例の制定改廃の直接請求と住民投票を連動させる試みも生まれている。高浜市では、地方自治法に基づく条例制定の直接請求を行って議会が否決し、住民がその議決に不服がある場合、住民は住民投票を申請することができる。常設型住民投票条例に基づき、投票資格者の3分の1以上の連署で、議会の議決を必要とせず住民投票を行うことになっている（住民投票条例4、条例の制定又は改廃に係る市民請求の特例）。すでに指摘した市町村合併をめぐる直接請求を議会が否決した場合の対応と同様な内容が条例に明記されたものである。

　住民投票は導入してはいないが、住民間討議と提案を連動させている試みもある（宗像市市民参画、協働及びコミュニティ活動の推進に関する条例、2005年）。

---

*82　ドイツでは、「市民自治体」を構想する中で、一般的な市民集会、公聴会、審議会に加えて新たに次のような法制度に基づかない自発的な協議のプロセスが提起された。(a)円卓会議（関係者が問題解決のために行う討論）、(b)計画細胞会議（無作為抽出で選ばれた住民が少人数で専門家とともに議論し提言する）、(c)未来ワークショップ（プロジェクト志向の理念形成、解決に至るため、批判、創造、実現という3つのプロセスがあるワークショップ）、(d)調停手続（紛争解明と解決による紛争克服のための手続きであり、紛争当事者による計画確定手続）、(e)弁護計画（参加から排除されている住民集団を強化するための参加手続きであり、パートナーとなる弁護者はその住民の信託により協働で解決提案を作成する）、がある（高橋・坪郷編　2006：95）。住民参加のさまざまな試みは今後とも広がっていくし、こうした手法も学びながら広げる必要もある。
*83　住民の1％程度である。多くするとハードルが高くなるし、少なくするとたくさんの提案があり、行政の仕事量が増えるという考えのもとで決着した基準値である。仕事量が増えるという理由よりも、住民自身が汗をかくことがまずもって必要であるという理由のほうが重要である。

住民が政策課題を発見してその賛同を住民にえるために活動する。設定されている住民の署名の基準数をクリアーすると[*83(259頁)]、市に提案し、市の課題かどうかの判定がある。市の課題だと認知されると、住民間討議を経るか経ないかの判断を迫られる。住民間討議を選択すると、公開でその課題を討議することになる。それを経て首長の提案を受け、議会が判断する。住民自身が汗をかき、住民間討議を巻き起こす手法を挿入している。

　また、予算をめぐる住民提案を受け取り、実施する試みも登場している。たとえば、個人住民税の1％相当額を世論調査結果に基づき、政策分野に配分する志木市や小田原市、NPOに配分する市川市や足立区などがある。予算の編成権が首長の権限であり、議決権限が議会にあることにより、従来予算をめぐっては住民がかかわる余地はほとんどなかった。最近では、予算に関しても直接民主制を貫こうという志向が制度化されてきている。

　こうした政策提案や住民投票といった分野に比べて、リコール制度にはそれほど展開はない。住民自治にとっては重要な制度である。しかし、有権者の3分の1以上の署名とハードルは高い。そもそも、人口30万人以上では死文化されてきた。ようやく、40万人を越える場合は、その越える分は6分の1が加算されるというように緩和された（自治法76①）。それにしてもハードルが高い制度といえる。地域主権を目指した改革の中で、このさらなる緩和も想定されている。

④　二元代表制の選挙と運営——新住民自治論から考える

　代表民主制の担い手である議会と首長の選挙は、直接民主制を根幹とする新住民自治論の視点から見れば、現時点では極めて不十分である。社会学的代表制と半代表制の導入から考えたい（杉原　2002）。住民の意思の縮図を議員の構成とする社会学的代表にはなっていない。大選挙区単記は、少数代表制ともいえる。したがって、それは社会学的代表制の系譜にあるとも考えられるかもしれない。しかし、実際には、全体的視点から数十人の候補者の中から1人だけ選択するのは困難で、結局無責任選挙とならざるをえない。無責任選挙は、有権者の側での全体を見ない選挙という意味と、候補者の側での地域別個別的利害を主張した断片的支持の追求という意味を含んでいる（江藤　2007a）。社会学的代表を制度化するためには、比例代表制が前提とする政党制が成熟していない場合、有権者が複数投票するという大選挙区連記

（不完全連記、制限連記）制度も考えられる。今後、早急に議論しなければならない論点である。

　もう1つの半代表制とは、住民の意思を確認して決定する理念と制度のことである。重要問題について、選挙時に承認を得ていること、得ていなければ議会を解散して判断をあおぐことが要件となる。ローカル・マニフェストによって、公約はようやく現実的なものになろうとしている。しかし、議員がローカル・マニフェストを提出する場合には特に理念的抽象的とならざるをえない。

　そこで、重要問題の決定の際には、議会の解散や住民投票も必要だろう。議員の自主解散は、総議員の4分の3以上の出席で出席議員の5分の4の同意が必要というように、ハードルは高い（地方公共団体の議会の解散に関する特例法）。また、指摘したように常設型住民投票も制定されている。地域にとって重要だと判断すれば、住民だけではなく議会や首長が発議し、住民投票もできる。現行の住民投票の多くにはその結果の拘束力がない。だからこそ、議会の討議と議決が重要となる。半代表制には、あらためてスポットを当てる必要がある。

　そもそも新住民自治論からは、住民投票の活性化は議会の権威の失墜にはなりえない。むしろ、住民投票を行うにあたって、「まる投げ」ではなく、積極的に住民投票やそれを目指す住民投票運動にかかわる積極的な議会・議員も想定できる。住民投票条例の議決までは重要な役割を果たすが、議決されれば議会としてはほとんどかかわらないというのが一般的であった。しかし、議会ではより積極的にかかわり、討議を巻き起こす重要な役割を演じることが期待される。

　個々の議員が住民とともに住民投票の必要、あるいは不要についてさまざまに討議する。沸き起こっている住民の賛否の意見を踏まえて、住民参加の場を設定する。議会は住民とともに討議する場をつくる。このことは議会に条例案が提出されればなおさらである。

　また、実施されるまで議会は住民投票を監視し、討議を巻き起こす重要な役割を果たさなければならない。情報は十分に提供されているか、不足している情報はないか、さらに住民投票にとって必要な討議の場を至るところで配置できているか、これらについて執行機関を監視する。

議会を含めたさまざまなレベルでの討議こそ、矛盾した提案の増大、扇動や買収などによる公平な思考の欠如といった住民投票の問題点を、まったくなくすとはいえないまでも縮小することはできるであろう。

　代表民主制の議会と首長の実際の運営は、新住民自治論から捉え直すといまだ問題がある。そもそも、組織や運営は、憲法からはじまり地方自治法によって基本的に拘束されている。地方議会についても、条例に委ねることになっている項目も少なくはない。そのために地方自治法では規定されていない事項は「できない」と解釈されることもある。執行権限を侵害することがなければ自由に解釈すべきであろう（江藤　2010b）。

　今日、議会はその存在意義である討議の役割を十分には発揮していない。議会の多くは、質問の場に終始している。協働を踏まえれば、議会も変わらなければならない。これらの充実によって、議会や首長は唯一の政策立案者ではなくなり、新しい役割を担うことになる。住民の討議やそこから生み出される提言は、政策過程にとって重要なものである。今後はむしろそうした住民間の討議や提言を積極的に推進することになる。議会や議員はその役割が縮小するわけではない。議会の役割は住民を積極的に政策過程にかかわらせることであり、住民の競合する利害を調整することである。

　討議による調整を行う議会は受動的にのみ決定するわけではない。議会の決定は、住民が提示したオプション内だけではない。住民参加や協働は時として住民エゴといわれる分断化された利益に基づいた提言を行う可能性もある。住民が提起したオプション内での選択にとどまらず、新しい提案を行うことも重要である。

　参加民主主義や討議民主主義につらなるさまざまな制度が首長サイドには導入されている。本章で取り上げている事例のほとんどすべてはこの首長サイドのものである。それに対して、二元代表制を担うもう1つの議会への導入は遅い。地方自治法に基づいた委員会における参考人制度や公聴会もようやくはじまったばかりである。とはいえ、議会の中に、アンケート実施、報告会・懇談会の設置、市民モニター制度など議会への住民参加制度を導入しているところもある。

4　住民自治を促進する条件整備
——体系的包括的な自治基本条例の可能性

(1)　体系的包括的な住民自治のルールの必要性

　住民自治については、早い時期に、情報公開条例、オンブズマン（パーソン）条例を制定する自治体が登場していた。しかし、あくまでも例外的なものであった。ようやく今日、住民参加が充実し、住民投票が実施され、それらを抜きにしてはもはや政策過程は成り立たなくなった。情報公開条例はもとより、住民（市民）参加条例や住民投票条例の制定もまれではない。

　しかし、これらの新たな条例は、すでに指摘したように従来の住民自治の条例、いわば中央集権時代の行政主導型条例と混在しているのが現状である。創意と工夫に満ちたものではあるが、虫食い的な住民自治の条例の試みなのである。住民自治の制度体系が今日求められているといえよう。

　なお、住民自治の多くの制度は、地方自治法や公職選挙法に規定されている。この意味は、必置規制事項や禁止事項だけではなく、条例に委ねることまで含んでいる。この拘束は、法令によるものにとどまらない。たとえば議会では、国会をまねた議場や運営方法で自己規制を強いてきた。標準議会規則に基づくそれぞれの議会規則も自己規制の1つだといってよい。こうした法律の規制や、自己規制によって自治体は積極的で体系的な住民自治の制度を打ち出せずにきた。

　自治体は、中央政府とは異なるもう1つの政府である。そうだとすれば、おのずとその政府が作動する原理、つまり理念（何を目指す政府か）、市民と政府の関係（市民の権利）、統治機関の運営の原則（議会や執行機関それぞれの運営原則と住民とのかかわりの原則）など、いわば住民自治のルールを明確にする必要がある。

　従来の住民自治の制度は、個々バラバラで体系性包括性に欠けている。政策過程全体を透明にする体系的包括的な住民自治の制度は今日必要である。それによって、自治体を住民が監視し縛るという意味がある。また住民自身が参加する場合にそれがどのような役割やメンバーで行うかを理解することが可能だからである。合意を形成するメカニズムや執行のメカニズムを明確

にした上で、地域政策を策定することこそが自治である。そうだとすれば、新住民自治のルールを明確にするために、憲法や法令に規定されているものであっても重要な基準となるものであれば再度明確にすることが必要となる。体系的包括的な自治のルールを創ることである。法令の対象事項を含めて住民自治のルールを明確にすることを体系性包括性と呼んでおこう。

　住民自治のルールの基軸を自治基本条例だと考えたい。それは、自治体の憲法と呼ばれることもある。しかし、注意したいのは、日本や欧米の憲法は、あくまで個人の価値観を尊重し、それらが共存できるような社会を目指していることである。いわば個人の権利や自由を守るために憲法によって国家権力を縛ろうという原則が貫徹している。こうしたいわば近代立憲主義の立場の憲法観に対して、国民と国家を対立して捉えるのではなく、協働関係として捉えようという議論もないわけではない。とはいえ、国家権力が人権や自由を抑圧してきた歴史や、強大な国家権力の存在を鑑みれば、近代立憲主義の思想は、今日でも無視されてはならない。

　しかし、自治基本条例の思想は、国家と国民に類似した自治体と住民との対立を前提として構想するものではない。むしろ、住民自身が自治体を創出する主体として登場し、地域経営を住民と自治体とが協働して行うところに、その神髄はあるのではなかろうか。そうだとすれば、すでに指摘した、住民と政府の関係、統治機関の運営の原則は協働という視点から具体化されることになる。自治基本条例は、公権力の作動ということを意識しながらも、協働のルールを明確化することである。

(2) 体系的包括的な住民自治のルールの可能性

　体系的包括的な住民自治のルールとしては、アメリカ合衆国の自治憲章（home rule charter）が参考になる。大まかに言えば、自治体の憲章には、自治体が自ら起草し制定した「自治憲章（home rule charter）」と、州が提起したものの中から自治体が選択した「選択憲章（optional charter）」などがある。どちらも、自治体の政府形態を定め、政府の主要機関を明記し、その権限を明確にしている。自治体と市民との取り決めといえよう。そのために、議会が勝手に変えることはできず、一般的には住民投票を経た住民の承認が必要となる。

市憲章モデルが、全米市民連盟（NCL）から出されている。実際の憲章も同様な項目が条文に挿入されている。市の権限、市議会の権限と仕事、市長、市職員（法務官、書記等、市支配人）の権限と仕事、地区委員会の権限（大都市において）、行政各部の組織、権限、仕事、財務手続、選挙、イニシアティブ・レファレンダム、一般規定、憲章の改廃手続、経過規定、などの項目である（表終－2参照）。

　日本の場合、かなり重要な項目が、法律によりすでに規定されていることが理解できる。市の権限からはじまり、市長や議会の権限等である。また、逆に日本では今日重要だと思われる規定が抜け落ちていることがわかるだろう。たとえば、情報公開などにかかわる規定である。これらは州法によって規定されている。いわば、日本の場合は、法律によって規定されたのを原則にしながら、それの隙間を個々の条例を含めた住民自治のルールが埋めていく。それに対して、アメリカ合衆国の市では大枠を州が規定して、それ以外をそれぞれの市に委ねる発想だといえよう。

　日本の場合、法令による規制が多いために、体系的包括的な住民自治のルールの明確化の可能性は少ないと考えられてきた。しかし、首長は議会の互選による（議院内閣制）、あるいは選挙権年齢を18歳とする（選挙権年齢の引き下げ）といった法令とはかけ離れた事項を挿入しなければ、体系的包括的な住民自治のルールの明確化は可能である。その際、すでに指摘した確認的な規定と創設的な規定を採用することができよう。

　従来の自治基本条例をはじめ、多くの住民自治のルールに関する条例が規定しているのは、この創設的な規定である。確認的な規定の条文をわざわざ規定する必要はなく煩雑になると考えているために、一般には条文に盛り込まれていない。しかし、住民自治にとって必要な事項を盛り込む趣旨は理解できるであろう。

　なお、体系的包括的な住民自治のルールをつくるならば、法令と条例の融合も考えられる。たとえば、すでに指摘したように、高浜市住民投票条例は、有権者の3分の1以上の連署での請求、市長の発議、そして議員の12分の1以上による議員提案が過半数によって可決した場合の3つの要請のどれか1つがあれば住民投票を行うことになっている（条例3）。さらに、「条例の制定又は改廃に係る市民請求は、地方自治法第74条第1項の規定による条

表終－2　アメリカ合衆国の市憲章・自治憲章の概要

モデル都市憲章 第7版（1989年）	ニューヨーク市憲章 改訂版（1989年、308頁、74章）	ロサンゼルス市憲章 1990年版の第7次改訂版（1997年、755頁、36章）
(1)市の権限	序文 (12)市の責務	(1)市の併合、権限
(2)市議会の権限と仕事 (3)市支配人の権限と仕事	(3)市長、議会の権限と仕事 (4)議会の権限と仕事 (5)会計検査官の権限と仕事	(3)議会の権限と仕事 (6)市職員の権限と仕事（市長、市法務官、市書記官、会計検査官、市技官、市行政官、購買庁、出納官、など）
	(2)地区コミッション (4)区長 (69)コミュニティ地区とサービス (70)コミュニティ地区の市役所	(30)区
(4)行政各部局の組織、権限と仕事	(16)行政部局の長の権限と仕事 (17)～(44)、(48)、(49)、(56)～(67)、(71)～(74)行政各部局の組織、権限と仕事 (8)都市計画	(6)～(26)行政各部の組織、権限と仕事
(5)財務手続	(6)(9)(10)予算 (11)独立予算室 (13)購買　(14)財務 (15)市の財産	(28)財務（予算、支出計画、ファンド、契約、購買、売却その他） (29)予算と効率
		(5)給与、雇用契約 (34)年金等
(6)選挙 (6)イニシアティブ、レファレンダム等の直接参加制度	(46)選挙、選挙広報	(27)選挙、選挙広報 (27)イニシアティブ、レファレンダム、リコール
(7)一般規定 (8)憲章の改廃手続 (9)経過規定	(45)行政手続法 (45)行政訴訟 (47)会議と情報の公開 (7)タックスアピール (51)経過規定 (52)一般規定 (68)利害衝突に関する規定	(35)倫理規定 (31)その他規定 (32)経過規定

注1：表中の番号は、条文番号を示す。なお、ポーツマス町の自治憲章のみ、3桁目以上は章を表し、下2桁が章内の条文番号となる。
注2：モデル都市憲章、ニューヨーク市憲章、ロサンゼルス市憲章、サンフランシスコ市憲章は、木佐編（1988：74↗

サンフランシスコ市憲章 改訂版（1996年、82頁）	フォーレスト・グローブ 市憲章 改訂版（1985年、24頁、13章）	ポーツマス町の自治憲章 改訂版（1983年、31頁、11章）
序文	(4)市の権限	(101)町の権限と義務
(1)市長、議会など市の権限と仕事（義務）	(6)政府形態 (7)権限の帰属する機関 (20)議会の責務 (10)市長　(21)市長の責務 (23)市支配人	(201)政府形態 (207)議会の権限
(6)市の中の区やコミュニティ地区とその権限、仕事		
(2)行政各部局の組織、権限と仕事	(11)選挙される及び指名される公職者 (12)公務員	(303)町政行政官の権限と義務 (304)町政行政官の義務 (501)－(511)公務員 (601)－(606)町の部局 (801)－(807)人事担当部局
(3)財政・財務手続		
(4)職員の人事、給与、年金		
(5)選挙 (6)イニシアティブ、レファレンダム、リコール等の直接参加制度	(28)選挙 (29)選挙規則 (30)選挙期間 (32)立候補	(401)　選挙 (911)　イニシアティブ
(7)一般規定や経過規定 (8)憲章の改廃手続	(49)憲章の改正	(1101)　憲章の改正

↘（表2－1）から転載した。大都市を取り上げているので、小規模（アメリカ合衆国では小規模という印象はない）自治体の市憲章・自治憲章をそれに追加した（フォーレスト・グローブ市人口約15,000人、ポーツマス町人口約17,000人）。区分の仕方のズレが想定できるが、傾向を知る役割には活用できるであろう。

▶終　章　新しい住民自治論に基づく議会　267

例の制定又は改廃の請求を行った場合において、同条第3項の結果に不服があるときについてのみ行うことができる。」という規定がある。自治法に基づき条例制定改廃の直接請求が否決された場合にも、通常であればそれで終結するが（自治法74）、有権者の3分の1以上の連署で住民投票を行うことになる。このように、法令を基準にしながらも、新住民自治の観点から不十分だと思われる事項を関連づけて条例化すること、いわば法令と条例の融合も可能である。

(3) 自治基本条例の意義とバージョンアップ

住民自治のルールのイメージとしてアメリカ合衆国の自治憲章を取り上げた。それを日本で制定されはじめた自治基本条例につなげようと考えている。従来の自治基本条例はそれぞれの独自の発想で意欲的な試みとして大いに参考にしたい。とはいえ、制定にあたって遠慮があるのではないだろうか。自治基本条例が、市民参加条例や協働条例の域を出ないといわれる理由である。議会に対する遠慮であり、自治体に関する組織法である地方自治法や公職選挙法に対する遠慮である。しかし、地域ルールを確定するのであれば、また法令解釈の独自の基準として活用するのであれば、体系性包括性が求められる。基本的事項は確認的な規定として、また条例に委任されている事項は創造的な規定として挿入することも考えてよい。

自治基本条例を新住民自治のルールのいわば骨格として想定してきた。従来体系的包括的な住民自治のルールが欠如していたことを考慮して、その制定の必要性と、その際の条例として自治基本条例の制定の重要性を強調した。それぞれの自治体の政策過程の合意と執行のメカニズムを明確にすることだけではなく、それぞれの自治体が何を重視しているかの確認でもある。日本国憲法の前文のような内容を自治基本条例の前文にも書き込む必要もある。住民がどのような地域文化を愛し発展させようとしているかを明確にすることが必要である。

最初から、体系的包括的な自治基本条例を策定する必要もない。行政関連の基本条例を制定し、その後議会を含めた自治基本条例へと発展させることも可能である。逆に議会基本条例を制定し、徐々に豊富化する手法も採用してよいだろう。新住民自治のルールを明確にすべき時期である。

5　創造性と現実性を有する自治制度

　法令や条例を新住民自治の視点から発展させたり活用することが重要である。今日、法律解釈権は国にあるわけではない。法律の自主解釈権が自治体にもある。法律を活用し、条例を整備する柔軟な発想が新住民自治を実現する上では必要である。

　礒崎初仁は、自治体職員を政策法務との距離から3分類している（礒崎 1999：48-50）。これは職員だけではなく、住民や議員にもいえることである。①法令に弱く法律に使われるタイプ。法律の知識がなく、法令は難しいものだと考え、できるだけ避けようとするタイプである。これでは結局、新住民自治を実現することはできない。②法令に強いが法律に使われるタイプ。法令が得意で、さまざまな解釈、とりわけ「国の解釈」を駆使する。「これは法令で決められているので、住民がなんと言おうと許可せざるを得ない」などと簡単に指摘するタイプである。主体的に判断する意欲も能力もない。それに対して、③法令に強くそれを使おうとするタイプ。法令についての知識を持っているが、法令解釈を至上のものとは考えず、地域にとってどのような解釈が必要なのかをまず考える。こうした第3のタイプの住民、議員、職員の育成が、新住民自治を実現するためには必要である。

　その際、自治体の政策は、地域に適合したものでなければならないのは当然である。したがって、住民、議員、職員それぞれがいかに地域をよりよくするかを考えることが必要だろう。現場主義という発想である。鶏が地べたをはいずり餌をついばむイメージである。しかし、この発想ではときには慣例や伝統に縛られ新たな展開が困難なことも多い。そこで、他の先進地域を視察したり、構想を豊かにする研修が必要になる。より広い視点からの展開である。

　地域に即しながら、大胆な提起というこの視点が地方分権の時代には、とりわけ重要となる。新住民自治を実現する上でも、必要なのは地域に即した大胆な発想なのである。

▶資料(5章関係表5－3)
「早く執行機関に戻りたいですか」という設問への自由回答

● 「早く執行機関に戻りたい」と回答した者
〔市町村〕
ローテーションの必要性
- 3年から4年での勤務ローテーションで新たな部署に行き、経験を積むため。
- 法令等で定められているもの以上に慣例が通用する部分が多いため、それを継承する人材は必要だと思うが、ある程度の年数が経過すれば異動は必要。
- 2～3年は経験したいのでいずれは戻りたい。
- 他の部署へ行き、他の業務をすべき。
- 早くなくてもよいので、いずれ戻りたい。議会を知ることは役立つので、全職員が経験すべき。
- 入庁後7年もいて、そろそろいろいろな部署を経験しなければ、後の仕事に支障をきたしそうなので。
- さまざまな行政経験を得たいため、"早く"ではなく"いずれは"戻りたい。
- 議会事務局での在職期間が長くなってきたので、意識が偏ってしまうと考えるから。
- 認識の仕方が偏重してしまうのを避けるため。
- 市役所勤務であり、市民と直に接する仕事に取り組みたい。議会も広義では、市民と接しているが、距離感を感じる。

執行機関での仕事にやりがいを感じる
- 住民サービスとなっているのか疑問。
- 地方公務員として住民サービスの業務を行いたいので。
- 執行機関のほうが自分に向いている職場がありそう。
- 市民のためになるよう働きたいと思っているが、今の仕事がはたしてそうかという疑問がある。
- そもそも住民と直接対話できるサービス窓口を希望していたため。また能力も発揮できると思う。
- ①在職年数が長い、②執行機関での具体的事業の実施、議会事務局経験は行政施策の決定等貴重な経験で自治体職員としては従事すべき。

政治あるいは議会・議員への批判的・消極的見解
- 個人的に政治に期待するものがない。
- 理論性や市民利益を語りながら党議拘束と思いつきで口汚く管理職を追い詰めるような議員が多い。個人的な好き嫌いで攻撃する姿を見ることもある。政策とは何か、市民とは何か、かえってわからなくなる部署だと思う。また議会運営のエキスパートになることが職員に求められるが、自治法にのっとった議長次第などあまりに形式化しており、時々仏事や神事にかかわっているのではないかと錯覚することすらある。自治体の仕事は市民窓口が中心。
- 政治的な部分はあまり好きではない。

〔都道府県〕
ローテーションの必要性
- 既に相当年数勤務しており、別の新たな仕事に従事したい。

執行機関での仕事にやりがいを感じる
- 本来、行政執行機関の職員を希望して入庁したものであるから。
- 県民全体に奉仕している実感を得たい。
- 行政として主体的な仕事をしたいため。
- 職務内容に魅力を感じないから。
- 仕事が自分に合ってないと感じるから。
- 議会は、かなり特殊な環境だと思う。普通の行政事務をやりたい。
- 自分としては事業課のほうが能力を発揮できると考える。現在の総務課では、それができないが議事調査課にいた際は充実していて戻らなくてもよいと答える。
- 議会の視点から政策立案手法や情報収集等の手法をある程度学んだ。それを生かして執行部として県政に役立てたい。県政の政策立案等により県民の役に立つ仕事をしたく県の職員を希望し入庁したため。
- 執行機関が性に合っている。
- 行政マンとして県庁に入った。直接県民と接したい。
- 県の施策に関与できる業務を行いたい。
- 議会でも、執行機関でも、自分の専門知識を生かすことができると考えるから。
- 政策の企画立案とその実行に直接携わりたいため。
- 就職するにあたり、「執行機関」に採用されたのであって「事務局」に採用されたという意識があるわけではない。やりたいことは、執行部の現場にある。
- 本庁の経験がないため。
- 執行機関の仕事をするために公務員となったから。
- 地方分権の推進により、自治体の権限や役割が増大してきており、執行機関においては職員の求められるスキルも飛躍的に高まっている一方、議会事務局においてはここ数年議会の活性化が進められてはいるが、なかなか進んでいないのが現状である。議会事務局に長期間在職するメリットよりもモチベーションの低下やスキルが向上しないなどのデメリットのほうが多いと考えられるため。
- 県民に直接働きかけることで達成感が得られる。
- 自分の能力が発揮できない。
- 県職員として就職したのだから執行機関が本筋でしょう。
- 行政職員としては普通に行政の仕事をしたい。
- 執行機関採用でもあり、いずれ戻りたい。
- 執行機関にいるほうがさまざまな情報等が入ってきて、やりがいがある。議会ではどうしても議員のためという感じになってしまう。
- 主体的に仕事ができる行政に比べ、議会事務局は議員があくまでも主体。
- 行政事務に従事したい。

政治あるいは議会・議員への批判的・消極的見解
- 議員相手に仕事するのは気が疲れる。
- 紳士的な議員ばかりではない。
- 議員は事務局の意見をあまり聞き入れないから。
- 議員の応対が難しい。

● 「戻らなくてもよい」と回答した者
〔市町村〕
ローテーションの必要性（もう少しいてもいい）
- 数年は議会の勤務を経験希望のため。
- 未だ勉強不足なところがあるため。
- どちらにいても良い勉強として捉えている。
- 与えられた業務を遂行する。
- 議会事務局へ異動してきてまもないので執行機関へはまだ戻らなくてよい。
- 議員との関係にも慣れ、ようやく自分の力が出せてきたところなのでもう少し活動したい。
- 必要とされる職場で力を発揮したい。
- 経験が浅いため。
- 議会事務局にいることで市政全体の情報が入手できるので、非常に勉強になる。在職3年目なのでもう少し勉強してから執行機関に戻りたい。
- 職員の意識としては、議会事務局もたくさんある課のうちの一つという感じなので、異動については特に執行機関・議会事務局と分けて考えていないため。
- 法律を遵守する必要から長い年月携わらないと仕事が覚えられない。

議会事務局での仕事にやりがい
- 昔と違い、議員の立場が今はそんなになくなっているような気がする。議員本人の意識を高めていかなければならないと思う。事務局に何でも言えばOKというようなことにならないよう、少しずつ意識を変えていけるようなフォローを考えていきたい。
- 大幅な人事異動により低下した事務局機能を従前以上に強化することが使命と考えている。
- 現在の業務が自分に適性。
- 現状で職務を全うしたい。
- 出向が多く町長部局では一抹の不安を感じる。
- 議員より質問、一般質問（本会議において）がないから。ただ議員さんに気を使うのが大変。
- 議会改革の一助となれば幸い。
- 議会構成が4年毎に変化する中で、事務局職員は通常の職場以上、一定の経験が必要といえる。（10年程度は経験必要）
- 二元代表制の一翼を初めて経験し、しばらく勉強したい。
- 自分にとっても勉強になることが多いのでもう少しいたいと思う。
- 現在の仕事にある程度のやりがいを感じている。
- 議長の権能向上のためにやるべきことがたくさんあるから。
- 自分の知識・経験が活用できる場面が多い。
- 早急ではないが、議会で変えるべきことをもう少し関わっていきたい。いずれは執行機関で事業執行を自らの委任で行いたい。
- 議会事務の特殊性になじんできたから。
- 議会改革等について、事務局の意見も言えるようになり、今後さらに主張できると思う。
- 議会を変えることができれば、市政全体に変革をもたらすことができるかもしれない

- から。執行機関にいても市政は変えられないと考える。
- 議会事務局は特別な職場ではあるが、この経験は今後の仕事において大変プラスになっている。一部の職員だけでなくできるだけ多くの職員に経験してほしいため。
- 現在の仕事をもっと究めたい。
- 仕事の内容、事務局の雰囲気など満足している。ただあと2～3年するとマンネリ気分が出てくるかも。政治的なやり取りが目に見えていやだと思うこともある。
- 議会事務局で学ぶことが多いため。

その他
- 現在の職務に特に不満もない。

〔都道府県〕

ローテーションの必要性（もう少しいてもいい）
- 戻っても構わないし、戻らなくても構わない。議会はそれなりに面白い。現状に特に満足しているわけでもないが不満があるわけでもない。
- どの部署でも職務に真摯に取り組む主義なため。
- 執行機関と議会事務局を区別して考えていない。与えられた職務を遂行することが私たちの仕事。
- 県職員の人事異動の一環として捉えている。執行部でも議会でも命じられた職場で職務を全うするのは県庁マンとして当然のことである。
- それぞれにおいてやりがいのある仕事はあります。
- 執行機関でも議会事務局でも仕事自体に大差はない。
- 公のために奉仕する仕事にかわりはないから。
- 通常2～3年で異動している。
- 与えられた環境の中でベストをつくすことが信条だから。
- 通常の異動サイクルが3年のため
- 現時点では異動してきたばかりなので。もう少し議会の仕組みを学んだ時点で「戻りたい」と考えている。
- 各々職務に全力をつくすことが公務員である。
- 議会事務局勤務が長く、ギャップが生じていることなど。
- 執行機関へは特に戻りたい気持ちはないが、このまま議会事務局に何十年もいることも望まないため。
- 執行機関も議会事務局も、担当業務によっては変わりないため。

議会事務局での仕事にやりがい
- 執行機関だと、物事の決定が積み上げ式のため、時間がかかるとともに、枝葉末節にこだわるところがある（その分間違いは少なくなるが）。一方、議会の場合、大局的な見地から検討するところがあるため、非常にスピーディーかつ柔軟に物事が決定するところがある（その分恐ろしいところもあるが）。後は、個人の適性によるところだと思う。
- 議会を希望していなかったが異動になり働いていると、いろいろと勉強になることが多いので。
- 議会事務局では住民（議員）の声の下、広く客観的な知識を得ることができる。立場と手法は異なるが、県民のために仕事をするという目的は同じ。
- 自分に適していると感じる。

- 議会機能の強化のためには、事務局も専門性等高める必要がある。そのため短期の人事交渉ではなく、一定長期間（5、6年）、事務局職員として経験、知識を生かして仕事をしたいと思う。
- 今の議会は活発で、若い意欲のある議員をサポートできることはやりがいがある。
- 議会での通算年月が長いためか「おまえはまた議会に戻るのだろうから」と議会のスパイのように言われるので、それくらいなら、もっとチェック機能として働きたい。
- 特殊性はあるが仕事は面白い。
- 職場環境がよい。
- 議会運営など議会ならではの仕事もあり、執行機関とは異なる魅力がある。
- 2～3年は議会制度を学びたいと考えている。道州制を視野にこれからの日本、州県の民主主義のあり方を考えるとき、議会制度は非常に重要な制度であり、今後同制度を考える上で大いに役立つと考えている。
- 議員提案条例などが活発となれば、執行機関では経験することのない緊張感・達成感が味わえる。
- 議会事務局について何の知識もないまま、異動してきて議会のしくみや動きを知ることができ、大変勉強になった。議会へ来てから司書の資格を取得したため当分は議会図書室で働きたいと思う。
- 仕事にやりがいを感じている。
- 執行機関では味わうことのない議員との信頼関係は議会事務局職員だからできること。高い見識を持つ議員もおりゼネラリスト養成という考えかたに立てば、執行機関との人事交流はあるべき。

その他
- 執行機関側に特にこの部署で今この仕事をしたいというものが見当たらないから。

● 「戻りたくない」と回答した者
〔市町村〕
- 人事異動サイクルが2～3年になっている現状の中で、じっくり腰を据えて事務を行う人材を育成するため。
- 事務局の仕事はやりがいがあるから。
- 市長および行政機関の行う事業等についてと、それに対する議員（市民側）の考えを合わせて知ることで広範な行政事務の内容を把握し、客観的な視点から理解することができるため。

〔都道府県〕
- 議会の職務は自分に合っていると思われ、仕事にやりがいを感じられる。

● 「どちらでもない」と回答した者
- 現在与えられている仕事に満足しているが、いずれは行政で今の仕事の経験を生かして仕事をしたいと思う。だからといって「早く戻りたい」という気持ちではない。
- 戻りたい、戻りたくないという事ではなく、執行機関内での異動と同様、数年の在籍と考えている。
- 今3年目だが5年くらいはいても良いと思うので、早く戻りたいかという設問に対しては「その他」。5年くらいたったら戻りたいかもしれない。

あとがき

　議会に関するはじめての単著（江藤　2004）を上梓して6年強が経過した。最近は、議会から発する公式文書や条例に、筆者が提起した「協働型議会」「アクティブ型議会」「（政策形成）監視型議会」といった用語も見受けられる。また、同時に提起した「地方議会における熟議」に対して、現実との相違や熟議民主主義の理解の相違からミス・リーディング（misleading/misreading）ではないかというご指摘もうけた。しかし、国会はもとより地方議会でも「熟議（討議）」が今後のキーワードになっている。議会改革に少しは役立っているのかと勝手に思っている。しかし、当時、射程には入っていたが、主題的に議論する緊急性を感じなかった議会改革にとっての、したがって住民自治を進化・深化させる上でのテーマが矢継ぎ早に浮上してきた。本書は、これに答え、多くの方がそれらを議論する契機を提供するために出版する。どの程度成功しているかは、読者の判断を仰ぐしかない。

　本書は、「住民自治の根幹」としての議会を強調している。ここで示した議会・議員像は、住民自治原則から考えれば当然のものであるかもしれない。いままで、このように議会が、そして議員が動かなかったことこそが問題だといえよう。このことは、住民自治の根幹としての議会に住民はどうかかわるのか、自治の原点を問うことでもある。

　本書では、直接民主制が重要であるとしても、そこに解消されない代表民主制、とくに住民自治における議会の討議の意義を強調した。その視点から議会改革を提示した。政治・行政に積極的・恒常的にかかわる住民のもう一極には、議員任せの政治・行政には関心を持たない住民もいる。その間には、両極の間を移動する多くの住民がいる。

　筆者は、極端な直接民主制につらなる積極的市民像も、逆に極端な代表民主制につらなる無関心の住民像も採用していない。市民社会で生活し、重要テーマが争点になったときに関心を持ち、あるいは重要テーマを時に自ら提起する住民像である。いわば、「まあまあの市民（good-enough citizen）」「それなりの市民（adequate citizen）」（Dahl　1992、篠原2004）、そして「普通に生活している人たち（大森彌さんの発言、西尾・小林・金　2004：117）」である。この「それなりの市民」は、日ごろから政治・行政と切断されているわけではない。重要争点の浮上を監視するとともに、時には自らテーマを設定するために政治の場での発言を

必要とする。同時に積極的に活動するためには、法令・条例体系、計画等、そして手続きといった知識を必要としている。また、自らの意見も断片化されている可能性があるという自覚と他者の意見に耳を傾ける寛容の精神が不可欠である。新たな議会・議員像はそれを創りだす住民像の明確化も必要になっている。それらをつなぐ地方選挙制度改革にも広がる。これらは、住民と歩む議会を提起している本著の立場からは重要課題である。

　本書は、序章（2011b）、第1章（2009a）、第2章（「自治体計画と地方議会」自治体学会編『自治体計画の現在』第一法規、2009年）、第3章（「議決事件に議会が責任を持つとは」「市町村合併問題に責任を持つ議会とは」『地方議会人』2008年2月号、7月号）、第4章（2007a）、第5章（2009b）、第6章・第7章（「新しい議会を担う議員についての一考察」『法学論集』第61号、2008年を素材に、『月刊ガバナンス』に連載中の「自治体議会学のススメ」の論稿を一部活用）、第8章（「議会活性化のための法整備と政治」『季刊　自治体法務研究』No.14、2008年秋号）、終章（「住民自治を促進する法と条例」『新しい自治のしくみづくり』ぎょうせい、2006年）を大幅修正・加筆したものである。

　本書も、多くの方々の支援やコメントによって出版することができました。紙幅の関係でお名前を列挙できないことが残念です。出版にあたって、山梨学院大学・出版助成制度を活用させていただきました。古屋忠彦学長、三神廣俊法人本部長には大変お世話になりました。また、出版で悩んでいた際に、今村都南雄大学院研究科長、日高昭夫法学部長からは力強いコメントもいただきました。多くの方々の支援のもと研究・教育ができていることを再確認しているところです。この場を借りてお礼申し上げます。
　最後になりましたが、『図解　地方議会改革』と同様、学陽書房宮川純一さんに出版をお願いしました。宮川さんによる筆者の誘導だけではなく、その周りの方々、いわば宮川チームのコメントに感謝しています。
　本書が、「自治を深化・進化」させている方々に少しでもお役に立てれば幸いです。

　　　　叱咤も激励もしないが、無関心ではなく（と思う）温かく見守ってくれている
　　　　　　　　　　　　　　　妻・まゆみの誕生日、2011年3月3日に
　　　　　　　　　　　　　　　　　　　　　　　　　　　　　江藤俊昭

◆参考文献

※引用文献および特に関連のある文献を掲載

【あ】

会津若松市議会編（2010）『議会からの政策形成―議会基本条例で実現する市民参加型政策サイクル』ぎょうせい
会津若松市議会議会制度検討委員会（2010）『「議会活動と議員定数等との関連性及びそれらのあり方」最終報告』
秋葉賢也（2001）『地方議会における議員立法』文芸社
浅川武男（2009a）「町議会と大学の提携による『学生議会』の開催（山梨県昭和町議会）」『地方議会人』2009年1月号
　──（2009b）「大学との連携で取り組む議会改革―成果と展望　昭和町＋山梨学院大学」『地方自治職員研修』2009年5月号
朝日新聞大阪本社編集局「地方は」取材班（2008）『今、地方で何が起こっているか―崩壊と再生の現場から』公人の友社
朝日新聞特別取材班（2000）『政治家よ―「不信」を越える道はある』朝日新聞社
足立幸男（2009）『公共政策学とは何か』ミネルヴァ書房
阿部齊・新藤宗幸（2006）『概説　日本の地方自治〔第2版〕』東京大学出版会
阿部齊・内田満・高柳先男編（1999）『現代政治学小辞典』有斐閣
石塚雅明（2004）『参加の「場」をデザインする―まちづくりの合意形成・壁への挑戦』学芸出版社
礒崎初仁（1999）『分権時代の政策法務』北海道町村会（地方自治土曜講座ブックレット37号）
井出嘉憲（1972）『地方自治の政治学』東京大学出版会
今村都南雄（2002）「公共空間の再編」今村都南雄編『日本の政府体系―改革の過程と方向』成文堂
岩井奉信（2002）「国会を蘇らせるために」新しい日本をつくる国民会議（21世紀臨調）編『政治の構造改革―政治主導確立大綱』東信堂
岩名秀樹・駒林良則（2007）「議会基本条例の可能性(1)―三重県議会基本条例を例に―」『名城法学』56巻4号
上田道明（2003）『自治を問う住民投票―抵抗型から自治型の運動へ―』自治体研究社
後房雄（2006）「マニュフェスト以後の地方議会―二元代表制に可能性はあるか―」『ガバナンス』2006年3月号
　──（2007）「ローカル・マニフェストと二元代表制―自治体再生の胎動と制度の矛盾―」『名古屋大学法政論集』217号
江藤俊昭（1998）「住民参加の条件整備としての都市内分権―中野区の地域センターと住民協議会をてがかりに―」『山梨学院大学法学論集』第39号
　──（2000）「地域事業の決定・実施をめぐる協働のための条件整備―〈住民―住民〉関係の構築を目指して」人見剛・辻山幸宣編『協働型の制度づくりと政策形成』ぎょうせい
　──（2002）「住民自治と地方議会」『都市問題研究』第58巻第8号（668巻）
　──（2004）『協働型議会の構想―ローカル・ガバナンス構築のための一手法』信山社
　──（2005）「政策における条例の位置と可能性―条例の流れと議会・議員の役割①―」『自治体法務研究』2005年冬号
　──（2006）「政策過程における議会・議員の役割」『自治体法務研究』2006年春号
　──（2007a）「増補版　自治を担う議会改革」イマジン出版
　──（2007b）「ローカル・マニフェストと討議―地方議会における会派の役割と留意点―」『地方財務』2007年9月号

――（2008a）「住民参加と地方議会」山梨学院大学政治行政研究会『入門政治行政』公人の友社
――（2008b）『図解　地方議会改革―実践のポイント100―』学陽書房
――（2009a）「日本の地方自治制度における二元代表制―地方行政から地方政治へ―」『法学新報』115巻7／8号
――（2009b）「地方分権時代の議会事務局の現状と課題―「議会事務局職員調査」を素材として―」『山梨学院大学法学論集』63号
――（2010a）「総合計画を議会運営の中心に」『ガバナンス』2010年4月号
――（2010b）「議会の政策法務―住民代表や合議体という議会の特性から考える―」『ジュリスト』2010年6月15日号
――（2011a）「義務付け・枠付けの見直しと自治体の役割―見直しされる総合計画を軸とした地域経営の手法―」『自治体法務研究』2011年春号
――（2011b）「議会改革による住民自治のバージョンアップ―地域民主主義の弁証法―」『山梨学院大学法学論集』66号
大森彌（1986）「比較視座における『地方政府の研究』」大森弥・佐藤誠三郎編『日本の地方政府』東京大学出版会
――（2002）『新版　分権改革と地方議会』ぎょうせい
――（2007a）「自治体再編をめぐる今後の焦点―小規模自治体と道州制の行方―」『研究機構・インフォメーション・サービス』（自治労連・地方自治問題研究機構）No.80
――（2007b）「自治体議会の『職務』―固定観念の打破に向けて―」『議会政治研究』84号
――（2008）『変化に挑戦する自治体―希望の自治体行政学』第一法規
岡田憲夫・平塚伸治・杉万俊夫・河原利和（2000）『地域からの挑戦―鳥取県・智頭町の「くに」おこし』岩波書店（岩波ブックレット）

【か】

片野隆（2008）「議員の報酬は血税だ」『自治日報』2008年2月22日付
片山善博（2008）「自治体改革と自治体組織」辻山幸宣・三野靖編『自治体の政治と代表システム―第22回自治総研セミナーの記録』公人社
加藤眞吾（2006）「地方議会議員の待遇」『レファレンス』2006年7月号
加藤富子（1985）『都市型自治への転換―政策形成と市民参加の新方向―』ぎょうせい
加藤幸雄（1998）「議会事務局と図書館の整備・充実」佐藤竺・八木欣之介編『地方議会活性化ハンドブック』ぎょうせい
――（2000）「議会事務局―その実態と改革」大森弥編『分権時代の首長と議会』ぎょうせい
――（2005）『新しい議会』学陽書房
神奈川県自治総合研究センター（2004）『自治基本条例』
川崎修・杉田敦編（2006）『現代政治理論』有斐閣
神原勝（1995）『現代自治の条件と課題』北海道町村会企画調査部（地方自治土曜講座ブックレット1号）
――（2008）「住民に信頼される議会・議員とは？」『ガバナンス』2008年4月号
――（2009）『増補　自治・議会基本条例論―自治体運営の先端を拓く』公人の友社
木佐茂男（1996）『豊かさを生む地方自治―ドイツを歩いて考える』日本評論社
――編（1998）『自治立法の理論と手法』ぎょうせい
木下智史（2001）「アメリカ合衆国における民主主義論の新傾向」『法律時報』905号

栗山町議会（2009）『議会基本条例の展開―その後の栗山町議会を検証する』
小暮健太郎（2008）「ガバナンス概念の系譜」『杏林社会科学研究』24巻3号
　——（2009）「第1世代から第2世代のガバナンス論へ―ガバナンス・ネットワーク論を中心に」『杏林社会科学研究』25巻1号
小滝敏之（2005）『地方自治の歴史と概念』公人社
小林良彰・塩沢健一（2010）「全国ガバナンス市民意識調査結果第1回地方議員調査（上）」『地方財務』2010年1月号
　——（2010）「全国ガバナンス市民意識調査結果第2回地方議員調査（下）」『地方財務』2010年2月号

【さ】

財団法人地方自治協会（1976）『基本構想の課題と展望』
　——（1991，1992）『地方公共団体における計画行政の現状と課題』
財団法人地方自治研究機構（2005）『行政評価等マネジメントシステムを取り入れた総合計画に関する研究』
　——（2007）『住民参加・協働に関する調査研究』
財団法人日本都市センター（2002）『自治体と総合計画―現状と課題―』
　——（2003）『自治体と計画行政―財政危機下の管理と参加―』
坂本治也（2010）『ソーシャル・キャピタルと活動する市民―新時代日本の市民政治』有斐閣
佐々木毅（2009）『政治の精神』岩波新書
佐藤竺・八木欣之介編（1998）『地方議会活性化ハンドブック』ぎょうせい
佐藤徹・高橋秀行・増原直樹・森賢三（2005）『新説市民参加―その理論と実際』公人社
自治研究会（1946）『新地方制度の解説』ニュース社
自治立法研究会編（2005）『分権時代の市民立法―市民発案と市民決定』公人社
篠藤明徳（2006）『まちづくりと新しい市民参加―ドイツのプラーヌンクスツェレの手法―』イマジン出版
篠藤明徳・吉田純夫・小針憲一（2009）『自治を拓く市民討議会―広がる参画・事例と方法―』イマジン出版
篠原一（1977）『市民参加』岩波書店
　——（2004）『市民の政治学―討議デモクラシーとは何か』岩波新書
渋谷望（1999）「〈参加〉への封じ込め―ネオリベラリズムと主体化する権力」『現代思想』1999年5月号
市民活動法人東京ランポ編集（2001）『市民参加の新しい扉を開く―市民公募委員制度の実態調査と提案―』
新藤宗幸編（1999）『住民投票』ぎょうせい
新藤宗幸（2003）「「協働」論を越えて―政府形成の原点から」『地方自治職員研修』2003年3月号
杉田敦（2006）「自治体と代表制―競争としての代表＝表象」自治体学会編『自治体における代表制』（年報自治体学第19号）第一法規
杉原泰雄（2002）『地方自治の憲法論―「充実した地方自治」を求めて』勁草書房
全国市議会議長会編（2006）『地方議会議員ハンドブック』ぎょうせい
全国市議会議長会・都市行政問題研究会（1998）『「地方分権と市議会の活性化」に関する調査研究報告書』
全国町村議会議長会・地方（町村）議会活性化研究会（1998）『町村議会の活性化方策に関する報告書』
全国都道府県議会議長会編集（2004）『二元代表制の意義と議会の役割―分権時代の議会と首長の関係を考える―』
　——（2007）『第6回都道府県議会議員研究交流大会』
曽我謙悟・待鳥聡史（2007）『日本の地方政治―二元代表制政府の政策選択―』名古屋大学出版会

【た】

第2次地方（町村）議会活性化研究会（全国町村議会議長会）(2006)『分権時代に対応した新たな町村議会の活性化方策～あるべき議会像を求めて～』

高木鉦作（1973）「議会・政党・議員活動」『都市政治の革新』（現代都市政策Ⅲ）岩波書店

高橋進・坪郷實編（2006）『ヨーロッパ・デモクラシーの世紀―グローバル化時代の挑戦』早稲田大学出版部

竹下譲（2002）「地方議会と住民自治」東京市政調査会編『分権改革の新展開に向けて』日本評論社

――（2010）『地方議会―その現実と「改革」の方向』イマジン出版

竹下譲監修（2008）『よくわかる世界の地方自治制度』イマジン出版

田村哲樹（2008）『熟議の理由―民主主義の政治理論』勁草書房

地方自治総合研究所監修・佐藤英善編著（2005）『逐条研究地方自治法Ⅱ議会』敬文堂

地方自治総合研究所監修・今村都南雄／辻山幸宣編著（2004）『逐条研究地方自治法Ⅲ執行機関―給与その他の給付』敬文堂

辻陽（2002）「日本の地方制度における首長と議会についての一考察(1)(2)」『法学論叢』第151巻6号、第152巻2号

辻山幸宣編（2006）『新しい自治のしくみづくり』ぎょうせい

辻山幸宣・飛田博史編（2010）『自治型社会への改革方策』公人社

東京都（1960）「議員報酬について」（1960年10月）（全国都道府県議長会事務局『議員報酬について』（議会職員執務資料シリーズ、No.46）

――（1996）『住民参加制度研究会報告』.

東京都議会議会局調査部（1971）『首長主義と地方議会―制度とその実際』（高木鉦作・大森彌執筆）

東京都都民生活局（1977）『都民参加の都政システム』（西尾勝執筆）

都道府県議会制度研究会（1998）『地方分権と都道府県議会について』

――（2005）『今こそ地方議会の改革を―都道府県議会制度研究会中間報告―』

――（2006）『改革・地方議会―さらなる前進に向けて―都道府県議会制度研究会報告』

――（2007）『自治体議会議員の新たな位置付け―都道府県議会制度研究会最終報告―』

【な】

中尾修・江藤俊昭編（2008）『議会基本条例―北海道栗山町議会の挑戦―』中央文化社

中尾修（2009）「人事異動の時期」『ガバナンス』2009年4月号

中野敏男（1999）「ボランティア動員型市民社会論の陥穽」『現代思想』1999年5月号

長野士郎（1995）『逐条地方自治法　第12次改訂新版』学陽書房

新川達郎（1993）「計画と議会」西尾勝・岩崎忠夫編『地方政治と議会』ぎょうせい

――（1995）「自治体計画の策定」西尾勝・村松岐夫編『政策と管理』（講座行政学4）有斐閣

――（2003）「自治体計画行政の現状と課題～今後の市町村総合計画について」『都市問題』94巻第10号

西尾勝（2007）『地方分権改革』東京大学出版会

――（2008）「四分五裂する地方分権改革の渦中にあって考える」『分権改革の新展開』（年報行政学43）ぎょうせい

西尾勝・小林正弥・金泰昌編（2004）『自治から考える公共性』東京大学出版会

日本地域と科学の出会い館（1997）『ひまわりシステムのまちづくり―進化する社会システム』はる書房

野村稔（1993）「政策立案、決定機能と議会事務局、図書館の充実」西尾勝・岩崎忠夫編『地方政治と議会』ぎょうせい

【は】

原科幸彦（2005）『市民参加と合意形成―都市と環境の計画づくり』学芸出版社
原田尚彦（1995）『地方自治の法としくみ（全訂2版）』学陽書房
──（2005）『新版　地方自治の法としくみ』学陽書房
廣瀬克哉・自治体議会改革フォーラム編（2009）『議会改革白書2009年版』生活社
──（2010）『議会改革白書2010年版』生活社
細木博雄（2002）「『自主・参加・連帯』―参加の区政30年の経験とこれから（中野区）―」『地方自治職員研修』2002年10月号

【ま】

松下圭一（2005）『自治体再構築』公人の友社
松原明（2010）「改めて考える〝ＮＰＯ政策〟―変わる制度の中で」『地方自治職員研修』2010年11月号
松本英昭（2002）『新版　逐条地方自治法〈第1次改訂版〉』学陽書房
松谷清（1998）「地方議員・地方政府・ローカルパーティ」地方議員政策研究会『地方から政治を変える』コモンズ
馬渡剛（2010）『戦後日本の地方議会―1955〜2008』ミネルヴァ書房
三重県議会・二元代表制における議会の在り方検討会（2005）『二元代表制における議会の在り方について（最終検討結果報告書）』
三重県議会議会改革推進会議監修・三重県議会編（2009）『三重県議会―その改革の軌跡　分権時代を先導する議会を目指して』公人の友社
三重県議会議会改革諮問会議（2010）『三重県議会の議会改革に対する評価と課題―地域主権時代における広域自治体議会の役割―（三重県議会議会改革諮問会議第一次答申）』
──（2011）「『三重県議会における議会改革のさらなる取組』―改革度№1議会の次への展開―（三重県議会議会改革諮問会議最終答申）」
宮崎伸光編（2000）『議会改革とアカウンタビリティ』（シリーズ図説地方分権と自治体改革5）東京法令出版
宮崎伸光（2003）「自治の担い手」森田朗ほか編『分権と自治のデザイン―ガバナンスの公共空間』（新しい自治体の設計1）有斐閣
村上弘（2003）『日本の地方自治と都市政策―ドイツ・スイスとの比較』法律文化社
村松岐夫・伊藤光利（1986）『地方議員の研究―日本的政治風土の主役たち』日本経済新聞社

【や】

柳瀬昇（2005）「討論型世論調査の意義と社会的合意形成機能」『KEIO　SFC　JOURNAL』Vol.4 No.1
山﨑榮一（2006）『フランスの憲法改正と地方分権―シロンダンの復権』日本評論社
山本啓編（2008）『ローカル・ガバメントとローカル・ガバナンス』法政大学出版局
横田光雄（1998）「変貌する英国の地方団体―名誉職をやめる地方議員―」『地方財務』1998年12月号

Bevir, Mark ed., 2007, *Encyclopedia of Governance* Vol. ⅠⅡ, SAGE Publications,Inc.
Box, Richard C., 1998, *Citizen Governance: Leading American Communities into the 21st Century*, SAGE Publications, Inc.

Bryan, Frank M.,2003, Real Democracy: *The New England Town Meeting and How it Works*, The University of Chicago Press.

Burns, Dnny, Robin Hambleton and Paul Hoggett, 1994, *The Politics of Decentralisation: Revitalising Local Democracy*, The Macmillan Press LTD.

Dahl, Robert A., 1992, "The Problem of Civic Competence," *jounal of Democracy*, 3 (4)

Dryzek, John S., 2000, *Deliberative Democracy and Beyond: Liberals, Critics, Contestations*, Oxford University Press.

Goldsmith, Stephen, and William D. Eggers, 2004, *Governing by Network: The New Shape of the Public Sector*, The Brookings Institution Press. (＝2006, 城山英明・奥村裕一・高木聡一郎監訳『ネットワークによるガバナンス―公共セクターの新しいかたち』学陽書房)

Gyford, Jhon,1991, *Citizens, Consumers and Councils: Local Government and the Public*, Palgrave Macmillan Education LTD.

Hampton, William, 1991, *Local Government and Urban Politics 2nd ed.*, Longman Group Limited. (＝1996, 君村昌監訳『地方自治と都市政治』敬文堂)

Harrigan, John J. 1998, *Politics and Policy in States and Communities 6thed.*, Longman Group Limited.

International City/County Management Association (ICMA), The Municipal Year Book. (各年度)

Norton, A, 1994, *International Handbook of Local and Regional Government: A Comparative Analysis of Advanced Democracies*, Edward Elgar Publishing Company.

Shugart, Matthew Soberg and Scott Mainwaring, 1997, "Presidentialism and Democracy in Latin America: Rethinking the Terms of the Debate" in Mainwaring, Scott and Matthew Soberg Shugart *ed.*, *Presidentialism and Democracy in Latin America*, Cambridge University Press.

Susskind, Lawrence E. and Jeffrey L. Cruikshank, 2006, *Breaking Robert's Rules: The New Way to Run Your Meeting, Build Consensus, and Get Results*, Oxford University Press. (＝2008, 城山英明・松浦正浩訳『コンセンサス・ビルディング入門―公共政策の交渉と合意形成の進め方』有斐閣)

Weber, Max, 1919, POLITIK ALS BERUF (Gesammelte Politishe Schriften, Dritte erneut vermehrete Auflage, Tuburingen, 1971.) (＝1980, 脇圭平訳『職業としての政治』岩波文庫)

＊議会改革の動向については、その他『ガバナンス』『地方自治職員研修』『地方議会人』『日経グローカル』の各号、および全国町村議会議長会ホームページ・町村概況検索システム http://www.nactva.gr.jp/asp/gaikyo/search_1.asp、および自治体議会改革フォーラム http://www.gikai-kaikaku.net/index.html、を参照。

◆索引

【あ】

会津若松市議会　　8, 122, 177, 178, 179, 181, 199, 202, 219
アクティブ型議会　　55, 56
新しい公共　　243, 244, 245, 246
新しい政策サイクル　　44, 48, 53, 63, 82
アメリカ合衆国の市憲章・自治憲章　　266
飯田市議会　　79, 199, 220
委員会主義　　197
委員会制　　114
活かす条例　　110, 228, 233
生ける条例　　110, 224, 228
意見交換会　　8, 99, 202, 203
磯崎初仁　　269
一般会議　　77, 95, 96, 104, 109
一般質問　　116
イニシアティブ　　242
M.ウェーバー　　163
大阪維新の会（大阪府）　　20, 126
沖縄社会大衆党　　125
おまかせ民主主義　　121
オルタナティブ政党志向型ローカルパーティ　126

【か】

改革派首長　　97
概括例示（主義）　　4, 41, 52
会議規則　　10, 134, 145, 147, 223
会派　　19, 40, 42, 43, 46, 47, 50, 91, 111, 114, 115, 116, 119, 121, 122, 123, 125, 126, 127, 190, 215, 217, 219
会派間調整（会派代表者会議）　　116, 117, 118
会派内調整　　119
会派内討議　　116, 117, 120
外部評価委員会　　72
変えなきゃ！議会2007　　111
革新系首長　　36
革新自治体　　43, 69
学生議会　　142
閣法　　121
片山善博　　23
神奈川県議会　　82
神奈川ネットワーク運動　　125
河村たかし　　11
監査委員(制度)　　82, 86
監査請求権　　82
神原勝　　36
議員活動換算日数モデル　　178, 179, 181
議員活動時間　　170
議員＋住民連合　　154

議員定数　　145, 194, 199, 201
議員定数削減　　129, 198
議員定数の上限撤廃　　195
議員内閣モデル　　15, 18
議員の資質　　165, 174, 176
議員の責務・職務　　204
議員の身分　　146
議員報酬　　145, 146, 148, 170, 173, 176, 177, 186, 201
議員報酬の削減　　129
議員報酬の特例　　148
議会・議員白書　　11, 181, 186
議会アドバイザー（サポーター）　　141
議会迂回説　　38
議会運営委員会　　118
議会改革諮問会議　　12, 184
議会改革の論理　　180
議会改革マニフェスト　　224
議会会議条例　　209
議会規則　　263
議会基本条例　　26, 37, 48, 95, 96, 101, 109, 110, 203, 206, 209, 210, 222, 224, 228, 232, 233
議会軽視論　　38
議会事務局　　129, 130, 131, 132, 134, 191, 201
議会主導型　　29, 63
議会主導の政策サイクル　　44
議会選出監査委員（議選委員）　　86
議会と大学との協働　　142
議会内閣制　　2, 18, 20, 22, 25, 28
議会内ルール　　208
議会の解散、議員・首長の解職の直接請求権
　（リコール権）　　7
議会版政策　　177
議会費　　169
議会報告会　　8, 77, 100, 103, 104, 105, 106, 108, 109, 159, 232
議会優位論　　41, 46
議会リーダー型　　15
機関委任事務　　31, 41, 47, 235
機関競争主義　　6, 7, 15, 16, 30, 41, 43, 44, 45, 46, 51, 57, 59, 60, 62, 65, 74, 81, 83, 93, 101, 105, 106, 107, 108, 113, 126, 129, 134, 167, 170, 173, 185, 190, 191, 194, 196
機関競争主義限界論　　40, 46, 47, 50, 51, 63, 65
機関競争主義の3類型　　62
機関競争主義のバリエーション　　55
機関対立主義　　6, 32, 33, 34, 35, 36, 37, 38, 39
議決事件の議決の意味転換　　98
議事機関　　3, 5, 32
議事機関競争主義　　46

擬似的機関対立	36		市町村建設計画	69
議場	94, 96, 104, 113, 118, 142, 155		自治立法	240
規則制定権	54		失職	146
北川正恭	6		実地検査・調査	82
北名古屋市議会基本条例	219		シティ・チャーター	10
基本構想	25, 67, 68, 69, 70, 71, 73, 76, 79,		シティ・マネージャ（制）	15, 19, 59, 60, 166
	85, 89, 93, 94, 95, 97, 98, 99		市民委員会	199
基本構想の義務付けの廃止	91		市民参加	6, 38, 46, 47
期末手当	147, 148, 186		市民モニター制度	262
行政改革の論理	169, 180, 197, 200		事務局の人事権	131
行政評価等マネジメントシステム	72, 74, 81		事務事業評価	8
協働	243, 245, 246, 248, 262, 264		社会学的代表制	260
協働型議会	55, 56, 57, 58, 145, 152		弱議会型	29, 62
共同機関の設置	134		収益方式	177
協働のルール	264		住民参加の意味転換	99, 101
拒否権	33		住民自治	235
口利き防止条例	150		住民自治の基礎	250, 253
栗山町議会	8, 27, 37, 76, 77, 95		住民と歩む議会	210
栗山町議会基本条例	36, 49, 103, 141, 213		住民投票	22, 23, 25, 26, 27, 160, 161, 162, 233,
車の両輪	35, 129, 130			258, 261
月給制	147, 148		住民投票の制度的欠陥	27
原価方式	177, 179, 180		住民投票の問題点	261
兼業禁止	146		住民の代表性	256
検査権	82		住民報告会	216
減税日本	20, 126		熟議民主主義	51
合意形成	49, 50		首長公選内閣制	25
合議制	5, 32, 33, 36, 40, 43, 45, 46, 47,		首長主導型	20
	51, 60, 62, 83		首長主導型民主主義	15, 22, 23
合議体	129		首長優位論	39, 40, 41, 46, 52, 53, 54
公職者	160		首都建設法	239
公職選挙法	23, 149, 215, 227, 235, 263		招集権	183
公選職	152, 153, 181, 182		少数意見の尊重	161
公務休暇	191		常設型住民投票（条例）	259, 261
コプロダクションとしての協働	243		常任委員会	118
コペルニクス的転換	113, 210		情熱	164, 165, 168
コミュニケーション能力	165, 168		条例制定改廃の直接請求制度	258
			職員定数条例	131
【さ】			新住民自治	243, 249, 269
			杉並区自治基本条例	224, 259
歳費	182, 186, 187		杉原泰雄	240
蔵王町議会	183		須坂市議会	201
作文条例	110, 228		生活給	176
サポート制度	191		生活クラブ生協型ローカルパーティ	126
参加民主主義	38, 250, 253, 262		制限列挙（主義）	4, 41, 52, 82, 90
市憲章モデル	265		政策「形成」過程	60, 83
事前審査	121		政策「決定」過程	61, 85
事前制約	84		政策「執行」過程	61, 85
自治型社会	2, 21		政策「評価」過程	61, 86
自治基本条例	87, 99, 203, 204, 205, 206, 209, 219,		政策決定	255
	221, 222, 224, 233, 268		政策実施	255
自治憲章	233, 264, 268		政策集団	116, 119
自治体経営会議モデル	15		政策対立派	122, 123
自治体計画	67, 68		政策討議の起点	91, 92
市町村合併	27, 102, 105		政策評価	255
市町村合併特例法	24, 85, 258		政策便宜派	122, 123

政策立案・監視型議会	55, 56
政策類似派	122, 123
政治領域における討議の場	250
政治領域の討議の層	253
政党活動	171
正の連鎖	101, 216, 217
政務調査費	82, 147, 148, 186, 192, 201
政令指定市	197
責任感	164, 165, 166, 168
全員協議会・委員会協議会	117, 118
選挙区選挙	115
専決処分	183
専権事項	11
全国政党	124, 125, 126
専従職	152, 156, 157
専門職	157, 158
専門的知見の活用	82, 96, 191
総合計画	21, 67, 87, 88, 90, 91, 92, 93, 99, 104
総合計画根拠条例	87
総合計画審議会	70, 76, 84, 92, 96, 97
総合計画の3段階	71
総合計画の策定と運用に関する条例	92
総合計画の住民自治	69
総与党化	19, 20, 126

【た】

大学・研究機関との提携	191
体系的包括的な住民自治のルール	263, 264, 265, 268
第三の形態（道）	21, 29
大衆民主主義	114
大選挙区単記制	115
大統領独裁	51
代表質問	116
代表民主制の場	250
代表民主制を補完する直接民主制的手法	237
高浜市住民投票条例	265
多元主義的民主主義	51
多治見市	88
多数決	161
多数者の専制	248
多人数議会と副議決機関モデル	15, 191
多摩市議会	78
団体意思としての議会の議決	89
団体自治	235
地域経営の「憲法」	98
地域主権戦略会議	1, 21
地域主権戦略大綱	13
地域政党	124, 125
地域政党いわて	126
地域デザイン構想者	151, 153, 159, 170
地域土着型ローカルパーティ	126
地域の創造条例	110
地域ビジョン	98
地域ビジョン構想者	150
地域ルール	219, 221, 233, 268
地域ルールの体系性総合性	226
智頭町	257
地方議員年金	193, 194
地方行財政検討会議	2, 13, 14, 17, 185
地方自治法	215, 225, 227, 235, 263
地方政治	31, 34, 236
地方政党	125
地方制度調査会	1, 106, 166, 167, 210
地方政府基本法	17, 24
地方政府形態	1, 2, 3, 7, 11, 16, 17, 18, 19, 21, 30, 31, 32, 65, 233
地方分権一括法施行	205
地方分権改革推進会議	166
中央集権制	47
調査権	82
調整型議会	57
直接民主主義	238
直接民主制	23
直接民主制と代表民主制の融合	236, 242
直接民主制の代替物	240, 241
通任制	184, 185
通年議会	53, 113, 182, 183, 184, 185, 186
通年制	184, 185
月舘町	215
辻陽	41
デリバレイティブ・ポール	27, 160, 257
統括代表権	89
討議	49, 50, 51
闘議	49, 85, 212
党議拘束	121
討議できる人数	196
討議の手法	112
討議民主主義	250, 253, 262
徳島市住民投票条例	258
独任制	5, 32, 33, 36, 45, 46, 47, 50, 60, 62, 83
独任ポスト	42
特別委員会	118
特別職の兼職許容モデル	15, 18
特別職報酬等審議会	201

【な】

中尾修	106, 114, 140
長野県議会	78
鳴門市議会	241
二元代表制	1, 2, 3, 5, 6, 18, 33, 39, 44, 45, 56, 59, 81, 101, 106, 112, 262
二元代表制の矛盾	43
西尾私案	106
西尾勝	33
ニセコ町まちづくり基本条例	205, 225

日当制	155, 172, 173, 181
日本国憲法	225
NPM（ニュー・パブリック・マネジメント）	
理論	72
任意的議決事件	4, 52, 53, 90

【は】

橋場利勝	107
半代表制	260, 261
判断力	163, 164, 165, 168
PDCAサイクル	90
比較政治制度論	42
比較方式	177
非常勤の特別職	146, 147
非常勤の特別職公務員	147
被選挙権	146
必要的議決事件	4, 52, 53, 90
標準議会規則	263
費用弁償	147
開かれた議会	181
福島町議会	181, 186
藤沢市	73, 88, 257
不信任議決権	33
負の連鎖	216
プラーヌンクス・ツェレ	27, 58, 108, 160, 257
文京区議会	77
分離型モデル	14
平日昼間開催	174, 176
平成の大合併	102, 167, 196
法定外会議	147
法定協議会設置の直接請求	85
豊富化する議会基本条例	217
法務担当職員の採用	141
法務担当職員の併用	141
ボランティア（化）	157, 158, 174, 175, 176, 188, 189, 190, 191
ボランティア議員	174
本会議主義	196

【ま】

巻町	27, 259
マスタープラン	71, 82, 94, 124
松山維新の会	128
マニフェスト	25, 44, 46, 50, 87, 89, 229
マニフェスト型質問	91
三重県議会	8, 64, 122, 127, 183, 199
三重県議会基本条例	141
三鷹市	73, 88, 256
民主主義の危機	196
宗像市市民参画、協働及びコミュニティ	
活動の推進に関する条例	259
名誉職	152, 156, 157, 158, 175, 176

【や】

矢板市議会	189
夜間休日議会	153, 188, 200
「野党的な」会派	118
矢祭町議会	172
融合モデル	14
邑南町議会基本条例	217
横須賀市議会基本条例	218
四日市市自治基本条例	224
四日市市市民自治基本条例（理念条例）	220
「与党的な」会派	118

【ら】

リコール制度	260
冷静な目測能力	164
レファレンダム	242
ローカル・ガバナンス	243, 245, 246
ローカル・パーティ	124
ローカル・マニフェスト	67, 72, 74, 91, 111, 120, 122, 261
ローテーション	130, 133, 135, 136, 138, 139

【わ】

わがまちの"憲法"を考える市民会議	220
忘れ去られた条例	229

著者紹介

江藤俊昭（えとうとしあき）
1956年東京都生まれ
山梨学院大学法学部教授　博士（政治学、中央大学）
専　攻：地域政治論
最終学歴：中央大学大学院法学研究科博士後期課程満期退学

著　書
『図解　地方議会改革―実践のポイント100―』（学陽書房、2009年）、『討議する議会―自治体議会学の構築をめざして―』（公人の友社、2009年）、『地方議会改革マニフェスト』（共著、日本経済新聞出版社、2009年）、『増補版　自治を担う議会改革―住民と歩む協働型議会の実現―』（イマジン出版、2007年）、『新しい自治のしくみづくり』（共著、ぎょうせい、2006年）、ほか多数。

社会活動
甲府市事務事業外部評価委員会会長、山梨県経済財政会議委員、三重県議会議会改革諮問会議会長、鳥取県智頭町行財政改革審議会会長、第29次地方制度調査会委員等を歴任。現在、北海道栗山町議会サポーター、マニフェスト大賞審査委員、第30次地方制度調査会委員等。

地方議会改革―自治を進化させる新たな動き―

平成23年3月25日　初版発行
平成24年9月14日　3刷発行

著　者　　江藤俊昭
発行者　　佐久間重嘉

学陽書房

〒102-0072　東京都千代田区飯田橋1-9-3
営業（電話）03-3261-1111（代）
　　（FAX）03-5211-3300
編集（電話）03-3261-1112（代）
振替　00170-4-84240

Ⓒ2011 Toshiaki Etou, Printed in Japan
装幀／佐藤　博
印刷／東光整版印刷　製本／東京美術紙工
ISBN978-4-313-18043-7　C2031

乱丁・落丁本は、送料小社負担にてお取り替え致します。